⟨ᢆᢆᢆᢆᢆ⟩

ⵔⵔⵔ⟨ⵔⵔⵔⵔ⟩ ⵔⵔⵔⵔⵔ ⵔⵔⵔⵔ
ⵔⵔⵔ ⵔⵔⵔⵔ ⵔⵔⵔ ⵔⵔⵔ ⵔⵔⵔⵔ ⵔⵔ ⵔⵔⵔ ⵔⵔⵔ

ⵔⵔⵔ ⵔⵔ ⵔⵔ ⵔⵔⵔⵔ ⵔⵔⵔⵔ ⵔⵔⵔⵔ
ⵔⵔⵔⵔ ⵔⵔ ⵔⵔⵔⵔ ⵔⵔⵔⵔ

ⵔⵔⵔ ⵔⵔⵔ ⵔⵔⵔ
ⵔⵔⵔ

ⵔⵔⵔⵔⵔ
ⵔⵔⵔⵔ ⵔⵔⵔⵔ ⵔⵔⵔ ⵔⵔⵔ ⵔⵔⵔ ⵔⵔⵔ ⵔⵔⵔ ⵔⵔⵔ ⵔⵔⵔ ⵔⵔⵔ ⵔⵔⵔⵔ ⵔⵔⵔ ⵔⵔⵔ ⵔⵔⵔ
ⵔⵔⵔ ⵔⵔⵔ ⵔⵔ ⵔⵔⵔ ⵔⵔⵔ ⵔⵔⵔ ⵔⵔⵔ ⵔⵔⵔ ⵔⵔⵔ ⵔⵔⵔ ⵔⵔⵔ ⵔⵔ ⵔⵔ

ⵔⵔ ⵔⵔⵔ ⵔⵔⵔ
ⵔⵔ ⵔⵔⵔⵔ ⵔⵔⵔⵔⵔ
ⵔⵔⵔ

رقم الإيداع لدى دائرة المكتبة الوطنية : (٧٥٥/٤/٢٠٠٦)

٣٤٦,٠٢

أحمد ، أمانج

التراضي في العقود الالكترونية عبر شبكة الانترنت/ أمانج رحيم أحمد .

- عمان، دار وائل ، ٢٠٠٦ .

(٢٨١) ص

ر.إ. : (٧٥٥/٤/٢٠٠٦)

الواصفات: القانون الخاص / العقود / الالتزامات / العقود الدولية

* تم إعداد بيانات الفهرسة والتصنيف الأولية من قبل دائرة المكتبة الوطنية

(ردمك)   ISBN 9957-11-655-x

* التراضي في العقود الالكترونية عبر شبكة الإنترنيت
* أمانج رحيم أحمد
* الطبعة الأولى ٢٠٠٦
* جميع الحقوق محفوظة للناشر

دار وائـــل للنشر والتوزيع

* الأردن – عمان – شارع الجمعية العلمية الملكية – مبنى الجامعة الاردنية الاستثماري رقم (٢) الطابق الثاني

هــاتف : ٥٣٣٨٤١٠-٦-٠٠٩٦٢ – فاكس : ٥٣١١٦١١-٦-٠٠٩٦٢ – ص. ب (١٦١٥ – الجبيهة)

* الأردن – عمان – وسط البلد – مجمع الفحيص التجاري – هاتف: ٤٦٢٧٦٢٧-٦-٠٠٩٦٢

www.darwael.com

E-Mail: Wael@Darwael.Com

بسم الله الرحمن الرحيم

(إلاّ أَن تكُونَ تِجارةً عن تَراضٍ منكُمْ)

صدق الله العظيم

سورة النساء (٢٩)

○

شكـــر وتقديـــر

يقتضي واجب الوفاء والإخلاص بعد إتمام هذا الكتاب بعون الله تعالى وتوفيقه أن اعبر عن شكري وامتناني إلى أستاذي الفاضل الدكتور (حسين توفيق فيض الله) الذي تفضل بالإشراف على رسالتي للماجستير التي اخرج منها أول الكتب. كما أتقدم بالشكر الجزيل إلى جميع الأساتذة الأفاضل في كلية القانون الذين تلقيت العلم على أيديهم ولم يبخلوا عليَّ بمساعدة وأخص منهم بالذكر الأستاذ الدكتور (فاروق عبدالله كريم) عميد الكلية، كما ابلغ شكري وامتناني إلى زملائي وخصوصاً أخي وصديقي العزيز السيد (عبدالباسط كريم مولود) وابلغ شكري الجزيل لكل من مد لي يد العون والمساعدة لإنجاز هذا الجهد العلمي.

كما أنني اشكر واقدر جهود جميع العاملين في دار وائل للنشر ـ في الأردن لاخراج هذا الكتاب الى النور، ولا سيما الأخ العزيز (وائل أبو غربية) الذي ذلل امامي كل المعوقات من أجل طبع ونشر ـ هذا الكتاب.

المؤلف

المختصـرات

ABBREVIATIONS

١. **ARPA:**   Advanced Research Projects Agency.

٢. **B٢B:**   Business to Business.

٣. **B٢C:**   Business to Consumer.

٤. **DNS:**   Domain Name System.

٥. **EC:**   European Council.

٦. **E-commerce:**   Electronic Commerce.

٧. **E-contract:**   Electronic Contracts.

٨. **EDI:**   Electronic Data Interchange.

٩. **E-mail:**   Electronic Mail.

١٠. **GATS:**   General Agreement of Trade in Services.

١١. **GATT:**   General Agreement of Tariffs and Trade.

١٢. **HTML:**   Hypertext Markup Language.

١٣. **HTTP:**   Hypertext Transfer Protocol.

١٤. **ICC:**   International Chamber of Commerce.

١٥. **IRC :**   Internet Really Chat.

١٦. **IP:**   Internet Address-Protocol.

١٧. **IP-TCP:**   Internet Protocol/Transmission Control Protocol.

١٨. **ISP:**   Internet Service Providers.

١٩. **IT:**   Information Technology.

٢٠. **LAN:**   Local Area Network.

٢١. **NSF:**   National Science Foundation.

٢٢. **OECD:**   Organization for Economic Corporation & Development.

٢٣. **PC:**   Personal Computer.

٢٤. **PGP:**   Pretty Good Privacy.

٢٥. **POP:**   Post Office Protocol.

٢٦. **SMTP:**   Simple Mail Transport.

٢٧. **TRIPS:**   Trade Related Aspects of Intellectual Property Rights.

٢٨. **UECA:**   Uniform Electronic Commerce Act.

٢٩. **UNCITRAL:**   United Nations Commission on International Trade Law.

٣٠. **URL:**   Uniform Resource Lector.

٣١. **WTO:**   World Trade Organization.

٣٢. **WWW:**   World Wide Web.

المحتويــات

المقدمـــــة

١- أهمية الدراسة وأهدافها:

يشهد العالم في الوقت الحاضر ثورة في مجال الاتصالات و تكنولوجيا الحاسوب الآلي ونظم المعلومات ، والتي أسفرت بالنتيجة عن ظهور شبكة المعلومات العالمية(الانترنيت)، الأمر الذي أدى و يؤدي إلى تغيير مستمر ومتسارع في طبيعة الآليات والعلاقات التي تحكم التعامل بين الأطراف ، خصوصا بعد أن اتخذت الانترنيت ميداناً للنشاطات والأعمال التجارية في بداية التسعينيات من القرن الماضي ، إذ أصبحت بفضل الانترنيت تمارس الأعمال التجارية إلكترونيا في إطار ما يسمى بالتجارة الإلكترونية (Electronic Commerce) التي تتميز عن التجارة التقليدية بخصائص عديدة و تخلق بالتالي تحديات كبيرة أمام القوانين عموماً.

وبفضل ما وفره الانترنيت من خدمات متنوعة ذات إمكانات متميزة في نقل البيانات وجدت آليات ووسائل جديدة للتفاوض على العقود و إبرامها ، وعلى الرغم من ان العقود الالكترونية (Electronic Contracts) المبرمة عبر شبكة الانترنيت تعد نوعاً من العقود المبرمة عن بعد (Distance Contracts) كما لاتخرج تماماً عن القواعد العامة التي تنظم أحكام العقود عموماً ، لكن بفضل خدمات الانترنيت وتطورها المستمر والمتسارع تبقى هذه العقود متميزة في بعض جوانبها ، الأمر الذي يستوجب إعادة النظر في الكثير من المفاهيم والقواعد القانونية الراسخة في القوانين التقليدية في العالم المادي (Offline) لكي لا تشكل عائقاً أمامها وتوفر بالتالي المزيد من الثقة والاطمئنان من الناحية القانونية لدى المتعاملين على الشبكة.

وقد جاءت هذه الدراسة بغية معالجة الجوانب الخاصة التي تنفرد بها العقود الالكترونية وتستوجب معالجات تتماشى مع بيئة التجارة الالكترونية ومتطلباتها، وذلك بهدف وضع إطار قانوني للتعامل معها مستقبلاً، و تكمن أهمية هذه الدراسة بأنه لا توجد في العراق عموماً، ولاسيما في إقليم كوردستان خصوصاً إلى الوقت

الحاضر، تدابير تشريعية باتجاه تنظيم التجارة الالكترونية ومعاملاتها ومنها العقود الالكترونية المبرمة عبر الانترنيت وذلك لعدم وجود الانترنيت و التجارة الالكترونية في العراق و إقليم كوردستان بشكلها المتطور في الدول الغربية، ولكن هذا لا يعني ان مشكلة هذه الدراسة بعيدة كل البعد عن الوضع القانوني عندنا مادامت التجارة الالكترونية أصبحت بأهميتها ومميزاتها واقعة ملموسة لابد من التعامل معها آجلا أم عاجلاً ويعد الانتشار السريع للانترنيت واستخدامها المكثف من قبل الأفراد والمؤسسات الرسمية وغير الرسمية والشركات التجارية في إقليم كوردستان ، على الرغم من حداثتها، دليلاً واضحاً على ذلك.

وتكمن صعوبة هذه الدراسة في شحة ومحدودية المصادر بسبب حداثة الموضوع مقارنة بمواضيع القانون الاخرى، وندرة التطبيقات القضائية في هذا المجال وقد استفدنا كثيراً من خدمات شبكة الانترنيت للبحث عن المصادر الحديثة وخصوصاً المصادر الإنكليزية التي تعني بالموضوع ، ولابد من التنويه إلى أن موضوع هذه الدراسة هو موضوع غير ثابت بسبب عدم بلورة واكتمال جميع جوانبه ومفاهيمه القانونية بشكل مستقر وذلك بسبب التغييرات والمستجدات التي تطرأ بشكل مستمر ومتسارع على الوسيلة المستخدمة في إبرام العقود الإلكترونية وهي شبكة الانترنيت وخدماتها المتعددة و المتطورة.

٢- تحديد نطاق الدراسة:

يحدد نطاق هذه الدراسة في القواعد التي ينفرد بها التعاقد عبر شبكة الانترنيت، وذلك في ضوء القواعد القانونية التي تتضمن حلولا قانونية خاصة بأحكام التراضي في العقود الالكترونية المبرمة عبر شبكة الانترنيت سواء كان ذلك في نطاق التشريعات الوطنية المنظمة للتجارة الالكترونية ومعاملاتها أو القواعد ذات الطبيعة الدولية ، وذلك دون الخوض في تفاصيل وجزئيات القواعد العامة المنظمة لأحكام التراضي في العقود التقليدية والواردة في القوانين المدنية القائمة في العالم المادي (Offline) إلا بقدر

تعلقها بموضوع هذه الدراسة و خصوصاً في المواطن التي يمكن فيها تطبيق القواعد العامة.

٣- منهجية الدراسة:

استخدم في هذه الدراسة المنهج التحليلي (Analytical Method) لتحديد طبيعة المشكلة واستعراض الأحكام القانونية ذات الصلة بها وتحليلها لغرض التحري عن مدى ملاءمة تطبيقها على المشاكل والصعوبات التي تظهر نتيجة استخدام شبكة الانترنيت وخدماتها المتطورة في تحقيق التراضي عند تكوين العقود الالكترونية.

كما اتبع أيضا المنهج العلمي المقارن (Comparative Method) بين عدة قوانين وتوجيهات تشريعية سواء في إطار القواعد القانونية العامة الواردة في القوانين المدنية القائمة في العالم المادي أم في نطاق القوانين الحديثة المنظمة للتجارة الالكترونية ومعاملاتها على المستويين الدولي والداخلي .

فقد تمت المقارنة بين كل من (قانون المبادلات الالكترونية الموحد للولايات المتحدة الأمريكية سنة ١٩٩٩) و(قانون كندا الموحد بشان التجارة الالكترونية سنة ١٩٩٩)، وفي نطاق التشريعات العربية المنظمة للمعاملات و التجارة الالكترونية تمت المقارنة بين كل من (قانون المبادلات والتجارة الالكترونية التونسي- رقم ٨٣ لسنة ٢٠٠٠) و (قانون المعاملات الإلكترونية الأردني رقم ٨٥ لسنة ٢٠٠١) و (قانون إمارة دبي للمعاملات والتجارة الالكترونية رقم ٢ لسنة ٢٠٠٢) و(قانون مملكة البحرين للمعاملات الالكترونية رقم ٢٨ لسنة ٢٠٠٢) ومشروعي قانون التجارة الالكترونية في كل من مصر و الكويت وذلك فضلاً عن المقارنة بين بعض القواعد الواردة في القانون المدني العراقي رقم ٤٠ لسنة ١٩٥١ وبعض القوانين المدنية العربية الأخرى حسب مقتضى الأحوال. أما على صعيد القواعد القانونية ذات الطابع الدولي فقد أشير أيضا إلى قانون الاونسترال النموذجي بشان التجارة الالكترونية سنة ١٩٩٦ والذي أضيفت إليه المادة (الخامسة المكررة) في سنة ١٩٩٨ وقانون الاونسترال النموذجي بشأن التوقيعات الالكترونية سنة ٢٠٠١، وكذلك النصوص القانونية الواردة في مشروع اتفاقية

الاونسترال بشان التعاقد الإلكتروني سنة ٢٠٠١ والتوجيهين التشريعيين الصادرين عن المجلس الأوروبي ، أولهما التوجيه المرقم (Directive ٢٠٠٠/٣١/EC) الخاص بالتجارة الإلكترونية وثانيهما التوجيه المرقم (Directive ١٩٩٧/V/EC) الخاص بحماية المستهلكين في إطار العقود المبرمة عن بعد.

٤- خطة الدراسة:

بناء على ما تقدم ، قسمنا هذه الدراسة إلى أربعة فصول ، خصصنا الفصل الأول لدراسة ماهية العقود الالكترونية المبرمة عبر شبكة الانترنيت والتجارة الإلكترونية وذلك من خلال بيان المقصود من شبكة الانترنيت والتجارة الإلكترونية وتحديد مفهوم العقود الالكترونية وطبيعتها القانونية وتناولنا في الفصل الثاني ،التراضي في العقود الالكترونية من خلال بيان الإرادة وطرق التعبير عنها في البيئة الإلكترونية واهم أوجه الخصوصية التي يتميز بها كلاً من الإيجاب و القبول الإلكترونيين،أما الفصل الثالث فهو مخصص لدراسة زمان ومكان انعقاد العقود الإلكترونية عبر شبكة الانترنيت، وخصصنا الفصل الرابع والأخير لبيان صحة التراضي في العقود الإلكترونية المبرمة عبر شبكة الانترنيت، وختمنا الدراسة بعرض ما توصلنا إليه من نتائج وتوصيات.

ﺍﻟﻐﺪﻳﺮﻳﺎﺕ

ﻭﻗﺎﻝ ﺍﻟﺸﺎﻋﺮ ﺍﻟﻐﺪﻳﺮﻳﺎﺕ ﻓﻲ ﺍﻟﺒﻴﺖ ﺍﻟﻨﺒﻮﻳﺔ

ﺍﻟﻨﻔﺲ ﺍﻟﺤﺮﺓ

1- ماهية العقود الالكترونية عبر الانترنيت والتجارة الالكترونية

ان ثـورة المعلومـات التـي يشـهدها العـالم في مجـال الاتصـالات وتكنولوجيا الحاسـوب الآلي ونظـم المعلومات ادت الى تغيير مستمر في طبيعة الآليات والعلاقات التي تحكم التعامل بين الاطراف، وان شبكة الانترنيت (Internet) تعد دليلا واضحا على هذه الثورة.

ولا يخفى ان الانتشار الهائل للانترنيت جعل منها احدى ابرز التقنيات الحديثة التـي فرضت نفسـها على المستوى العالمي خلال سنوات العشر الماضية، وان العقود الالكترونية (Electronic Contracts) ظهرت نتيجة دخول شبكة الانترنيت في مجال المعاملات المدنية والتجارية بعد ان كـان اسـتخدامها مقصورا على مجالات البحوث العلمية الاكاديمية والعسكرية، كما ان تطور شبكة الانترنيت والخدمات التي توفرها ادى الى ان تمارس الاعمال والنشاطات التجاريـة الكترونيـا وبالتالي اثر في التجارة وبـرز مـا يسـمى بالتجارة الالكترونية (Electronic Commerce) التـي تتسـم بخصـائص تميزهـا عـن التجارة التقليديـة، واذا كانت التجارة الالكترونية لا تقتصر على العقود الالكترونية المبرمة عبر شبكة الانترنيت، الا انها تمثل جوهرها، لان التجارة سواء أكانت تقليدية ام الكترونية هي عقود وصفقات بين التجار انفسهم او مع المستهلكين.

في ضوء ما ذكر نجد ان البحث في التراضي في العقود الالكترونية المبرمة عبـر شبكة الانترنيت يتطلب الماما مبـدئياً بشـبكة الانترنيت والتجارة الالكترونيـة اضافة الى ان التنظيم التشـريعي لأحكام العقـود الالكترونية يستوجب ان توضع في الحسبان المبادئ الاساسية التي تحكم التجارة الالكترونية، لـذلك فاننا نخصص الفقرة الاولى من هذا الفصل الى شبكة الانترنيت مـن حيث نشـأتها ومحاولـة تعريفها وتحديد الخدمات التي توفرها كآليات حديثة للتعاقد، وكل ذلك بالقدر الـذي يكـون واضحا للمختصين في مجال القانون دون التوسع في دراسة الجوانب التقنية والتكنولوجية بالانترنيت التي تخرج من نطاق بحثنا، امـا الفقرة الثانية فقد خصصناها للبحث في

التجارة الالكترونية من حيث تعريفها وبيان اهميتها وتحديد اطرافها وتنظيمها على المستويين الدولي والداخلي، وان هاتين الفقرتين تمهدان لنا الطريق للتعرض الى العقود الالكترونية في الفقرة الثالثة من هذا الفصل والتي خصصت لتعريف العقود الالكترونية وتمييزها عن العقود التقليدية وبعض العقود المبرمة عن بعد عموما وبيان طبيعتها القانونية.

١-١ شبكة الانترنيت

ان الانترنيت تعد الشبكة العالمية للمعلومات، وهي ظاهرة من الظواهر التي استحدثتها الثورة المعلوماتية في مجال اجهزة الحاسوب الآلي وبرمجياتها واجهزة الاتصالات ووسائلها المتعددة التي تتيح اساليب حديثة للتعامل مع المعلومات وحفظها واسترجاعها ومعالجتها، وان شبكة الانترنيت هي مخزون هائل من المعلومات المختلفة، كما ان عدد الاشخاص الذين يستخدمون الخدمات المتوفرة على الشبكة في تزايد مستمر، ومن الضروري ان نؤكد هنا بانه لم تعد شبكة الانترنيت مجرد وسيلة لتبادل المعلومات فقط، بل نجد أن الانترنيت اصبحت وسيلة تستخدم في انجاز المعاملات مثل التفاوض على العقود وابرامها، من هذا المنطلق نتعرف على شبكة الانترنيت من خلال مايلي.

١-١-١ نشأة شبكة الانترنيت

ان شبكة الانترنيت لم تكن عالمية في بدايتها، وان جذور نشأتها تعود الى عام ١٩٦٩ تحت اسم (ARPANET) [١]، حيث اسست وزارة الدفاع الامريكية هذا

---

(١) تنسب تسمية اربانت (ARPANET) الى وكالة المشاريع البحثية المتقدمة الامريكية (Advanced Research Projects Agency) والتي دعيت فيما بعد بـ(DARPNET) نسبة الى (وكالة المشاريع البحثية المتقدمة لوزارة الدفاع الامريكية)، وقد أنشئت هذه الوكالة من قبل الرئيس الامريكي (دوايت د.ايرنهاور) اثناء الحرب الباردة مع الاتحاد السوفيتي، وذلك خوفا من هجوم نووي سوفيتي على المؤسسات العسكرية الامريكية من خلال تدمير طرق الاتصالات التي تربط بينها والتي تعتمد على حاسوبات آلية، ومن اهم مميزات هذه الشبكة قدرتها على الاستمرار في العمل حتى في حالة تدمير بعض الكابلات التي تربط اجهزة الحاسوب بعضها البعض.

المشروع بهدف تبادل المعلومات بينها وبين مراكز البحوث العلمية في مختلف انحاء العالم وخصوصا الجامعات التي تعمل على الابحاث الممولة من الوزارة، وذلك لضمان استمرارية ربط الوزارة بهذه المراكز فاذا قطعت احدى الوصلات تقوم الشبكة بتحويل الحركة الى وصلات اخرى.

نتيجة للاستخدام المكثف لشبكة اربانت من قبل الجامعات، قامت وزارة الدفاع الامريكية بانشاء شبكة جديدة لخدمة المواقع العسكرية تحت اسم (MILNET) وبقيت اربانت تتولى مهام الاتصالات في المجالات المدنية مع بقائها متصلة بـ(MILNET) من خلال بروتوكول خاص[1] .

وقد جرت خلال المؤتمر العالمي الاول حول الاتصالات الحاسوبية في واشنطن عام ١٩٧٢ تجربة شبكة اربانت، حيث ارسل من خلالها اول بلاغ الكتروني[2]، وفي عام ١٩٨٤ تحملت مؤسسة العلوم الوطنية الامريكية (NSF) نسبة الى : National Science Foundation مسؤولية ادارة شبكة اربانت والتي قامت بدورها بانشاء شبكة اسرع باسم (NSFNET) في عام ١٩٨٦، وقامت بتطوير شبكة مواقع كمبيوترية عبر الولايات المتحدة الامريكية، وتعتبر هذه الشبكة العمود الفقري لشبكة الانترنيت الحالية[3] .

وعلى صعيد الدول الاوروبية انتشرت الانترنيت فيها في منتصف الثمانينيات وكانت مقصورة على البحوث العلمية في نطاق الجامعات حتى تم تطوير البرنامج (WWW) الشهير من قبل الباحث (-Tim Berners Lee) الذي كان يعمل في المركز الاوروبي لبحوث الطاقة النووية بجنيف، وان (WWW) اختصار لعبارة (World Wide Web)

لمزيد من التفاصيل حول ذلك انظر : (باللغة السويدية)

Johan Lundberg, Internet, Domanname Och Svensk Ratt Institute Forlag, AB. Uppsala, Sweden ١٩٩٧.p.٢٦.

(١) د. هلال عبود البياتي، استخدامات الحاسبات الفنية وحمايتها، بحث منشور في كتاب (ندوة القانون والحاسوب)، سلسلة المائدة الحرة (٣٧)، بيت الحكمة، بغداد ١٩٩٩، ص ص ٢٥،٢٦.

(٢) Petter Rind Forth, Ensamratt Pa Internet, Elanders Digital Tryck, AB, Sweden, ١٩٩٨, p.٧٦.

(٣) د. هلال عبود البياتي، المصدر السابق، ص٢٥.

بمعنى (الشبكة العنكبوتية العالمية) والتي تقدم خدمات استعراضية متقدمة سواء أكانت كتابية مقروءة ام مسموعة ام مرئية، وانها آلية تربط المعلومات المخزونة على حواسب كثيرة، حيث ان ادلة في وثيقة ما ضمن حاسب ما يمكن ان تشير الى معلومات نصية او غير نصية على حواسب اخرى وتطورت الشبكة (WWW) حول العالم لتشكل مخزونا للمعرفة والمعلومات وتتيح الاتصال بين الافراد في مختلف انحاء العالم، وان تطوير مفهوم (Hypertext) ادى الى تطوير الشبكة العالمية (WWW) بموجب بروتوكول (Hypertext Transfer Protocol-http) [1].

ومع مرور الزمن انخرطت الشركات العملاقة في هذا المجال وادى ذلك الى تطور الشبكة في هذا المجال وسميت هذه الشركات بمزودي خدمة الانترنيت (Internet Service Providers) وتعمل على تقديم خدمة الانترنيت للجامعات والمختبرات ومراكز البحوث الخاصة والشركات التجارية[2]، وفي بداية التسعينيات وفي سنة ١٩٩٣ تحديدا انتشرت الانترنيت في مجال المعاملات التجارية وكانت للشركات العملاقة مثل شركة موزاييك (MOSAIC) وشركة نتسكيب (Netscape) وشركة مايكروسوفت (Microsoft) دور كبير في مجال استخدام الانترنيت لأغراض تجارية، والتي اصبح بمقدور الافراد والمؤسسات ان ينضموا اليها ويستفيدوا من التسهيلات والخدمات التي تقدمها[3]، وان شبكة الانترنيت تعتمد على مجموعة من البرمجيات التي تضمن وصول المعلومات الى اجزاء الشبكة المختلفة وتسمى البروتوكولات[4].

(١) عبدالله رضا، الانترنيت وانترانيت وتصميم المواقع، دار الرضا للنشر، الطبعة الاولى، دمشق، ١٩٩٨، ص٣٦.
(٢) نادر الفرد قاحوش، العمل المصرفي عبر الانترنيت، الدار العربية للعلوم، مكتبة الرائد العلمية، الطبعة الاولى، عمان - الاردن، ٢٠٠٠، ص١٦.
(٣) د. محمد علي حوات، المصدر السابق، ص٧٥ وما بعدها.
(٤) عبدالله احمد، المصدر السابق، ص٢٩، وكذلك انظر :
محمد جمال احمد قبيعة، متصفح مايكروسوفت لادارة الانترنيت، دار الراتب الجامعية، ١٩٩٨، ص١٣.

وكان لاستخدام شبكة الانترنيت في مجال الاعمال والنشاطات التجارية دور بارز في جعل شبكة الانترنيت شبكة عالمية تتجاوز الحدود السياسية والجغرافية للبلدان.

٢-١-١ تعريف شبكة الانترنيت

ان مصطلح الانترنيت (Internet) هو مصطلح انكليزي ومشتق اصلا من عبارة (-International Net work) وان الانترنيت تعني شبكة الاتصالات العالمية بالكومبيوتر [١] ولم يتفق المختصون في هذا المجال على ايراد تعريف جامع مانع للانترنيت، بل توجد تعاريف متعددة ومختلفة لشبكة الانترنيت، وان الشبكة بحد ذاتها هي عبارة عن وسيلة اتصال بواسطة كبلات للحواسب تغطي منطقة جغرافية محدودة لا تزيد عادة عن بضعة كيلومترات في الشبكات المحلية (LAN) [٢]، وتشمل الانواع الاخرى مناطق جغرافية اوسع مثل شبكات المدن (Wide Area Network)[٣]، وشبكة الانترنيت (Internet) التي هي تجمع لحواسب مختلفة على مستوى العالم وفق معايير محددة، وان الغرض الاساسي من الشبكات هو التشارك في المعلومات والاتصال والتبادل المعلوماتي.

ومن التعريفات التي وردت بشأن شبكة الانترنيت نورد منها ما يأتي :-

١- شبكة الانترنيت هي شبكة من الحاسبات الآلية مرتبطة بعضها بالبعض، اما عن طريق خطوط الهاتف او عن طريق الاقمار الصناعية التي تتيح للمشاركين فيها امكانية الاطلاع على المعلومات التي توفرها الشبكة وتبادل المعلومات والرسائل والوثائق خلال لحظات معدودة [٤].

(١) منير البعلبكي، المورد، الطبعة الخامسة والثلاثون، دار العلم للملايين، بيروت، ٢٠٠١، ص٤٧٦.
(٢) د. هلال عبود البياتي، المصدر السابق، ص٢٤.
(٣) عبدالله احمد، المصدر السابق، ص١١.
(٤) د. محمد مراد عبدالله، الانترنيت وجناح الاحداث، بحث منشور في كتاب (الامن والانترنيت)، مركز البحوث والدراسات في القيادة العامة لشرطة دبي، الطبعة الاولى، دبي، ٢٠٠١، ص١٠.

٢- شبكة الانترنيت هي شبكة الشبكات (Network of Networks) [١].

٣- شبكة الانترنيت هي شبكة اتصال تربط بين عدد كبير جدا من الشبكات المنتشرة حول العالم من شبكات حكومية وشبكات غير حكومية وشبكات مراكز ابحاث وشبكات جامعات وشبكات تجارية وخدمات فورية ونشرات الكترونية، بامكان أي شخص ان يصل اليها باستخدام جهاز حاسوب ومودم وخط هاتف واشتراك عن طريق مزود خدمة الانترنيت [٢].

٤- ومن التعريفات الفنية لشبكة الانترنيت : هي مجرد شبكة (Net work) مؤلفة من شبكات متعددة، متصلة ضمن الـ(Web)، ويتصل بها الملايين من الاجهزة المتحاورة عن طريق بروتوكول (Protocol) [٣].

٥- شبكة الانترنيت هي شبكة تجري فيها المعلومات من أي مكان الى أي مكان في العالم [٤].

٦- شبكة دولية من الكبلات والاسلاك ووصلات المستخدمين التي يتم عبرها تبادل المعلومات، وتدخل ضمن كل صفحة بدء (Home page) وصلات فائقة (Hyper links) تشمل الكلمات والرموز والعبارات المعيارية التي تعتبر نقاطا مرجعية لاجزاء اخرى من الوثيقة ذاتها او ضمن وثائق اخرى ضمن الشبكة، وهنا يمكن للمستخدم ان يشير الى اهتمامه بمشاهدة احد هذه الاجزاء الاخرى باستعمال الماوس

---

(١) د. حسين توفيق فيض الله، الجرائم المتصلة بالكومبيوتر والانترنيت، مجموعة من المحاضرات القيت على طلبة الدراسات العليا (الماجستير) في كلية القانون بجامعة السليمانية عام ٢٠٠١-٢٠٠٢، غير منشورة، ص١٥ (اذن بالاشارة).

(٢) د. يوسف ابو فارة، تسويق الخدمات المصرفية عبر الانترنيت، متاح على العنوان الالكتروني الآتي:
<http://www.yusuf-abufara.net> (*Last visited* ٢٤ Nov. ٢٠٠٢)
وبنفس المعنى انظر :

LARS DAVIES, Contract Formation on the Internet, Shattering a few myths, available
at:<http://١٣٨,٣٧,٦٥,٣/itlaw/publications/pdf/contract-formation.pdf>
(*Last visited* ٠١ Feb. ٢٠٠٣)

(٣) محمد جمال احمد قبيعة، المصدر السابق، ص١٢.

(٤) انطوان بطرس، الانترنيت شبكة تحتوي العالم، بحث منشور في كتاب حضارة الحاسوب والانترنيت، الكتاب الاربعون، مجموعة من كتاب العربي، الكويت، الطبعة الاولى، ٢٠٠٠، ص١٧٤.

على حاسبه للوصول الى المعلومات التي يريدها اعتمادا على هـذه الوصـولات الفائقـة، والقفـز مـن وصلة الى وصلة اخرى يسمح للمستخدمين باختيار ما يريدون مشاهدته بمـلء ارادتهـم وبالترتيـب الـذي يرغبونه، فضلا عن القدرة الاستعراضية التي تمكن المستخدم مـن استكشاف او استعراض المواقع التـي يريدها[١].

يلاحظ على التعاريف المذكورة، بانها وان اختلفت في التعبير والالفـاظ لكنهـا اتحـدت في بيـان جوهر الانترنيت ومعناها، لذلك يمكننا القول بان شبكة الانترنيت في حقيقتها عبارة عن شبكة مؤلفة مـن اعـداد هائلة من الشبكات الصغيرة التي تربط اجهزة الحواسيب الموزعة في مختلف انحاء العالم وهذه الشبكات الصغيرة تنقسم على الشبكات المحلية وشبكات اخرى على مستوى منطقة او دولة او عبر الحـدود ويمكن تسمية شبكة الانترنت بانها شبكة الشبكات لأنها تربط بين هذه الشبكات ليؤلف في النتيجة شبكة عالميـة واسعة المدى، وتقدم خدمات متعددة الى مستخدميها في العالم، منها استخدامها في مجـال ابـرام المعاملات المدنية والتجارية ومنها العقود الالكترونية.

وتتكون الاطراف المتعاملة في شبكة الانترنيت من مستويات عديدة يمكن ايرادها في اربعة مستويات[٢] :

أ- المستخدمون العاديون لشبكة الانترنيت، ويلجأون الى الشبكة ويدخلون فيها بواسطة احد مجهزي الخدمات (Internet Services Providers-ISP) بهدف الحصـول على الخدمات والمعلومـات او بثهـا او تبادلها عبر الحاسوب الشخصي-(Personal Computers-PC) أي يتصـور بـان يكون مستخدم الانترنيت موردا ومستخدما لها في وقت واحد.

ب- مزودو الخدمات على شبكة الانترنيت (ISP)، وهم عبارة عن مؤسسـات تـؤمن للمشـتركين خدمـة ايصالهم بالشبكة وعن طريق ايجار خطوط الربط بشبكة

---

(١) عبدالله احمد، المصدر السابق، ص٦٠.

(٢) ارنود دوفور، انترنت، ترجمة : المهندس منى مليمس والدكتورة نبال ادبي، الدار العربية للعلوم، الطبعة الاولى، لبنان، ١٩٩٨، ص١١.

الانترنيت الى المستخدمين، وهذه المؤسسات بدورها يتصلون بالمحطات الرئيسية محلية ام قارية ام دولية، وان اعمال ونشاطات هذه المؤسسات تخضع لأحكام القانون الذي يوجب في معظم دول العالم حصولهم على التراخيص من قبل السلطات العامة، اما الجانب الآخر من نشاطهم فهو يخضع لأحكام القانون الخاص والذي يتمثل في تعاقد المستخدمين والمشتركين في شبكة الانترنيت معهم من الاشخاص المعنوية والافراد العاديين.

جـ- الاطراف الذين يتولون عملية التمويل والتنظيم والتشغيل وتأتي على رأسهم الدول والسلطات الرسمية العامة والجهات العالمية المختصة بهذا المجال.

د- منظمات الشبكات الاقليمية والوطنية والمنظمات العالمية للشبكة.

ويمكن تحديد عناصر الانترنيت كما يأتي [1] :

- كومبيوترات (Computers)، والتي تسمى بالمواقع المضيفة (Host Locations) لشبكة الاتصال وتكون على اشكال عديدة مثل الكمبيوترات الشخصية (PC) والكومبيوترات المركزية (Main Farms) وشبكات الاتصال المحلية (LAN).

- شبكات الاتصال (Networks)، وهي عبارة عن قنوات الاتصال بين اطراف الانترنيت وما يتبعها من اجهزة، ويعتبر تطور عناصر الانترنيت المذكورة اساسا لتطور الانترنيت، فكلما تطورت اجهزة الكومبيوتر وقنوات الاتصال عبر الشبكة يزيد ذلك من قوة الانترنيت، وان البروتوكولات هي تلك القواعد التي تحدد الطريقة التي تمر بها البيانات والمعلومات خلال الشبكة، بما في ذلك كمية المعلومات التي يمكن ارسالها دفعة واحدة في أي وقت، اضافة الى شكل ترتيب البيانات والعناوين المرسلة اليها البيانات، وفي عام ١٩٧٤ بدأت الدراسات لاستخدام بروتوكولات الوصول والتحكم في نقل البيانات "Transmission Control Protocol-TCP" في الاتصالات بهذه الشبكة، حتى امكن الوصول الى استخدامها في عام ١٩٧٧ تحت اسم بروتوكول

---

(١) نادر الفرد قاحوش، المصدر السابق، ص١٧.

انترنـت IP والاسـم الكامـل "Transmission Control Protocol-TCP-and Internet Protocol-IP" وتسمح بروتوكولات الانترنيت لأي عدد من شبكات الحاسوب بالارتباط والعمل وكأنها شبكة واحدة وهي تعمل مثل نظام البريد الواسع المنتشر الذي تتعاون فيه كل الجهات لتأمين نقل الرسائل على مـدى رقعة الانتشار، وتم التوسع في بداية الثمانينيـات مـع ظهـور الحاسـب الشخصيـ، فتطـورت برمجيـات مـن اهمها نظام تسمية الحواسب الموصولة في الشبكة (Domain Name System) [1].

وإن ما يحتاج للاشتراك في شبكة الانترنيت هـو تأميـن الـدخول ضمـن الشبكة العنكبوتيـة العالميـة (World Wide Web-WWW)، وان الانضمام لخدمات توصيل جاهز هو اسهل طريقة للاتصال بالانترنيت وهو متوفر بكثرة، وللتوصيل الجاهز تحتاج الى مودم (Modem) [2] برنامج اتصالات وحساب لدى مؤسسة تزويد بالانترنيت (ISP) اضافة الى جهاز الحاسوب الشخصي (PC).

١-١-٣ الخدمات التي توفرها شبكة الانترنيت وتستخدم كآليات حديثة للتعاقد

بعد اجراء الاعدادات اللازمـة للتوصيل بشبكة الانترنيـت امـا عـن طريـق الـربط المباشـر او بواسـطة خطوط الهاتف [3] ، توفر الشبكة خدمات متنوعة ومتعددة ذات الصلة بالتقدم التكنولـوجي القائـم علـى اساس النظم المعلوماتيـة، وفي مقدمة هـذه الخدمـات، خدمـة البريـد الالكترونـي (Electronic Mail) ومـا تتيحه هذه الخدمة من تبادل للملفات بأنواعها حيث يمكن من خلال هذه الخدمات المتوفرة علـى شبكة الانترنيت ارسال المعلومات والبيانات عن المنتجات والخدمات واجراء ابحاث السوق

(١) عبدالله احمد، المصدر السابق، ص٢٩.
(٢) جهاز مودم (Modem) هو وسيلة الربط بشبكة الاتصال عبر الهاتف وهذا الجهاز يربط بين الحاسوب الشخصي والخطوط الاخرى، و المودم جزء حيوي في الاتصالات عن طريق شبكة الانترنيت، لان دوره كدور المترجم بين المتحدثين بلغتين مختلفتين، وقد جاءت تسمية (Modem) من كلمتين : (Modulator/Demodulator)، وتصنّف اجهـزة المـودم حسـب سرعتهـا في نقل البيانات وتقاس السرعة بوحدة (بت/ث) : انظر د. هلال عبود البياتي، المصدر السابق، ص٢٨.
(٣) عبدالله احمد، المصدر السابق، ص٥٦.

ودراسة اوضاع المنافسين ومراسلة الزبائن والمستهلكين باعتبارها وسيلة اسرع وابسط واقل تكلفة من ايـة وسيلة اخرى ^(١).

نتيجة لما تتميز به خدمات شبكة الانترنيت، درج رجال الاعمال والشركات ومنظمات الاعمال وكذلك المستهلكون على استخدام ما تتيحه شبكة الانترنيـت مـن الخـدمات في انجـاز اعمالهـم ومعـاملاتهم مثـل التفاوض على العقود وابرامها، اضافة الى ما اتاحته شبكة الانترنيت من وسائل الـدفع الالكـتروني، كـما هـو الحال في استخدام بطاقات الائتمان في المعاملات المصرفية دون حاجة لنقل النقود من مكان لآخر^(٢)، اذن هنالك عدد كبير من الخدمات التي توفرها شبكة الانترنيت، ويمكن تلخيص اهم الخدمات التـي تسـتخدم كآليات حديثة للتعاقد الالكتروني بما يأتي :

اولا : خدمات البريد الالكتروني Electronic Mail

ان البريد الالكتروني (E-mail) وهو اختصار لعبارة (Electronic Mail) هو وسيلة لتبادل البيانات والمعلومات الكترونيا عبر شبكة الانترنيت بين المنشئ^(٣) والمرسل اليه^(٤)، ويستلزم استخدام البريد الالكتروني معرفة العنوان الالكتروني للشخص المرسل اليه، حيث لكل مشترك في الشبكة عنوان الكتروني خاص به كالعنوان

(١) د. هلال عبود البياتي، المصدر السابق، ص٢٦.

(٢) د. احمد سعيد شرف الدين، دراسات في عقود التجارة الالكترونية، حجية الكتابة الالكترونية في الاثبات، مركز البحوث والدراسـات بشرطة دبي، دبي، الطبعة الاولى، ٢٠٠١، ص٥.

(٣) المنشئ (Originator) هو الشخص الذي يعتبر ان ارسال او انشاء رسالة البيانات قبل تخزينها، ان حدث تم على يديه او نيابة عنه، ولكنه لا يشمل الشخص الذي يتصرف كوسيط فيما يتعلق بهذه الرسالة، تنظر الفقرة (جـ) من المادة الثانية من قانون الاونسترال النموذجي بشأن التجارة الالكترونية وكذلك المادة الاولى من قانون مملكة البحرين بشأن المعاملات الالكترونية الـرقم (٢٨) سنة ٢٠٠٢

(٤) المرسل اليه (Addressee) هو الشخص الذي يقصد المنشئ ان يتسلم رسالة البيانات، ولكنه لا يشمل الشخص الـذي يتصـرف كوسيط فيما يتعلق بهذه الرسالة، تنظر الفقرة (د) من المادة الثانية من قانون الاونسترال النموذجي وكذلك المادة الثانية مـن قانون مملكة البحرين بشأن المعاملات الالكترونية.

البريد العادي، ويستعمل هذا العنوان الالكتروني عادة لإرسال الرسائل الالكترونية عبر الشبكة واستقبالها[1].

ويعد الاتصال مع مستخدمي شبكة الانترنيت ومراسلتهم من خلال خدمة البريد الالكتروني من اكثر استخدامات شبكة الانترنيت شيوعا بشكل يكاد يحل البريد الالكتروني محل الكثير من الوسائل التقليدية كالبريد العادي والهاتف والفاكس والتلكس[2]، ويعود هذا الاستخدام الواسع للبريد الالكتروني الى الامكانات المتعددة التي توفرها هذه الخدمة وسرعتها الهائلة في نقل الرسائل[3] فضلا عن كلفتها الزهيدة مقارنة بالوسائل الاخرى للاتصالات، وكذلك امكانية استخدامه لارسال ملفات النصوص والصور والصوت[4]، كما يمكن ارسال الرسالة ذاتها الى عدد غير محدود من الاشخاص في الوقت نفسه وايضا يمكن اعادة ارسالها عن طريق الشبكة تلقائيا الى جميع المشتركين فيما يسمى بالقوائم البريدية (Mailing Lists) وعندما تزيد القائمة البريدية عن حد معين تتحول القائمة الى مجموعة اخبار (News Group)، ومن المميزات الاخرى لخدمة البريد الالكتروني امكانية ارسال الرسالة الى مجموعة من الاشخاص في نفس الوقت حتى وان كان الاشخاص غير موجودين بخلاف التراسل التقليدي بالفاكس، حيث لا يمكن الاتصال في حال كان جهاز الفاكس لا يعمل او مقفلاً[5]، ومن اهم عيوب البريد الالكتروني هو عدم توفر الحماية الكافية للبيانات والمعلومات التي تحتويها الرسالة المرسلة من خلاله، حيث غالبا ما تتعرض هذه البيانات الى مخاطر قد تؤدي الى تلف الرسالة او ضياعها او ظهورها بشكل غير مفهوم بحيث

---

(١) Christina Hultmarli, Electroniska Handel Och Avtalratt, Svensk Ratts Institute Forlag, Uppsala Universitet, Sweden, ١٩٩٨, p.٩٣.

(٢) محمد جمال احمد قبيعة، المصدر السابق، ص ص ١٤،١٥
وكذلك : LARS DAVIES, op.cit, p.٦

(٣) جيل ت. فريز، التسوق بذكاء عبر الانترنيت، الدار العربية للعلوم، الطبعة الاولى، لبنان، ٢٠٠١، ص٢١.

(٤) عبدالله احمد، المصدر السابق، ص ص ٣٩،٤٠.

(٥) نفس المصدر، ص٤٠.

لا يمكن قراءتها[1]، وان ما تتميز به خدمة البريد الالكتروني من الامكانيات يؤدي الى تغيير تركيبة انظمة الاتصالات سواء أكانت بين الافراد ام التجار عبر الحدود الدولية للبلدان[2].

ويقوم بروتوكول (Simple Mail Transport-SMTP) بالاشراف على انتقال الرسالة الى المستخدم واستقبال الرسالة لتصل الى صندوق الوارد (Inbox) في البريد الالكتروني للمستخدم، اما البروتوكول (Post Office Protocol-POP) فيقوم بارسال البريد عند الاتصال من علبة البريد الى حاسوب المستخدم، كما يتيح البروتوكول (IMAP) امكانيات متقدمة في التحكم بعلبة البريد[3].

يمكن لكل شخص ان يكون له عنوان الكتروني لاستخدام بريده الالكتروني والاستفادة من الخدمات التي يقدمها سواء أكان المستخدم موجودا في موقع جغرافي واحد مع الشخص المرسل اليه او كانا موجودين في مواقع جغرافية مختلفة قد تبعد آلاف الاميال، بحيث يتمكن كل شخص من دخول صندوق بريده الالكتروني في أي مكان في العالم بواسطة مجهزي خدمات الانترنيت (ISP)[4].

وعندما يدخل المستخدم الى الموقع الالكتروني الذي اتاح له الاشتراك في خدمات البريد الالكتروني، يستطيع ان يفتح صندوق بريده عن طريق كلمة السر (Password) التي تحافظ على سرية رسائله، اذ توجد لكل مستخدم كلمة سر للتعامل مع بريده الالكتروني بصورة لا يعمل نظام البريد الا بعد ادخالها[5]، وتوجد

---

(١) الدكتور اسامة احمد شوقي المليجي، استخدام مستخرجات التقنيات العلمية الحديثة واثره على قواعد الاثبات المدني، دار النهضة العربية، الطبعة الاولى، القاهرة، ٢٠٠٠، ص١٠.

(٢)Upunet, Attanvanda Internet E-post, Uppsala Universitets Datornet for Studenter Uppsala Universitet, ١٩٩٩. available at :
<www.student.un-se/upunet/guide/htm> (*Last visited* ٢٠ June. ١٩٩٩).

(٣) عبدالله احمد، المصدر السابق، ص٤٠.

(٤) Christina Hultmarli, op.cit, p.٩٣.

(٥) د. جميل عبدالباقي الصغير، الانترنت والقانون الجنائي – الاحكام الموضوعية للجرائم المتعلقة بالانترنت، دار النهضة العربية، القاهرة، الطبعة الاولى، ٢٠٠١، ص ص١٥-١٦.

داخل البريد الالكتروني مجلدات عديدة تتكون من اجزاء منها[1]: مربع (Inbox) لتخزين رسائل البريد الالكتروني التي يتم تسلمها وتنظيمها في قائمة الرسائل المستقبلة، ومربع (Outbox) للرسائل التي تكون جاهزة للارسال ومربع (Sent Items) للرسائل التي ارسلت، ومربع (Deleted) للرسائل التي حذفت، حيث يتم في هذا المربع اتلاف الرسائل المهمة التي يرسلها المنشئ ولا يرغب في الاطلاع عليها من قبل شخص آخر غير المرسل اليه، كما يوجد نموذج عام لصيغ الرسائل وقائمة بالعناوين الالكترونية الجاهزة لغرض عدم تكرار كتابة العنوان البريدي المستخدم في كل مرة ترسل فيها الرسالة الالكترونية الى ذلك العنوان البريدي وعندما يريد المنشئ ان يرسل رسالة الكترونية بواسطة خدمة البريد الالكتروني، يختار مربع (New message) من خيارات (Compose message) ويقوم بكتابة العنوان البريدي الالكتروني للشخص المرسل اليه في مربع (To:)، وفي المربع (CC:) "نسخة الكربون" يمكن تحديد العنوان الالكتروني لشخص آخر الذي يريد المنشئ ارسال نسخة من الرسالة اليه، واذا اراد المنشئ ان يرسل رسالته الالكترونية الى مجموعة يستطيع ان يستخدم مربع (BCC:) ويكتب في المربع (Subject) موضوع الرسالة ويكتب الرسالة في خانة الحوار السفلى وعند الانتهاء يتم الضغط على الزر (Send) بواسطة تأشير الفأرة (Mouse) وما هي الا ثوان معدودة وتنقل الرسالة الى نظام الشركة المجهزة لخدمة الانترنيت التابع لها المرسل اليه وبدوره ينقل الرسالة فورا الى المرسل اليه، وهكذا نجد ان الرسالة التي ترسل بواسطة البريد الالكتروني تصل اوتوماتيكيا الى العناوين الالكترونية للأشخاص المدرجين عناوينهم الالكترونية في القائمة، وبعد ان يفتح المرسل اليه صندوق بريده، تظهر الرسالة المرسلة من قبل المنشئ في مربع (Inbox) مبينا فيها اسم المرسل وموضوع الرسالة وتاريخ الرسالة وحجمها وبيان فيما اذا كانت الرسالة تتضمن ملحقا ام لا، وبعد ذلك يستطيع المرسل اليه ان يفتح الرسالة

---

(١) عبدالله احمد، المصدر السابق، ص١١٧ ومحمد جمال احمد قبيعة، المصدر السابق، ص ص١٩٧-٢٠٧.

واستعراضها وقراءتها وطباعتها على دعامة ورقية او حفظها في ملف معين او الغائها بعد قراءتها^(١) .

يستطيع مستخدم البريد الالكتروني ان يبرمج نظامه بشكل يستطيع ان يخطر اوتوماتيكيا الشخص المنشئ بان رسالته الالكترونية وصلت الى البريد الالكتروني للمرسل اليه، وفي حالة عدم وصولها الى نظام البريد الالكتروني للمرسل اليه ان يخطر اوتوماتيكيا المنشئ بان رسالته لم تصل الى المرسل اليه او لا يمكن ارسالها اصلا^(٢)، ولكن لا يمكن الاعتماد كليا على هذا الاخطار الذي يتم اوتوماتيكيا لامكانية تعرض البيانات التي تتضمنها الرسالة الالكترونية الى مخاطر، وكذلك لسهولة امكانية ارسال رسائل الكترونية باسم شخص آخر غير المنشئ، كما لا تتضمن رسالة البيانات معلومات عن لحظة قراءة الرسالة من قبل المرسل اليه وانما تحدد فقط لحظة الارسال والتسلم، ولكن على الرغم من ذلك يمكن الاعتماد على قوائم الرسائل الموجودة في صندوق البريد الالكتروني كوسيلة للاثبات خاصة اذا كانت قائمة الرسائل للمنشئ مطابقة في معلوماتها مع قائمة المرسل اليه^(٣).

ثانيا : التصفح عبر خدمات الشبكة العنكبوتية العالمية "WWW"

ان شبكة العنكبوت العالمية (WWW) وهو اختصار (World Wide Web)^(٤) هي عبارة عن مجموعة مترابطة من صفحات الويب (Web Pages) وتتضمن كل صفحة وصلات فائقة تسمح للمستخدمين بالانتقال الى صفحات اخرى^(٥)، وتقوم شبكة (WWW) على تكنلوجيتين^(٦) وهما تكنلوجية (HTTP) وتكنلوجية

---

(١) د. طوني ميشال عيسى، التنظيم القانوني لشبكة الانترنت، دار صادر لبنان، ٢٠٠١، ص٥٦.

(٢) Christina Hultmarli, op.cit, p.٩٣.

(٣) Ibid, p.٩٣.

(٤) ارنود دوفور، المصدر السابق، ص١٦٣.

(٥) عبدالله احمد، المصدر السابق، ص٦٠.

(٦) LARS DAVIES, op.cit, p.V.

(HTML)، وان (HTTP) هو اختصار لعبارة (Hypertext Transfer Protocol) ويعني بروتوكول نقل النص الفائق الاضافة (Hypertext) عبر الانترنيت وهو عبارة عـن وثـائق الكترونيـة تعـرض فيهـا معلومـات مترابطة فيما بينها[١]، ولكل صفحة بدء على الويب عنوان قياسي يبـدأ برمـز (http://www)، أمـا (HTML) هو اختصار لعبارة (Hypertext Markup Language) أي لغة النصوص المترابطة المتشعبة[٢].

وتوفر شبكة (WWW) خدمات استعراضية متقدمة للتصفح والاطلاع على المعلومات والبيانات نصية كانت ام غير نصية والموجودة على شبكة الانترنيت وبطريقـة تفاعليـة (تخاطـب وحـوار وسـحب وايـداع البيانات) في مختلف المجالات العلمية والثقافية والتاريخية والرياضية والدينيـة والاخباريـة وغيرهـا اضافة الى الكتب والجرائد والمجلات والدوريات المنشورة بمختلف اللغات العالمية[٣]، وتعتبر شبكة (WWW) مـن اهم اجزاء الانترنيت وبالنسبة للبعض اصبحت التسميتان انترنت و(WWW) مترادفتين[٤].

يتم التصفح والاطلاع علـى المعلومـات والبيانـات بواسـطة المتصـفح (Web Browsers) وهـو برنـامج حاسوبي يستطيع المستخدم من خلاله استرداد صفحات (HTML)، ويكون ذلك عـادة باسـتخدام كومبيـوتر شخصيـ (PC) مـرتبط عـبر (Modem) بمجهزي خـدمات الانترنـت (ISP)[٥]، وان المتصـفح الاكـثر شـيوعا وانتشارا في الوقت الحالي هو متصفح مستكشف الانترنيت (Internet Explorer) الذي تم انشاؤه من قبل شركة مايكروسوفت العالمية[٦].

ويمكن من خلال الخدمات التي توفرها شبكة (WWW) زيارة مختلف المواقع الالكترونية علـى شـبكة الانترنيت والتصفح فيها والتعاقد من خلالها مع التاجر الذي

---

(١) نادر الفرد قاحوش، المصدر السابق، ص١٥٧.
(٢) د. هلال عبود البياتي، المصدر السابق، ص٣٠.
(٣) انطوان بطرس، المصدر السابق، ص١٧٩.
(٤) نادر الفرد قاحوش، المصدر السابق، ص١٩.
(٥) نفس المصدر، ص ص٢٠،٢١.
(٦) د. هلال عبود البياتي، المصدر السابق، ص٢٦.

يعرض بضائعه وخدماته على الشبكة، وان التقدم التكنولوجي المعتمد على نظام شبكة (WWW) انتج خدمات اضافية اخرى منها ما يأتي :

١- المتاجر والشركات الافتراضية   Virtual Malls & Corporations

تعتمد المتاجر والشركات الافتراضية من حيث تكوينها وادارتها على تقنية المعلومات (Information Technology-IT) وكذلك التسهيلات والخدمات المتوفرة على الانترنيت، ويمكن تعريف المتاجر الافتراضية (Virtual Malls) بانها مواقع الكترونية مرتبطة بشبكة الانترنيت مخصصة لبيع السلع والخدمات مباشرة عبر الشبكة[1] حيث تتيح عربات التسوق الافتراضية للمشتري امكانية حمل بعض المواد التي تهمه اثناء استعراض المواقع على الويب وذلك عن طريق النقر (Click) على الزر الذي يطابق البضاعة او الخدمة التي يريدها وعنوان هذا الزر على الشاشة هو (Put this in my shopping card) وذلك بعد اختيار الحجم واللون والكمية المطلوبة من البضاعة، فتنتقل البضاعة الى العربة، ولكن التسوق الالكتروني عبر المتاجر الافتراضية يكون خاضعا لمجموعة من القيود منها عدم امكانية ملامسة البضاعة او تذوقها او شمّها على الرغم من تأمين الرؤية والصوت من قبل التجار عبر الانترنيت[2] .

اما الشركات الافتراضية[3] فهي عبارة عن مؤسسة متألفة من عدد من الشركاء الذين يرتبطون عبر الخدمات على الخط (Online Services)، ومن الخصائص الرئيسية للشركات الافتراضية، هي الامتياز، حيث لا يستطيع الفرد ان يقوم بتنفيذ ما تستطيع الشركة الافتراضية القيام به كما تشكل هذه الشركات ميزة تنافسية

(١) د. اسامة ابو الحسن مجاهد، خصوصية التعاقد عبر الانترنيت، بحث مقدم الى مؤتمر القانون والكمبيوتر والانترنيت، الذي نظمته كلية الشريعة والقانون بجامعة الامارات العربية المتحدة للفترة من ١ الى ٣ مايو ٢٠٠٠، ص ص١٣،١٤.

(٢) جيل ت. فريز، المصدر السابق، ص٧٤.

(٣) د. افرايم توربان، د. افرايم مكلين، د. جيمس ويثرب، تقنية المعلومات في دعم ادارة الشركات، القسم الاول، تقنية المعلومات في المؤسسات، سلسلة الرضا للمعلومات، دار الرضا للنشر، دمشق، الطبعة الاولى، تموز ٢٠٠٠، ص ص٣٥٣،٣٥٤.

(Competitive Advantage)، وتعد الثقة المتبادلة عاملا اساسيا في استمرار الشركة الافتراضية، ومن الامثلة على الشركات الافتراضية على شبكة الانترنيت شركة (تورن سكون) التي تم تأسيسها من قبل شركة (ستيل كيس انكوربوريشن)، وتقوم هذه الشركة الافتراضية ببيع الالبسة الجاهزة عن طريق الكتالوجات، ويقوم زبائن الشركة بتقديم طلبات هاتفية مستخدمين بطاقاتهم المصرفية الى احدى شركات الاتصال عن بعد، وتقوم هذه الشركة بارسال الطلبات الى الحواسيب الموجودة في المستودعات ومن هنا يتم شحن المنتجات الى الزبائن عن طريق شركات نقل متعاقد معها، وتقوم انظمة حواسيب الشركة بتنفيذ اجراءات معالجة الطلبات ومتابعة عمليات الشحن عبر الخدمات المتوفرة على شبكة الانترنيت[1].

٢- محركات البحث Search Engines

هي عبارة عن برامج صممت من اجل البحث عن المعلومات عبر قواعد البيانات المختلفة والضخمة في شبكة الانترنيت، ويجري تصميم هذه البرامج وتحديثها بصورة مباشرة عبر الشبكة، وتعمل هذه المحركات من خلال مواقع خاصة بها في الشبكة العالمية[2]، وتتميز محركات البحث بوجود حقل فيها يسمح بادخال الكلمة او العبارة المطلوب البحث عنها او ادخالها على شكل السؤال، ونظرا لضخامة حجم المعلومات المتناثرة في الانترنيت تعود محركات البحث بقوائم مما وجد، وتختلف محركات البحث فيما بينها في الاسلوب والشكل والسرعة ونظام التقييم والتصنيف المعتمد، واساليب تسهيل البحث[3]، ومن اهم محركات البحث على شبكة الانترنيت واكثرها استخداما : محرك الياهو (http://www.yahoo.com) ومحرك كوكل (http://www.google.com) ومحرك التافيستا (http://www.altavistadigital.com) وهكذا نجد بان لكل صفحة الكترونية

---

(١) نفس المصدر، ص ص٣٥٧،٣٥٨.
(٢) عبدالله احمد، المصدر السابق، ص٦٧. ود. هلال عبود البياتي، المصدر السابق، ص٣٠.
(٣) جيل ت. فريز، المصدر السابق، ص٩٥.

عنوانا خاصا بها يسمى(Uniform Resource Locator-URL) ويشير http الى نوع الخدمة المستخدمة

وهو بروتوكول نقل النصوص المترابطة ويقوم هذا البروتوكول بترجمة العنوان بشكل مباشر، اما الرمز

yahoo.com يشير الى المخدم ISP الموجودة عليه الصفحة و com: اسم المجال او العمل للمؤسسة التي

لديها المخدم[1].

٣- الاتصال الهاتفي الصوتي والمرئي

تسمح شبكة الانترنيت بالاتصال فيما بين الاشخاص ويمكن اجراء المناقشات في الزمن الحقيقي بفضل

(IRC-Internet Really Chat)، كما تسمح الشبكة بتطبيق هاتف الانترنيت (Internet Phone) من شركة

فوكالتك (Vocaltec) بالاتصال الشفوي عبر الانترنيت كما يمكن تبادل الصور اضافة الى النص والصوت[2].

ثالثا : التخاطب في فضاء الانترنيت عبر منتديات المناقشة والحوار Chatting

تعد برامج (Chat) والتخاطب واجراء المباحثات والحلقات النقاشية في فضاء الانترنيت عن طريق

استخدام نظام (Internet Really Chat IRC) من اهم الانظمة المتقدمة التي وفرتها شبكة الانترنيت

واكثرها استخداما[3] حيث يوجد عدد كبير من قنوات الكترونية خاصة في هذا المجال على شبكة الانترنيت

يمكن الدخول اليها والتحدث فيها عن طريق الحوار الحي (Live) مع اشخاص آخرين في مختلف انحاء

العالم، كما يمكن عن طريق هذه الخدمة عقد المؤتمرات والندوات على الشبكة

---

(١) توجد المجالات التالية في المواقع الالكترونية :

com: يشير الى اعمال تجارية ، edu: يشير الى مؤسسات تعليمية ، mil: يشير الى مواقع عسكرية ، net: شبكة اخبارية او مزود الخدمات، org: منظمات ، gov: حكومية.

(٢) ارنود دوفور، المصدر السابق، ص ص٩٦،٩٧.

(٣) عبدالله احمد، المصدر السابق، ص٧٥.

لمناقشة موضوعات متنوعة بين اشخاص مختلفين على مستوى العالم لهم اهتمامات مشتركة[1].

وان التخاطب باستخدام آلية (Chat) يعني الاتصال بالزمن الحقيقي (Real Time) أي في نفس الوقت، حيث يوجد طرفا الاتصال في غرفة الكترونية على الشبكة تسمى غرفة الحوار، ويتحقق التخاطب عبر الانترنيت بان يقوم كل من طرفي الاتصال بفتح صفحته الالكترونية الخاصة به على جهاز الحاسوب في وقت واحد، فتمر الكتابة الالكترونية التي يحررها في صفحته عبر نظامه الى الطرف المقابل، كما يستطيع الآخرون مشاهدة التعليقات التي تتم كتابتها.

وفي مرحلة اكثر تقدما امكن مؤخرا ربط جهاز الحاسوب بوسائط الاتصال الصوتية والمرئية (عبر ميكروفون وكاميرا فيديو مثبتة على جهاز كل مخاطب) بما يسمح لطرفي الاتصال بان يرى ويسمع كل منهما الآخر في الوقت الذي يتبادلون فيه البيانات الكترونيا[2].

٢-١ التجارة الالكترونية

ان مصطلح التجارة الالكترونية (E-Commerce) اشارة الى (Electronic Commerce)، وان كان ينصب اساسا على عمليات البيع والشراء الالكترونية (Electronic Shopping) عبر شبكات الانترنيت، الا انه تجاوز ذلك الحد ليشمل جميع المجالات المتعلقة بعمليات التسوق عبر شبكات الانترنيت، أي اجراء الصفقات بأنواعها واشكالها المختلفة من بيع وشراء المنتجات والخدمات سواء منها المادية كالبضائع والادوية والسيارات وغيرها او الرقمية (Digital Products) منها كالأخبار وبرامج الحاسوب الآلي والاغاني والصور والمجلات والجرائد، لذلك نجد بان المنتجين قد فتحوا من خلال التجارة الالكترونية مخازنهم ومحلاتهم على ابواب

---

(١) ارنود دوفور، المصدر السابق، ص١٠٦.
(٢) د. هلال عبود البياتي، المصدر السابق، ص٢٧، وكذلك د. حسن عبدالباسط جميعي، اثبات التصرفات القانونية التي يتم ابرامها عـن طريق الانترنيت، دار النهضة العربية، القاهرة، الطبعة الاولى، ٢٠٠٠، ص٨.

المستهلكين في جميع انحاء العالم، واذا كانت التجارة الالكترونية تؤثر في التجارة التقليدية (Offline Commerce)، لكن تأثيرها يكون اكبر على الطرق والوسائط التي تتم بها العمليات والصفقات التجارية على شبكة الانترنيت ونقصد بذلك العقود الالكترونية، وهكذا نجد ان لتحديد مفهوم التجارة الالكترونية اهمية كبيرة في مجال بحثنا عن التراضي في العقود الالكترونية عبر شبكة الانترنيت، لانه كما بينا ان التجارة الالكترونية توحي بشكل عام الى اجراء المعاملات والصفقات التجارية عبر الشبكة ومنها العقود الالكترونية.

لذا فان دراسة التراضي في العقود الالكترونية لا تكون بمنأى عن بيان بعض الجوانب القانونية للتجارة الالكترونية، ولذلك نحاول ان نبين هنا مفهوم التجارة الالكترونية واهميتها ومزاياها التي تميزها عن التجارة التقليدية وتحديد اطرافها واخيرا التنظيم القانوني لها على المستويين الدولي والداخلي.

١-٢-١ مفهوم التجارة الالكترونية

ان التجارة الالكترونية تتكون من مقطعين[١]: المقطع الاول هو التجارة التي تعبر عن نشاط اقتصادي يتم من خلاله تداول السلع والخدمات وانتقال الثروة وتوزيعها وان اغلبية هذه الانشطة التجارية تتم بواسطة عقود او اعمال ذات طبيعة خاصة وهي الاعمال التجارية والقائمين بها هم التجار، لذلك وجدت قواعد قانونية خاصة تطبق على التجار والاعمال التجارية في اطار القانون التجاري[٢].

اما المقطع الثاني وهو "الالكترونية"، تعرف هذه اللفظة بانها تعني (كل ما يستحدث او يسجل او يبث او يخزن رقميا او بأية صيغة غير ملموسة اخرى بوسيلة الكترونية او مغناطيسية او بصرية او بأية وسيلة اخرى قادرة على استحداث او تسجيل او بث او تخزين او نحوه مماثلة لهذه الوسائل، كل ذلك ينطبق عليها معنى لفظ

---

(١) د. رأفت عبدالعزيز غنيم، دور جامعة الدول العربية في تنمية وتسيير التجارة الالكترونية بين الدول العربية، الامانة العامة للقطاع الاقتصادي/ ادارة قطاعات الخدمات الاساسية، نوفمبر ٢٠٠٢، ص٥.

(٢) د. منذر الشاوي، المدخل لدراسة القانون الوضعي، دار الشؤون الثقافية العامة، بغداد، الطبعة الاولى، ١٩٩٦، ص١٤٨، وتنظر ايضا الحاشية رقم (٤) للمادة الاولى من قانون الاونسترال النموذجي.

"الكترونيا"(١) ، وهكذا فان المقطع الثاني هو نوع من التوصيف لمجال اداء النشاط المحدد في المقطع الاول ويقصد به هنا اداء النشاط التجاري باستخدام الوسائط والاساليب الالكترونية.

وبما ان مصطلح (التجارة) له معنى واسع ومتشعب، وفي الوقت نفسه ان مصطلح الالكترونية لم يستقر معناه ومفرداته بسبب التطور المستمر في هذا المجال بفعل التقدم التكنولوجي لذلك نجد بان هنالك اختلافا وتباينا في التعريفات التي وضعت لمصطلح التجارة الالكترونية التي وردت في بعض التشريعات المنظمة لها او التعريفات التي وضعت من قبل هيئات ومنظمات دولية او اقليمية، اضافة الى التعريفات التي وضعها الفقه في هذا المجال.

ينص الفصل الثاني من قانون المبادلات والتجارة الالكترونية التونسي ـ الرقم (٨٣) لسنة ٢٠٠٠ على ان التجارة الالكترونية هي (العمليات التي تتم عبر المبادلات الالكترونية)، كما تنص المادة الثانية من قانون امارة دبي بشأن المعاملات والتجارة الالكترونية الرقم (٢) لسنة ٢٠٠٢ على ان (التجارة الالكترونية هي المعاملات التجارية التي تتم بواسطة المراسلات الالكترونية)، وتنص المادة الاولى من مشروع قانون التجارة الالكترونية المصري على ان التجارة الالكترونية هي (تبادل السلع والخدمات عن طريق وسيط الكتروني)، كما عرف المشرع الاردني (المعاملات الالكترونية) في المادة الثانية من تشريع المعاملات الالكترونية الاردني الرقم (٨٥) لسنة ٢٠٠١ والتي نصت على انها هي (المعاملات التي تنفذ بوسائل الكترونية).

يلاحظ على هذه التعريفات بانها وردت ضمن النصوص القانونية التي خصصت لبيان المعاني للعبارات والمصطلحات الواردة في التشريعات المشار اليها، كما ان هذه التعريفات لم تنص صراحة على استبعاد وسائل الاتصالات الالكترونية الاخرى من

---

(١) تنظر المادة الاولى من قانون مملكة البحرين بشأن المعاملات الالكترونية الرقم(٢٨)لسنة ٢٠٠٢، وفي نفس المعنى تنظر: المادة الثانية في كل من التشريع الاردني للمعاملات الالكترونية وتشريع امارة دبي للمعاملات والتجارة الالكترونية.

نطاق مفهوم التجارة الالكترونية ولكن يفهم منها بانها ترتكز على التجارة التي تتم عبر شبكة الانترنيت.

اما قانون الاونسترال النموذجي بشأن التجارة الالكترونية الصادر عن الامم المتحدة عام ١٩٩٦ ^(١) فانه لم يحدد معنى التجارة الالكترونية بعبارات صريحة، ولكن نصت المادة الاولى منه تحت عنوان نطاق تطبيق القانون على ان هذا القانون ينطبق على أي نوع من المعلومات يكون في شكل رسالة بيانات مستخدمة في سياق انشطة تجارية ، ومن هذا يظهر ان المشرع في هذا القانون اراد اعطاء مفهوم واسع للتجارة الالكترونية يشمل مجموعة متنوعة من استخدامات التبادل الالكتروني للبيانات المتصلة بالتجارة واشار اليه القانون بعنوان التجارة الالكترونية عموما، واورد القانون امثلة للنشاطات التجارية في هذا الصدد^(٢)، وان نهج القانون النموذجي بشأن عدم ايراد تعريف محدد لمصطلح التجارة الالكترونية يتفق مع طبيعة القانون باعتباره قانونا نموذجيا يراد منه الاسترشاد به من قبل المشرعين الوطنيين عند وضع احكام خاصة بتنظيم التجارة الالكترونية، ووضع قواعد قانونية مقبولة دوليا بشأن كيفية ازالة العقبات القانونية وتهيئة بيئة قانونية اكثر امانا للتجارة الالكترونية^(٣) ، فضلا ان التعريف هو من عمل الفقه لا من اختصاص المشرع.

_{(١) اعد هذا القانون من قبل لجنة الامم المتحدة بشأن القانون التجاري الدولي "UNCITRAL" اشارة الى "United Nations Commission on International Trade Law".}

_{(٢) اشار قانون الاونسترال النموذجي في حاشية الرقم (٤) المشار اليها بـ(****)، بان مصطلح التجارة يفترض ان يفسر ـ تفسيرا واسعا على انها تشمل جميع العلاقات ذات الطبيعة التجارية سواء كانت علاقة تعاقدية او لم تكن، واشار القانون ايضا الى ان العلاقات التجارية تشمل على سبيل المثال لا الحصر ـ: المعاملة التجارية لتوريد السلع او الخدمات، اتفاق التوزيع، التمثيل التجاري او الوكالة التجارية، الوكالة بالعمولة، الكراء، اعمال التشييد، الخدمات الاستشارية، الاعمال الهندسية، منح التراخيص، الاستثمار، تمويل الاعمال المصرفية، التأمين، اتفاق او امتياز الاستغلال، المشاريع المشتركة، وغيرها من اشكال التعاون الصناعي او التجاري، نقل البضائع او الركاب جوا او بحرا او بالسكك الحديدية او بالطرق البريدية.}

_{(٣) ينظر قانون الاونسترال النموذجي بشأن التجارة الالكترونية مع دليل التشريع عام ١٩٩٦، منشورات الامم المتحدة، نيويورك، ١٩٩٦، ص١٦، وكذلك نادر الفرد قاحوش، المصدر السابق، ص٥٩.}

وقد عرفت منظمة التجارة العالمية (WTO) التجارة الالكترونية بانها هـي : مجموعـة متكاملـة مـن عمليات التسويق والانتاج والتوزيع والبيع للسلع والخدمات والافكار باستخدام الوسائل الالكترونية عبر شبكة الانترنيت[1]، وعرفتها منظمة التعاون الاقتصادي والتنمية المعروفة اختصارا بـ(OECD) بأنها (المعاملات المتعلقة بالنشاطات التجارية بين المنظمات والافراد التي تتم بالاستناد الى تبادل ونقل البيانات الرقمية بما فيها النصوص والاصوات والصور الضوئية).

{Electronic Commerce: All forms of transactions relating to commercial activities involving both organization and individuals that are based upon the processing and transmission of digitized data, including text, sound and visual images}[2] .

أما على الصعيد الفقهي ونظرا للتطور السريع الذي طرأ عـلى مفهـوم التجارة الالكترونية، فقـد ظهـر العديد من التعريفات وكل تعريف ينظر الى التجارة الالكترونية من منظـور معـين، ولكـن التعريـف الـذي يتفق مع موضوع دراستنا هو الذي يعرف التجارة الالكترونية بانها (عمليات الاعلان والتعريف للبضائع والخدمات ، ثم تنفيذ عمليات ابرام العقود للشـراء والبيع لتلك البضائع والخدمات ثـم سداد القيمـة الشرائية عبر شبكات الاتصال المختلفة سـواء الانترنيـت او غيرها مـن الشبكات التي تـربط بـين المشتري والبائع)[3]، ويلاحظ عـلى هـذا التعريـف بانـه يضيق مـن مفهـوم التجارة الالكترونيـة لانـه يحصرها في الصفقات التي تتم عبر الشبكة، في الوقت الذي يرى البعض بان التجارة الالكترونية لا تشمل فقط التجارة التي تتم عن طريق الشبكة وخـدماتها فقـط وانمـا تشمل ممارسة التجارة مـن خلال الوسائل الاخرى كالهاتف والفاكسميل والتلكس وفي هذا الاتجاه هناك[4] من يعرّف التجارة الالكترونية بانها

(١) اشار الى هذا التعريف د. يوسف ابوفارة، المصدر السابق، ص٥.
(٢) Benoit De Nayer, The Consumer in Electronic Commerce: Beyond Confidence, published at book of (Consumer Law in the Information Society), Kluwer Law International, Netherlands, ٢٠٠١, p.١٧.
(٣) د. رأفت عبدالعزيز غنيم، المصدر السابق، ص٥.
(٤) باسيل يوسف، الجوانب القانونية للعقود التجارية عبر الحواسيب وشبكة الانترنيت والبريد الالكتروني، مجلة دراسات قانونية، بيت الحكمة، بغداد، العدد ٤ السنة الثانية، ٢٠٠٢، ص٤٨.

تعني بصورة اولية تبادل البيانات الالكترونية المبني على التقنيات التي تستخدم المعلوماتية عـن بعـد كالبيانات المحوسبة (EDI) بالبريد الالكتروني المرسل عبر الانترنيت او بدونها والفاكس والتلكس.

يلاحظ على هذه التعريفات بانها تركز على الاعمال التجاريـة التي تـدخل ضـمن مفهوم التجارة الالكترونية والوسائل المستخدمة في هذه التجارة، في الوقت الذي لا يمكن حصر مجالات التجارة الالكترونية في اعمال تجارية معينة وانما مجال التجارة الالكترونية هو مجال متسع ويـزداد اتساعا يومـا بعـد يـومـا [١]، حيث تشمل التجارة الالكترونية في الوقت الحاضر انشاء وتسجيل المواقع وتبادل البريد الالكتروني بـين المتعاملين في التجارة الالكترونية وتبـادل البيانات الالكترونيـة (مـن ذلك تبـادل المعلومـات عـن البضائع والخدمات المعروضة على الشبكة، المراسلات الالكترونية والتعامل الالكتروني مع البنوك، والدعاية والاعلان عـن خدمات وبضائع التجارة الالكترونية، والتفاوض عـلى الصفقات التجاريـة وابرامهـا الكترونيـا)، وان تطورات التجارة الالكترونية واستخدامها قد تقتصر في بعض البلدان على انشطة الترويج والدعاية والاعلان وتقديم المعلومات عن البضائع والخدمات وقد تتطور الى مستويات ممارسة التجـارة وبالتـالي ابـرام عقـود بيع البضائع والخدمات الكترونيا او الى مستوى متقدم اكثر (Advanced Stage) للتجارة الالكترونية يشمل اضافة الى المجالات التي اشيرت اليها، التسديد الفوري لقيمة البضائع والخدمات المعروضـة على الشبكة من خـلال مـا يسـمى بنظـام الدفـع الالكتـروني (Electronic Payment System) وكذلك التسـلم الفـوري للبضائع والخدمات عبر الشبكة او خارجها وهنا يصل التطور في مجال التجارة الالكترونيـة الى الـدورة التجارية الكاملة (Whole Trading Cycle) بدءا بالدعاية والترويج انتهاء بتسليم البضاعة وتسلم الثمن [٢]، هذا من ناحية النشاطات والاعمال التجارية التي تمارس في نطاق التجارة الالكترونية، ومن جهة اخرى لا يمكن

---

(١) عمرو زكي عبدالمتعال، التجـارة الالكترونيـة والقـانون في مصر- القسم الاول/ السياسـة التشريعية في مجال التجارة الالكترونيـة (المحاذير، الاولويات والضرورات)، ص١ والمتاح على العنوان الالكتروني الآتي:

<http://www.gn4me.com/etesalat> (Last visited ٢٢ Feb. ٢٠٠٢)

(٢) نفس المصدر، ص٢.

حصر وسائل الاتصالات الالكترونية الحديثة المستخدمة لممارسة النشـاطات التجاريـة بفعـل التقـدم التكنولوجي المستمر في هذا المجال.

في ضوء ما ذكر يمكننا القول إن التجارة الالكترونية عموما هي ممارسة النشاط والعمل التجاري عـن طريق وسائل الكترونية وان التجارة الالكترونية بهذا المعنـى تشـمل الانشـطة التجاريـة بأنواعهـا المختلفـة الموجودة في الوقت الحاضر ومايستحدث مستقبلا، وتستوعب في نفس الوقت اية وسيلة الكترونية اخرى تبتكر في المستقبل بفعل التطور التكنولوجي دون التقيد بوسيلة معينة.

٢-٢-١ أهمية التجارة الالكترونية ومزاياها

أولا : أهمية التجارة الالكترونية

اصبحت التجارة الالكترونية نمطا من الاعمال التي تمتد آثارها الى مختلف فروع الحياة، وهذا ما دفع البعض الى القول بان المعلوماتية شكلت ثورة لا تقل اهمية عن الثورة الصناعية[١]، ومما ساعد على انتشار التجارة الالكترونية هو تطور اجهزة الحاسوب الشخصية وتطور الشركات المنتجة للبرامج الحاسوبية ودخول معظم المؤسسات والشركات الى نظام المنافسة العالمي في مجال المعلوماتية وكذلك ظهور وسائل الاتصالات وشبكات الانترنيت مما ادى الى التفكير في استغلال هذه الامكانيات واستخدامها في تطوير وتحديث العمليات التجارية التي تشمل مجالات عدة[٢]، وهكذا فان التطور السريع والانتشار الواسع لاستخدام تقنيات التجارة الالكترونية ادى الى قيام العديد من الدول باتخاذ مبادرات هادفة الى تنظيم التعامل

(١) د. محمد حسام محمود لطفي، استخدام وسائل الاتصال الحديثة في التفاوض على العقود وابرامهـا، القاهرة، ١٩٩٣، ص٢، وكـذلك المحامي باسيل يوسف، المصدر السابق، ص٤٧.

(٢) د. فائق محمود الشماع، التجارة الالكترونية، مجلة دراسات قانونية يصـدرها قسم الدراسـات القانونيـة في بيت الحكمة، السـنة الثانية، العدد (٤)، كانون الاول ٢٠٠٠، ص٣٧.

وفق هذا النمط الجديد من أنماط التجارة الذي يتميز بسرعة النمو وحدة المنافسة وعدم الاعتراف بالحدود الجغرافية في التعامل التجاري [١].

ومن أبرز المؤشرات على تزايد أهمية التجارة الالكترونية ما شهدته السنوات الماضية من زيادة مضطردة في حجم ومعدلات نمو التجارة الالكترونية، وقد مكنت التجارة الالكترونية الافراد والقطاعات التجارية الصغيرة والمتوسطة وكذلك الكبيرة على حد سواء من الاستفادة من تقنيات التجارة الالكترونية وممارستها بأشكالها المختلفة، وقد اصبحت للتجارة الالكترونية تأثيرات جوهرية في اسلوب ادارة الانشطة الاقتصادية وممارسة الاعمال التجارية وما يتصل بها من خدمات كما امتد تأثيرها لتشمل العلاقات التي تحكم قطاعات الاعمال والمستهلكين، ويظهر هذا بشكل واضح فيما يطلق عليه السوق الالكترونية (Electronic Market) [٢] اذ ان المحلات التجارية الافتراضية وكذلك الشركات التجارية الافتراضية بمختلف اشكالها وانظمتها هي بحد ذاتها سوق الكترونية عالمية كبيرة حيث تقصر ـ الفجوة الاقتصادية بين المنتج والمستهلك [٣] ويوجد لكل منتج او بائع موقع الكتروني خاص به على الشبكة ويستطيع المستهلك من خلال العنوان الالكتروني للمنتج الوصول اليه بسهولة وعقد صفقة تجارية معه، واصبحت هذه الاسواق الالكترونية نموذجا متطورا للاسواق، حيث تتضمن البضائع والخدمات على اختلاف انواعها الملموسة (المادية) والالكترونية، فضلا عن عمليات الانتاج والتجهيز والتسويق والتوزيع والتنافس التي تتم عبر الشبكة، كما يجد المستهلك آليات حديثة للبحث عن البضاعة او الخدمة على الشبكة بالشكل الذي يتناسب مع حاجاته الشخصية، وهكذا فان التجارة الالكترونية امد تأثيرها لتشمل العلاقات التي تحكم قطاعات الاعمال والمستهلكين، وستكون لهذه التأثيرات نتائج وانعكاسات بعيدة المدى على الجوانب

(١) التجارة الالكترونية في المملكة، انطلاقة نحو المستقبل، كتيب صادر عن وزارة التجارة للملكة العربية السعودية، ٢٠٠١، ص٤، المتاح على العنوان الالكتروني التالي :

<http://webder.anet.net.sa/moc/ebooking.> (*Last visited* ٢٥ Dec. ٢٠٠١)

(٢) The Center for Research Electronic Commerce, University of Texas/ Austin ١٩٩٤-١٩٩٩. p.٤   available at : <http://www.oecd-org/publications/pol-brief/٩٧٠١-html> ١٩٩٩

(٣) The Center for Resarch in Electronic Commerce, Policy Brief, No. ١ ١٩٩٧, P.٢ available at : <http://www.oecd-org/publications/pol-brief/٩٧٠١-html> (*Last visited* ١٠ Sep. ١٩٩٩)

القانونية والتنظيمية وحقوق الملكية الفكرية وحماية الاستثمارات وغيرها من الجوانب التقنية والمالية ذات الصلة بالتجارة الالكترونية [1].

ان للتجارة الالكترونية اهمية متزايدة بالنسبة الى المنتج والمستهلك في البلدان النامية [2]، لانه من خلال التجارة الالكترونية تزول العقبات التقليدية للوصول الى الاسواق البعيدة، حيث لا يحتاج المنتجون في البلدان النامية الى رأسمال كبير من اجل اقامة محال تجارية لغرض تسويق منتجاتهم وانما يتم ذلك من خلال صفحتهم الالكترونية على الشبكة لان التجارة الالكترونية تمكنهم من الدعاية والترويج لمنتجاتهم وخدماتهم دوليا مما يساعد في النتيجة القطاعات التجارية الصغيرة والمتوسطة وكذلك الكبيرة على حد سواء في الوصول الى المستهلكين متجاوزة العقبات التقليدية على الاخص المتعلقة بالوسطاء التجاريين من وكالات الشحن والنقل [3].

اضافة الى خلقها منافسة تجارية حادة على الشبكة والتي تؤدي بالنتيجة الى خفض الاسعار بالنسبة الى المستهلكين وارغام المنتجين على تقديم بضائع وخدمات متميزة من حيث الجودة والنوعية اضافة الى رفع الكفاءة في الاداء وتحقيق الفعالية في التعامل ، وتتجاوز الحدود الزمنية التي تقيد حركة التعاملات التجارية كما تتيح استجابة سريعة لطلبات السوق من خلال التفاعل مع العملاء كما تعمل على تبسيط الاجراءات.

نتيجة لما ذكر نجد ان معظم الشركات والمؤسسات بدأت بعرض منتجاتها على شبكة الانترنيت وتحديثها وتطويرها بكل الاساليب وتنويع العروض بما يتماشى مع الاحتياجات والمتطلبات وبما يفي حاجة المستهلكين بشكل يسهل استعراض جميع المنتجات واختيار المناسب منها في السعر والنوع، الامر الذي ساعد في البيع والشراء عبر شبكات الانترنيت اضافة الى التحولات المالية للبائعين والمشترين كما توجد مصارف

(١) عمر زكي عبدالمتعال، المصدر السابق، ص٧-٩.

(٢) WTO, Committee on Trade and Development, Seminar on Electronic Commerce and Development, New York, ١٩ Feb. ١٩٩٩. p.١

(٣) Ibid, p.٦.

عادية سمحت لعملائها بالمتاجرة عبر شبكة الانترنيت[1]، على الرغم من ذلك ينبغي ان يؤخذ بنظر الاعتبار ان هذا النمط من التجارة يحتاج الى المعرفة المتخصصة في المعاملات التجارية عبر الانترنيت وموظفين ذوي كفاءة عالية للتعامل مع تقنيات التجارة الالكترونية ووجود بنية تحتية تكنولوجية حديثة واستكمال المتطلبات الاساسية اللازمة لها، وبقدر ما تكون الاستجابة لهذه المتطلبات يكون حجم الانتشار والنمو للتجارة الالكترونية[2]، اضافة الى ان استخدام اللغة الانكليزية كلغة رئيسة في المجتمع التجاري الدولي قد يكون من المعوقات امام التجار والمستخدمين للانترنيت في البلدان النامية[3] وهكذا يمكن القول إنَّ نجاح التجارة الالكترونية لا يعتمد على تبني قواعد قانونية حديثة تلائم التجارة الالكترونية فقط.

ثانيا : مزايا التجارة الالكترونية

تتميز التجارة الالكترونية عن التجارة التقليدية بجملة من المزايا والايجابيات جعلتها موضع الاهتمام من قبل الملمين بمجالات الاقتصاد والتجارة والقانون وغيرها، ويمكن ايجاز هذه المميزات في الفقرات الآتية :

1- تحقيق الاقتصاد في التكاليف والوقت والجهد عند انجاز العملية التجارية: يتحقق الاقتصاد في التكاليف عن طريق تقليص الفجوة الاقتصادية بين المنتجين والمستهلكين[4]، وذلك من خلال تأثيرها في الممارسات التقليدية للتجارة على الاخص تلك المتعلقة بالوسطاء التجاريين والسماسرة[5]، اما من حيث الوقت، فقد اصبحت الصفقات والاعمال التجارية في نطاق التجارة الالكترونية تتم في زمن قياسي، حيث يتبادل المتعاملون عبر شبكة الانترنيت اراداتهم عند ابرامهم للصفقات التجارية بأسرع

---

(١) لتفاصيل العمل المصرفي عبر شبكة الانترنيت، ينظر نادر الفرد قاحوش، المصدر السابق، ود. يوسف ابوفارة، المصدر السابق.

(٢) التجارة الالكترونية في المملكة انطلاقة نحو المستقبل، المصدر السابق، ص٥.

(٣) WTO, op.cit, p.٦.

(٤) Ibid, p.١.

(٥) Ibid. P.٦.

وقت قد لا يستغرق ثواني معدودة[1] بحيث يكيف التعاقد عبر الشبكة احيانا بانه تعاقد بين حاضرين من حيث الزمان، واما من حيث الجهد، فان الجهد الذي يبذله المتعامل على الشبكة اقل بكثير من الجهد الذي يبذله في اتمام ذات الصفقات في التجارة التقليدية، اذ لا يحتاج المستهلك على الشبكة لغرض التسوق الا لحاسوب آلي والارتباط بالشبكة، كما لا تحتاج المؤسسات والشركات التجارية الى فتح محلات ومخازن كبيرة بل يستطيع انشاء المخازن والمكاتب والمتاجر الافتراضية[2].

٢- توسيع نطاق الاسواق التجارية : تتميـز التجـارة الالكترونيـة بميـزة تجـاوز الحـدود السياسـية والجغرافية للبلدان امام الدخول الى الاسواق التجارية، حيث اصبحت جميـع اسـواق العـالم مفتوحـة امـام المستهلك بفضل شبكة الانترنيت بغض النظر عن الموقع الجغرافي للبائع او المشتري، وقد قيل بهذا الصدد إنه اذا كانت اتفاقيات التجارة الدوليـة (TRIPS, GATS, GATT) تسـعى الى تحرير التجـارة في البضائع والخدمات، فان التجارة الالكترونية تحقق هـذا الهـدف دون الحاجـة الى جـولات معقـدة مـن المفاوضـات وتوافق ارادات دولية[3].

٣- استحداث انواع جديدة من الاعمال التجارية : هنالك مجموعة من الاعمال التجارية وان كانت موجودة قبل ظهور التجارة الالكترونية لكنها ازدهرت وتغيرت مفهوما واسلوبا في ظل اساليب وتقنيات التجارة الالكترونية، فقد ظهرت المتاجر الافتراضية[4] وكذلك الشركات الافتراضية[5] التي اتاحت مجال التسوق والبيع

---

(١) د. فائق الشماع، المصدر السابق، ص٣٨.

(٢) Marketing and protection, product development and technology operating infrastructure development, p. ٦٨.

(٣) يونس عرب، الدراسة الشاملة للتجارة الالكترونية، مجلة البنوك الاردنية، العددان ٨،٩، سنة ١٩٩٩ والعـدد (١) لعـام ٢٠٠٠، مشـار اليه عند د. فائق الشماع، المصدر السابق، ص٣٩.

(٤) عندما يصبح المشتري عضوا في مراكز البيع الالكترونية الافتراضية، فان اطراف العقد يلتقون عـادة الكترونيـا، ومثـل هـذه المراكـز قواعد وشروط معينة، وان المشتري من خلال عضويته في هذه المراكز يلزم نفسه بهذه الشروط علـى الاخـص المتعلقـة بالقوانين الواجبة التطبيق. ينظر :

Christina Hultmarli, op.cit, p.٢٠.

(٥) د. افرايم توربان والآخرون، المصدر السابق، ص٣٥٣.

٤٩

والشراء من خلال موقع الكتروني مفترض على الشبكة، كما ظهرت البنوك الالكترونية[1] التي تعتمد على اساليب للوفاء الالكتروني كالأوراق التجارية الالكترونية وكذلك ادارة اعمال البورصات المالية في تداول الاوراق المالية الكترونيا، كما ظهر المزاد العلني على الانترنيت[2] الذي يتيح للبائع عرض بضائعه على عدد غير محدود من الراغبين في الشراء وفي نفس الوقت يتيح للمشترين من جميع انحاء العالم الاشتراك في هذه المزادات، واهم ما تتميز به هذه المزادات هو عدم امكانية التحكم في تحديد الاسعار من جانب المنتج بمفرده لان سعر البضاعة يتحدد في ضوء سعر سوق الانترنيت المعروض للكافة.

٤- توفير خيارات التسوق الافضل وتطوير معايير المنافسة التجارية : ان طبيعة التجارة الالكترونية والامكانيات التي توفرها تمكنت الشركات والمؤسسات التجارية من عرض افضل الخدمات واجود البضائع وتفهم احتياجات العملاء وبذل الجهود لاشباع رغباتهم من خلال عرض خيارات متنوعة للتسوق وفق تفاصيل دقيقة وصادقة تحقق رضاء عملاء هذا السوق الواسع المفتوح، ومن هذه الزاوية فان التجارة الالكترونية تعد سوق المنافس الحقيقية على تقديم الخدمة الافضل ويكون لها دور ايجابي في تحقيق بيئة ملائمة للمنافسة التجارية وتطوير معاييرها[3].

---

(١) يعد العمل المصرفي عبر الانترنيت (Internet Banking) من احدث المواضيع المصرفية التي تلقى اهتماما كبيرا من قبل المجتمع المصرفي الدولي، نظرا لما ينطوي عليه هذا العمل من نظم وتقنيات متطورة تواكب التطورات في مجال التجارة الالكترونية، ويعرف العمل المصرفي عبر الانترنيت بانه العمل الذي تكون فيه الانترنيت وسيلة الاتصال بين المصرف والعميل، يصبح عميل المصرف قادرا على الاستفادة من الخدمات من خلال استخدام كومبيوتر شخصي (PC) وكل ذلك عن بعد وبدون الحاجة للاتصال المباشر بكوادر المصرف البشرية.
ينظر نادر الفرد قاحوش، المصدر السابق، ص ص ٣٢،٣٣.

(٢) جيل. ت فريز، المصدر السابق، ص ص ١٧٩،١٨٠، وكذلك ينظر : يونس عرب، المصدر السابق، ص٢٨.

(٣) في هذا المعنى ينظر نادر الفرد قاحوش، المصدر السابق، ص ص٣٤،٣٥.
وينظر ايضا د. فائق الشماع، المصدر السابق، ص ص٣٨،٣٩.

٣-٢-١ أطراف التجارة الالكترونية

تظهر أهمية تحديد اطراف التجارة الالكترونية في القواعد القانونية التي فرضتها اغلبية التشريعات باتجاه حماية مصلحة الطرف الضعيف الذي يكون اجدر بالرعاية وهو المستهلك، حيث تتضمن اكثرية التشريعات ذات العلاقة وخصوصا التشريعات المنظمة للمعاملات والتجارة الالكترونية قواعد قانونية آمرة تشكل في مجموعها اطارا قانونيا لحماية المستهلك، وهكذا نجد ان هذه القواعد الهادفة الى حماية المستهلك في مجال التجارة الالكترونية اصبحت جزءا من مستلزمات التنظيم القانوني للتجارة الالكترونية.

ويمكن تحديد اطراف التجارة الالكترونية في ضوء الانماط التي تدور حولها هذه التجارة (Categories of Electronic Commerce)[1]، وتنقسم التجارة الالكترونية بهذا الاعتبار[2] الى نمطين وهما :-

أولا : التجارة الالكترونية بين قطاع الاعمال   Business to Business-B٢B

يعد هذا النوع من التجارة الالكترونية اكثرها واوسعها انتشارا[3]، ويعد قطاع الاعمال من ابرز المستفيدين من تقنيات التجارة الالكترونية، حيث تتم ممارستها بين قطاع الاعمال بعضها البعض من خلال شبكات الاتصال وتكنولوجيا المعلومات وهذا النمط موجود منذ سنوات عديدة خاصة في تبادل البيانات الكترونيا من خلال الشبكات الخاصة[4].

---

(١) دور جامعة الدول العربية في تنمية وتسيير التجارة الالكترونية بين الدول العربية، المصدر السابق، ص٦.

(٢) وتنقسم التجارة الالكترونية باعتبار آخر الى التجارة الالكترونية المباشرة والتجارة الالكترونية غير المباشرة، وتشمل التجارة الالكترونية غير المباشرة الدعاية والاعلان والترويج، والمباشرة تشمل تبادل رسائل البيانات وابرام العقود والدفع الالكتروني، د. يوسف ابوفارة، المصدر السابق، ص٦.

(٣) كامل ابو صقر، العولمة التجارية والادارية والقانونية، الجزء الثاني/ الاساليب والآليات والنظم، سلسلة العولمة والاستثمار (٢)، الطبعة الاولى، بيروت، دار مكتبة الهلال للطباعة والنشر ودار الوسام، ٢٠٠١، ص١٨٦.

(٤) Chau Khoon Hui and others, Adoption of Electronic Commerce by the small and medium enterprises for Business to Business dealings, Nanyang technological University ١٩٩٨/١٩٩٩ Singapore, P.١٨.   : available at <http://www.nbsl.ntu.sgltyp-kanadall-b٢b-march-١٩٩٩.pdf> (*Last visited* ٢ Aug. ١٩٩٩)

ويستحوذ هذا القطاع على حوالي (٨٠%) من حجم التجارة الالكترونية، ولـذلك يعد هذا النـوع مـن التجارة الالكترونية الاكثر اهمية من الناحية الاقتصادية[١]، وقد يكون من السهل تنظيم هذا النـوع ووضع اطار قانوني له على اساس قاعدة العقد شريعة المتعاقدين وبموجب العلاقات التعاقدية الناشئة بين قطاع الاعمال انفسهم، لذلك يمكن القول بان ممارسة هذا النوع من التجارة الالكترونية قـد لا تسـتلزم تعـديلات تشريعية جوهرية وسريعة[٢].

ثانيا : التجارة الالكترونية بين قطاع الأعمال والمستهلك

Business to Consumer-B۲C

كان لقطاع المستهلكين ايضا النصيب في الاستفادة من تقنيات التجارة الالكترونية، حيث أتاحت لهـم هذه التقنيات خيارات اوسع من ذي قبل تمكنهم من الحصول على اجود السلع وبأرخص الاسعار نتيجـة لغياب الوسطاء، اضافة الى تنوع الخدمات المتاحة مثل السفر والتعليم والطب والبحوث والدراسات.

وعلى الاقل في المرحلة الراهنة يعد هذا النمط من التجارة الالكترونية اقل اهمية من النـوع الأول مـن الناحية الاقتصادية لأن انتشاره يستلزم تهيئة البيئة القانونية والتكنولوجيـة والثقافيـة والاقتصادية بحيث تستوعب هذا النمط من التجارة الالكترونية اضافة الى كونه يحتاج الى وضع تشريعات حديثـة او تعـديل التشريعات القائمة لكي تتلاءم مع متطلبات هذا النوع من التجارة الالكترونية[٣]، ونرى انه في

---

(١) تشير دراسة اجرتها مجموعة جارتر للأبحاث الى انه من المتوقع ان يصل حجم عائدات التجارة الالكترونية بين القطاعات التجارية على مستوى العالم الى نحو (٧,٢) تريليون دولار عام ٢٠٠٤، ويعود السبب في ارتفاع حجم التجارة الالكترونية بين القطاعات التجارية الى تحول هذه القطاعات الى الوسائل الالكترونية لانجاز تعاملاتها التي كانت تتم بالوسائل التقليدية، حيث اثبتت تقنيات التجارة الالكترونية كفاءتها في تقليل التكاليف وسرعة انجاز المعاملات ينظر كتيب التجارة الالكترونية في المملكة انطلاقة نحو المستقبل، المصدر السابق، ص٥.
(٢) عمرو زكي عبدالمتعال، المصدر السابق، ص٢.
(٣) نفس المصدر، ص٣.

المستقبل القريب قد تعم التجارة الالكترونية بين قطاع الاعمال والمستهلك (B2C) بين البلدان بتوفير تقنياتها وربما تحتل المرتبة الاولى، لان الاصل هو المستهلك وان التجارة الالكترونية بين قطاع الاعمال (B2B) هي في النهاية تكون لخدمة المستهلك.

وقد اهتمت اغلبية التشريعات المنظمة للمعاملات والتجارة الالكترونية بهذا النمط، واوردت احكاما قانونية خاصة بحماية المستهلك[1] باعتباره طرفا ضعيفا في التجارة الالكترونية ويحتاج الى الحماية القانونية، وتتضمن هذه التشريعات قواعد قانونية آمرة بهذا الصدد، وابرز ما جاء في هذه التشريعات يستخلص في التزام التاجر باعلام المستهلك وحق المستهلك في الرجوع عن العقد الالكتروني المبرم عبر شبكة الانترنيت وذلك وفق الضوابط والشروط التي تحددها تلك التشريعات.

١-٢-٤ التنظيم القانوني للتجارة الالكترونية

انطلاقا من الحقيقة التي تقضي بان الجوانب القانونية تشكل العمود الفقري للتجارة سواء أكانت تقليدية ام الكترونية، نجد ان التجارة الالكترونية تواجه جملة من التحديات والمشاكل القانونية على المستويين العملي والنظري والتي تتطلب المعالجة القانونية[2] وتدفع بالمشرعين الى اعادة تقييم القواعد القانونية القائمة او استحداث

---

(١) من التشريعات التي وضعت قواعد تفصيلية بشأن حماية المستهلك عندما يكون طرفا في التجارة الالكترونية، تشريع المبادلات والتجارة الالكترونية التونسي المرقم (٨٣) لسنة ٢٠٠٠ الذي خصص الباب الخامس منه لحماية المستهلك في المواد (٢٥-٣٧)، وكذلك مشروع قانون التجارة الالكترونية المصري الذي خصص الفصل السابع منه لحماية المستهلك في المواد (١٥-٢٥)، اما في العراق فلا يوجد لحد الآن تشريع خاص لحماية المستهلك باستثناء بعض القواعد العامة الواردة في القانون المدني العراقي رقم (٤٠) لسنة ١٩٥١، منها ما نصت عليه المادة (١٦٧) منه بخصوص حماية الطرف المذعن في عقود الاذعان وكذلك النصوص الخاصة بالخيارات كخيار المذاق والرؤية والتجربة، وهذه المعالجات ذات طابع عام لا تقتصر على عقود المستهلكين، هذا اضافة الى بعض التشريعات الخاصة المتضمنة بعض المعالجات لحماية المستهلكين كقانون الجهاز المركزي العراقي للتقييس والسيطرة النوعية الرقم (٥٤) لسنة ١٩٧٩.

(٢) ان المشاكل القانونية الناجمة عن التجارة الالكترونية تخضع لفروع القانون المختلفة، والتي تستوجب تعديل بعض التشريعات في المدى المتوسط والطويل لكي تتلاءم مع وقائع هذه التجارة، ومن هذه التشريعات، تعديل قانون التجارة ليشمل بابا خاصا بالتجارة الالكترونية، وكذلك القانون المدني لتنظيم

قوانين جديدة تعالج الجوانب التي لم تتعرض لها القوانين الحالية، فاذا اجرينا مثلا مقارنة بسيطة بين مستجدات العقد في البيئة الالكترونية والنظام القانوني الحالي للعقد، نجد أن هناك مجموعة من القواعد التقليدية التي تشكل عقبات قانونية وتحول دون امكانية الاستفادة من الخدمات التي تتيحها شبكة الانترنيت كما قد تهدد حقوق مستخدميها في التفاوض على العقود وابرامها[1].

اضافة الى ضرورة ايجاد حلول قانونية لمشاكل التجارة الالكترونية، فان نجاحها يستلزم ايضا وجود بيئة تحتية تكنولوجية آمنة ووضع اطار قانوني تنظيمي للتقنيات المستخدمة في مجال التجارة الالكترونية وفي مقدمتها التوقيع الالكتروني (Electronic Signature) وتكنولوجيا التشفير (Encryption Technology) وتكنولوجيا المفاتيح (Key Technology)[2].

ويرى الذين تصدوا لهذا الموضوع ان التدخل التشريعي في مجال التجارة الالكترونية يجب ان يكون متدرجا[3] وذلك من حيث الاولوية في تنظيم المسائل القانونية الناجمة عنها كما يجب ان يكون حذرا وفي الحدود اللازمة وان يكون من قبل الملمين بالموضوع نظريا وتطبيقياً اضافة الى الخبرة القانونية، وقد يعود سبب ذلك في رأينا الى نقطتين اساسيتين اولاهما المحافظة على اكبر قدر ممكن من القواعد الاساسية الراسخة للنظام القانوني التقليدي وثانيتهما عدم وضع قوانين واجراءات معقدة من

مسائل التعاقد بين اطراف التجارة الالكترونية، وتعديل قانون الاثبات في المواد المدنية والتجارية لتعتمد التوقيع الالكتروني والاعتراف برسائل البيانات كدليل للاثبات، والتشريعات المنظمة للملكية الفكرية والمنظمة للبنوك لكي تستوعب البنوك الالكترونية وتعديل التشريعات المنظمة لسوق المال والبورصات لتنظيم التعامل بالاسهم والسندات باساليب التجارة الالكترونية وتعديل قانون العقوبات والاجراءات الجنائية للنص بوضوح على تجريم جرائم الانترنيت ومعاقبتها مع توضيح اساليب جمع الاستدلالات والتفتيش والتحقيق والادلة الجنائية في الجرائم المعلوماتية تحديدا للمسؤولية الجنائية وحماية للتجارة الالكترونية اضافة الى استحداث التشريعات الخاصة بحماية المستهلك في التجارة الالكترونية.

(١) د. احمد سعيد شرف الدين، المصدر السابق، ص٥.
(٢) عمرو زكي عبدالمتعال، المصدر السابق، ص٣.
(٣) اتبع المشرع الفرنسي هذا الاسلوب في تنظيم الجوانب القانونية للتجارة الالكترونية، حيث اختار جانب اثبات المعاملات الالكترونية وقام بتنظيمه بقانون جديد وهو القانون الفرنسي الرقم (٢٣٠) لسنة ٢٠٠٠، د. احمد سعيد شرف الدين، المصدر السابق، ص٧.

شأنها اعاقة التجارة الالكترونية بشكل عام بدلا من تسهيل التعامل بها وفقا للمعطيات التكنولوجية والتجارية الحديثة وحالة السوق وفرص التنافس العالمي.

وفي هذا الاتجاه حظيت التجارة الالكترونية باهتمام محلي ودولي متزايد، وفي البداية كان عن طريق آليات التنظيم الذاتي لقواعد التجارة الالكترونية (Auto Regulation) والمسمى ايضا بالقانون المرن (Soft Law) [1]، وهي مجموعة من القواعد المتأتية من الاعراف والعادات وقواعد السلوك والعقود النموذجية المبنية من قبل اطراف التجارة الالكترونية خاصة من نوع التجارة الالكترونية بين قطاع الاعمال (B٢B) وتتميز قواعد التنظيم الذاتي للتجارة الالكترونية بانها ليست صادرة عن السلطة المختصة باصدار التشريع.

اضافة الى قواعد التنظيم الذاتي للتجارة الالكترونية، بذلت على المستوى الدولي جهود حثيثة في هذا المجال كما صدرت تشريعات خاصة بتنظيم المعاملات والتجارة الالكترونية في عدة دول، وبغية استعراض التنظيم القانوني للتجارة الالكترونية نبحث اولا الجهود الدولية المبذولة في هذا المجال مع التركيز على جهود منظمة الامم المتحدة ومن ثم نتطرق الى التشريعات الوطنية التي نظمت المعاملات والتجارة الالكترونية.

١-٢-٤-١ التنظيم القانوني للتجارة الالكترونية على المستوى الدولي

لم يقتصر تنظيم التجارة الالكترونية على هيئة او منظمة دولية معينة بحد ذاتها، وانما اهتمت اغلبية المنظمات الدولية ذات العلاقة بهذه المسألة، وفي مقدمتها منظمة الامم المتحدة ومن خلال الجهود التي بذلتها لجنة الاونسترال (UNCITRAL) والتي اسفرت بالنهاية الى وضع القانون النموذجي بشأن التجارة الالكترونية سنة ١٩٩٦.

اما منظمة التجارة العالمية (WTO) [2] فقد ساهمت ايضا في هذا المجال عن طريق تبني اتفاقيات خاصة بعدم استيفاء الرسوم الجمركية عن انواع متعددة من المنتجات

---

(١) باسيل يوسف، المصدر السابق، ص٤٩.

(٢) تم انشاء منظمة التجارة العالمية (World Trade Organization, WTO) ضمن اتفاقية مراكش لعام ١٩٩٤ لتصبح المنظمة الاطار المؤسسي المشترك لتنظيم العلاقات التجارية فيما بين اعضائها في المسائل المتعلقة بالاتفاقيات والادوات القانونية المعترف بها وفق احكام اتفاقية انشاء منظمة التجارة العالمية،

التي تشكل البنية التحتية للتجارة الالكترونية، كما اهتمت المنظمة ايضا في هذا المجال بالمسائل المتعلقة بتأثير التجارة الالكترونية في بعض حقوق الملكية الفكرية كحق الطبع (Copyright) وحماية العلامات التجارية على شبكة الانترنيت[1].

وقد بذلت غرفة التجارة الدولية (ICC) جهودا في مجال تنظيم التجارة الالكترونية عن طريق وضع قواعد قانونية موحدة في الميدان التجاري[2] ووضع آليات التحكيم للفصل في منازعات التجارة الالكترونية فضلا عن قبولها للقواعد المنصوص عليها في قانون الاونسترال النموذجي بشأن التجارة الالكترونية[3]، كما لعبت الغرفة دورا بارزا في المؤتمر الذي عقدته منظمة التعاون الاقتصادي والتنمية في مدينة اوتاوا الكندية في سنة ١٩٩٨[4].

اما على المستوى الاقليمي فتعد الجهود المبذولة من قبل المنظمات الاوروبية رائدة في هذا المجال من خلال المجلس الاوروبي، حيث صدر عنه الكثير من (التوجيهات) بخصوص وضع قواعد توجيهية لتنظيم مختلف جوانب التجارة الالكترونية[5]، ومن

للمزيد من التفاصيل حول المنظمة وخلفية نشأتها ومهامها وعلاقتها باتفاقية الـ(GATT) وكذلك وظائفها وصنع القرارات فيها، انظر :

د. حسين توفيق فيض الله، اتفاقيات الـ(WTO/GATT) وعولمة الملكية الفكرية، مطبعة جامعة صلاح الدين/اربيل، اربيل، الطبعة الاولى، ١٩٩٩، ص١٦ وما بعدها.

(١) التجارة الالكترونية ومنظمة التجارة العالمية، دراسة صادرة عن منظمة التجارة العالمية، ص ص٤-٥، والمتاح على العنوان الالكتروني : <http://www.gn4me.com> (Last visited ٣ June. ٢٠٠٢)

(٢) ان غرفة التجارة العالمية (International Chamber of Commerce) منذ بداية ظهور التجارة الالكترونية حاولت توحيد المصطلحات المتداولة في التجارة العالمية (E-Terms) على غرار نموذج (Incoterms)، ينظر : WTO, op. cit, p.٣.

(٣) تنظر الوثيقة المرقمة A/CN.٩/WG.IV/WP.١٠١ الصادرة عن لجنة الامم المتحدة للقانون التجاري الدولي تحت عنوان، تعليقات الغرفة التجارية الدولية على أحكام مشروع اتفاقية التعاقد الالكتروني، موقف فرقة العمل التابعة لغرفة التجارة الدولية المعنية بجهود التنسيق الدولية ازاء الاونسترال والمسائل المتعلقة بالتعاقد الالكتروني، الدورة (٤١)، نيويورك، ٩-٥/ايار- مايو/٢٠٠٣، ص١.

(٤) WTO, op.cit, p.٣.

(٥) FORMATION AND VALIDITY OF ON-LINE CONTRACTS, issued by institute for information law, AMSTERDAM, June ١٩٩٨, p.٣٦, available at :

هذه التوجيهات التوجيه الاوروبي المرقم (EC/V/۹۷) الخاص بحماية المستهلك في العقود المبرمة عـن بعد، والتوجيه الاوروبي المرقم (EC/۳۱/۲۰۰۰) حول بعض الجوانـب القانونيـة للخـدمات ضـمن مجتمـع المعلومـات، كـما صـدر في عـام ۲۰۰۰ توجيهـان عـن الاتحـاد الاوروبي يتعلقـان بآليـات الـدفع الالكـتروني ونشاطات المؤسسات المالية[1].

ان الجهود الدولية التي تعنينا في مجال دراستنا للتراضي في العقود الالكترونية عبر شبكة الانترنيت هـي الجهود المبذولة من قبل لجنة الاونسترال النمـوذجي بشـأن التجـارة الالكترونيـة عـام ۱۹۹۶، خصوصـا اذا عرفنا ان اغلبية التشريعات الوطنية المنظمة للمعاملات والتجارة الالكترونية اعتمدت عند تعرضها لتنظيـم العقود الالكترونية على القانون النموذجي بدرجة الاساس كما نراه لاحقا.

ينقسم قانون الاونسترال[2] النموذجي بشأن التجارة الالكترونيـة سـنة "۱۹۹۶"الى جـزئين رئيسـيين مـن الاحكام القانونية موزعة على (۱۷) مادة اضافة الى دليل اشتراع القانون المعد من قبل الامانة العامة للجنة الاونسترال.

ويحتوي الجزء الاول تحت عنوان التجارة الالكترونية عمومـا Electronic commerce in general عـلى ثلاثة فصول موزعة عـلى (۱۵) مـادة، خصص الفصـل الاول منـه للاحكـام العامـة (General Provisions) وخصص الفصل الثـاني لتطبيـق الاشـتراطات القانونيـة عـلى رسـائل البيانـات Application of legal) requirement to data message) اما الفصل الثالث من الجـزء الاول فقـد خصص لابـلاغ رسـائل البيانـات (Communication of data message).

---

(۱) Ibid, p.۳٦.

(۲) تسمى لجنة الامم المتحدة للقانون التجاري الدولي باللغة الانكليزية :
"The United Nation Commission on International Trade Law" وتعرف اختصارا بـ (UNCITRAL) وتكونت هذه اللجنة سـنة ۱۹٦٦ من قبل الجمعية العامة للامم المتحدة بموجب قرارها المرقم (۲۲۰٥) (۲۱-D) في ۱۹٦٦/۱۲/۱۷ واسـندت اليها مهمة تشـجيع وتعزيز التوحيد للقانون التجاري الدولي، ينظر مقدمة قانون الاونسترال النموذجي بشأن التجارة الالكترونية، المشار اليها سـابقا، ص۳.
وكذلك :
FORMATION AND VALIDITY OF ONLINECONTRACTS, op.cit, p.۲۲.

وقد نصت المادة الاولى من هذا القانون والمخصصة لتحديد نطاق تطبيقه على ان (يطبق على أي نوع من المعلومات يكون في شكل رسالة بيانات مستخدمة في سياق انشطة تجارية) وقد تضمنت هذه المادة حواشي اربع لتوضيح منطوق النص الوارد فيها، فقد اشارت الحاشية الاولى الى ان هذا القانون من حيث المبدأ ينطبق على كلا الاستعمالين الدولي والمحلي لرسائل البيانات، ويجوز تقييد ذلك على النطاق الدولي فقط، اما الحاشية الثانية فتشير الى ان هذا القانون لا يمنع تطبيق اية قواعد قانونية تستهدف حماية المستهلك (Consumer Protection)، مع ترك امر حماية المستهلك الى التشريعات الوطنية لكل دولة، اما الحاشية الثالثة فتشير الى امكانية تطبيق هذا القانون خارج نطاق المجال التجاري، وهذا يكون مفيدا للبلدان التي ليست لديها مجموعة من القوانين التجارية المستقلة، وتتعلق الحاشية الاخيرة ببيان المقصود من (الانشطة التجارية) الواردة في متن المادة الاولى، واكدت على تفسير هذا المصطلح تفسيرا واسعا بحيث يشمل جميع المسائل ذات الطابع التجاري سواء أكانت تعاقدية ام غير تعاقدية، وقد اشارت هذه الحاشية الى بعض الانشطة التي تعد تجارية على سبيل المثال لا الحصر، وتضمنت المادة الثانية توضيحا لبعض المفردات والمصطلحات المتداولة في بيئة التجارة الالكترونية.

اما الجزء الثاني الذي يحمل عنوان (التجارة الالكترونية في مجالات محددة)   (Electronic commerce in specific areas)، فقد تضمن فصلا واحدا عن نقل البضائع (Carriage of goods) ويتكون من مادتين احداهما تخص الافعال المتصلة بنقل البضائع والاخرى تخص مستندات النقل، ويلاحظ على الجزء الثاني من القانون أنه يشير الى امكانية اضافة مجالات اخرى عن طريق استحداث فصول اخرى اليه.

كما ان القانون النموذجي مشفوع بدليل لاشتراعه يسمى بدليل تشريع قانون الاونسترال النموذجي بشأن التجارة الالكترونية عام ١٩٩٦، واعتمد هذا الدليل على الاعمال التحضيرية لمشروع القانون، ويعد مكملا للقانون النموذجي ذاته لان الدليل يساعد الدول في وضع قوانين وطنية بشأن تنظيم المعاملات والتجارة الالكترونية^(١)،

---

(١) FROMATION AND VALIDITY OF ON-LINE CONTRACTS, op.cit, p.٢٤.

وفي هذا المجال حقق القانون النموذجي نجاحا باهرا للاسترشاد به من قبل المشرعين الـوطنيين الـذين وضعوا قوانين بشأن التجارة الالكترونية وخصوصا التشريعات العربيـة الحديثـة التـي صـدرت في الآونـة الاخيرة.

ونرى من الضروري الاشارة الى ان لجنة الاونسترال لا تزال مستمرة في جهودها مـن اجل وضع قواعـد تنظيمية اضافية بشأن مختلف المسائل والجوانب القانونية للتجـارة الالكترونيـة، ومـن اهـم تلـك الجهـود المشروع المعد من قبل اللجنة بخصوص اتفاقية بشأن التعاقد الالكتروني والـذي سـمي بـ(المشروع الاولي لاتفاقية بشأن التعاقد الالكتروني) [1] والذي قدم من قبل الفريق العامل المعني بشؤون التجارة الالكترونيـة والمكلف بصياغته الى لجنة الاونسترال في الدورة الخامسة والثلاثون عام ٢٠٠١، ويتكون المشروع مـن (١٤) مادة تتعلق بجوانب مختلفة للتعاقد الالكتروني وسنستعرض بعض أحكام القـانون النموذجي ومشروع اتفاقية التعاقد الالكتروني ضمن الفقرات اللاحقة لهذه الدراسة.

١-٢-٤-٢ التنظيم القانوني للتجارة الالكترونية على مستوى تشريعات بعض الدول العربية

بعد ان اصبحت ممارسة التجارة الالكترونية واقعا ملموسا وواسع الانتشار في بعض البلدان، اسـتوجب ذلك ايجاد تنظيم قانوني لمختلف جوانبها ، وبما ان التجارة الالكترونية تمارس في كثير من الدول العربية ولو بمستويات ضئيلة مقارنة بالدول المتقدمة التي حققت فيها التجارة الالكترونيـة انتشارا واسعا وحجمـا كبيرا [2]، نجد أن هناك عددا من الدول العربية اصدرت تشريعات خاصة بتنظيم التجارة الالكترونية، امـا في العراق واقليم كوردستان فلم يصدر لحد الآن تشريع بخصوص التجارة

---

(١) ينظر النص الكامل للمشروع على موقع لجنة الاونسترال : ٢٠٠٢ <http//www.uncitral.org>
(٢) يونس عرب، التدابير التشريعية العربية لحماية المعلومات والمصنفات الرقمية، ص١، متاح على موقع النادي العربي للمعلومـات على العنوان الالكتروني الآتي :
<http://www.arabcin.net/arabic/0nadweh/print/pivot-V/arabic-arrangement.htm>
(*Last visited* ٢٥ Nov. ٢٠٠٢)

الالكترونية ويعود السبب في ذلك الى عدم انتشار ظاهرة التجارة الالكترونية فيه بشكل واسع وملموس وعدم توفر المستلزمات الاساسية لهذه التجارة وفي مقدمتها وجود بنية تحتية متطورة للتكنولوجيا والاتصالات، وفي غياب مثل هذا التشريع يستوجب الرجوع الى الاحكام العامة الواردة في التشريعات القائمة ذات العلاقة ولكن هذا لا يعني بقاء الحالة على ما هو عليه، لانه مع انتشار خدمات شبكات الانترنيت فيه وبناء البنية التحتية لتكنولوجيا الاتصالات ونشر التوعية في هذا المجال وخلق الثقة والاطمئنان قد تصبح التجارة الالكترونية واقعا ملموسا فيه.

وهنالك دول اخرى سبقت الدول العربية في تنظيمها للتجارة الالكترونية ومنها مثلا الولايات المتحدة الامريكية[1] وفرنسا[2]

---

(١) صدر في الولايات المتحدة الامريكية الكثير من التشريعات المنظمة لمختلف جوانب التجارة الالكترونية سواء على مستوى الولايات المتحدة ام على مستوى الحكومة الفيدرالية، واهم هذه التشريعات هو قانون المبادلات الالكترونية الموحد لعام ١٩٩٩ (U.S. Uniform Electronic Transactions Act ١٩٩٩)، للاطلاع على النص الكامل لهذا القانون باللغة الانكليزية يمكن زيارة موقع كلية القانون لجامعة بينسلفينا على العنوان الالكتروني الآتي : ٢٠٠٢ <http://www.law.upenn-edu/bll/ulc-frame.htm>
كما صدر ايضا القانون الفيدرالي المتعلق بالتوقيع الالكتروني ضمن التجارة العالمية والوطنية :
"U.S.Fedral Electronic Signatures in Global and National Commerce Act٢٠٠٠" الذي صدر في ٣٠ حزيران عام ٢٠٠٠ واصبح نافذا اعتبارا من تشرين الاول ٢٠٠٠. وللاطلاع على اهم الاحكام القانونية التي جاء بها هذان القانونان ينظر :
BRADLEY J. FREEDMAN, Electronic Contracts Under Canadian Law-A practical Guide, available at :
<http://www.econtracting-zone-org/links.htm/-٦k> (Last visited ٠١ Apr. ٢٠٠٣).
(٢) من اهم التشريعات الفرنسية التي صدرت في هذا المجال هو التشريع الفرنسي الرقم ٢٣٠ الصادر عام ٢٠٠٠ الذي نص على احكام تعطي الحجية للسندات الالكترونية والتوقيع الالكتروني، مشار اليه عند د. احمد سعيد شرف الدين، المصدر السابق، ص٧.

وكندا[1] واستراليا واليابان وكوريا الجنوبية وسنغافورة[2] وكولومبيا واكثرية الدول الاوروبية وغيرها، ولكننا لا نستطيع حصر هذه التشريعات جميعها واستعراض احكامها، لذلك نكتفي هنا باستعراض البعض من التشريعات العربية الخاصة بتنظيم التجارة الالكترونية نظرا لتقارب الانظمة القانونية في معظم الدول العربية ومنها العراق، وهذه التشريعات هي تشريعات كل من تونس والاردن وامارة دبي ومملكة البحرين ومشروع قانون التجارة الالكترونية المصري[3]، التي تعد كلها خطوات هامة باتجاه بناء بيئة قانونية لضمان لضمان نجاح التجارة الالكترونية، كما يمكن الاستفادة من الاحكام القانونية الواردة في هذه التشريعات اذا ظهرت جهود ومحاولات لتنظيم التجارة الالكترونية في العراق واقليم كوردستان مستقبلا.

أولا : قانون المبادلات والتجارة الالكترونية التونسي

صدر هذا القانون بتاريخ ٩ آب ٢٠٠٠ ويسمى بـ(قانون المبادلات والتجارة الالكترونية) الرقم ٨٣ لسنة ٢٠٠٠، وحسب اعتقادنا تعد الجمهورية التونسية من اولى الدول العربية التي صدر فيها تشريع خاص في هذا المجال.

ينص الفصل الاول من القانون على انه (يضبط هذا القانون القواعد العامة المنظمة للمبادلات والتجارة الالكترونية، وتخضع المبادلات والتجارة الالكترونية فيما لا

---

(١) صدر في كندا القانون الكندي الموحد بشأن التجارة الالكترونية ١٩٩٩ (,Canadian Uniform Electronic Commerce Act UECA) الذي اعد من قبل مؤتمر كندا الموحد بشأن احكام لقانون التجارة الالكترونية في ٣٠ تشرين الاول ١٩٩٩. للاطلاع على النص الكامل لهذا القانون باللغة الانكليزية يمكن زيارة الموقع الالكتروني لكلية القانون بجامعة البيرت على العنوان الالكتروني الآتي:
<http://www.١aw.ualberta.ca/a١ri/u١c/current/euecafin.htm>
(٢) صدر في سنغافورة قانون المبادلات الالكترونية ١٩٩٨ وقانون لتنظيم التجارة الالكترونية في مجال سلطة الشهادات عام ١٩٩٩. متاح على العنوان الالكتروني الآتي:
<http//www.lawnet.com.sg> ١٥/٨/٢٠٠٢.
(٣) النص الكامل لهذه التشريعات ومشروع قانون التجارة الالكترونية المصري متاح على العنوانين الالكترونيين الآتيين:
<http://www.gn٤me.com> ١٥/٨/٢٠٠٢ و <http://www.arabcine.net> ١/٨/٢٠٠٣

يتعارض واحكام هذا القانون الى التشريع والتراتيب الجاري بها العمل، يجري على العقود الالكترونية نظام العقود الكتابية من حيث التعبير عن الارادة ومفعولها القانوني وصحتها وقابليتها للتنفيذ فيما لا يتعارض واحكام هذا القانون).

وقد تضمن هذا القانون الاحكام العامة والتعريف بالمصطلحات والمفردات الواردة فيه، اضافة الى نصوص قانونية خاصة بالوثيقة الالكترونية والامضاء الالكتروني ونصوصا لتنظيم المصادقة الالكترونية على الوثائق والمستندات والامضاءات في صيغتها الرقمية واصدار شهادات تصديق تستجيب لمقتضيات السلامة والوثوق بها لأغراض المبادلات والتجارة الالكترونية، كما تتضمن نصوصا خاصة بعقود التجارة الالكترونية وخاصة ما يتعلق بفرض واجبات على البائع تجاه المستهلكين في هذه العقود وكذلك نصوصا تتعلق بحماية المعطيات الشخصية فضلا عن الاحكام العقابية فيما يتعلق بالمخالفات والعقوبات.

ثانيا : قانون المعاملات الالكترونية الأردني

صدر في الاردن في ١١ كانون الاول ٢٠٠١ تشريع خاص بتنظيم التجارة الالكترونية ويسمى بـ(قانون المعاملات الالكترونية - قانون مؤقت الرقم ٨٥ لسنة ٢٠٠١) ونصت المادة الاولى منه بانه يعمل به بعد ثلاثة اشهر من تاريخ نشره في الجريدة الرسمية.

عالج هذا القانون جوانب مختلفة للتجارة الالكترونية، حيث تضمن الى جانب تعريف الكلمات والعبارات الواردة فيه والاحكام العامة، نصوصا قانونية اخرى خاصة بالسجل والعقد والرسالة والتوقيع الالكتروني والسند الالكتروني القابل للتحويل وتوثيق السجل والتوقيع الالكتروني، اضافة الى احكام عقابية، وتمت معالجة هذه المسائل من خلال (٤١) مادة .

ثالثا : قانون المعاملات والتجارة الالكترونية لأمارة دبي

صدر في امارة دبي تشريع خاص بالتجارة الالكترونية بتاريخ ١٢ شباط ٢٠٠٢ ويسمى بـ(قانون المعاملات والتجارة الالكترونية) ذو الرقم ٢ لسنة ٢٠٠٢[١] وجاء في

---

(١) النص الكامل لهذا القانون باللغة العربية متاح على العنوانين الالكترونيين الآتيين :
<http://www.gn4me.com>١٥/٨/٢٠٠٢ و <http://www.arabcin.net>١/٨/٢٠٠٣

مقدمته أنه صدر تحقيقا لتوجه حكومة دبي باحلال وسائل التقنية الحديثة في المعاملات والتبادل التجاري.

تضمن القانون معالجات قانونية لمختلف جوانب التجارة الالكترونية، حيث يحتوي على التعريف بالمصطلحات والمفردات الواردة فيه والاحكام العامة، اضافة الى نصوص قانونية تخص المعاملات الالكترونية ومتطلباتها، وانشاء العقود الالكترونية وصحتها، واخرى لتنظيم السجلات والتوقيعات الالكترونية المحمية وكذلك نصوص قانونية تتعلق بالشهادات وخدمات التصديق، كما يحتوي ايضا نصوصا تتعلق بالاستخدام الحكومي للسجلات والتواقيع الالكترونية والايداع والاصدار الالكتروني للمستندات، فضلا عن الاحكام العقابية واحكام ختامية وقد عالج هذا القانون تلك المسائل من خلال (٣٩) مادة موزعة على (٨) فصول.

رابعا : قانون المعاملات الالكترونية لمملكة البحرين :

يطلق على القانون الذي صدر في عام ٢٠٠٢ في مملكة البحرين بشأن التجارة الالكترونية (قانون المعاملات الالكترونية ذو الرقم ٢٨ لعام ٢٠٠٢).

يتضمن هذا القانون بجانب تعريفات للألفاظ والعبارات المستخدمة فيه، نصوصا قانونية خاصة بمجالات تطبيق القانون والحالات التي استثنيت من احكامه، ونصوصا اخرى خاصة بقبول السجلات الالكترونية والاعتراف بها والتوقيع الالكتروني وكذلك المستندات الالكترونية واشتراطاتها القانونية، واخرى تتعلق بصياغة العقود الالكترونية، اضافة الى نصوص تخص خدمات الاعتماد والتوقيعات الالكترونية ومسؤولية مزود خدمات الاعتماد ووسطاء الشبكة، واحكام اخرى لمستندات النقل وتسجيل اسم النطاق اضافة الى احكام عقابية والانظمة والتعليمات والقرارات التي تصدر تسهيلا لتنفيذ القانون وبدء سريانه.

خامسا : مشروع قانون التجارة الالكترونية المصري

أعدت لجنة التنمية التكنولوجية التابعة لمركز المعلومات ودعم القرار برئاسة مجلس الـوزراء في مصرـ مشروع قانون خاص بالتجارة الالكترونية ويطلق عليه (مشروع قانون التجارة الالكترونية).

حاول هذا المشروع معالجـة بعض الجوانـب القانونيـة للتجارة الالكترونيـة في اطار نصـوص قانونيـة مقترحة، ومن المسائل التي تعرض لها المشروع مسألة العقود والتواقيع الالكترونية، حيـث اعتبر المشروع التوقيع الالكتروني توقيعا في مفهوم قانون الاثبات ويتمتع بالحجية المقررة للتوقيع العـادي وتقوم الجهـة المختصة بمنح تراخيص اعتماد التوقيع الالكتروني وفقا للشروط والاوضاع التي تقررها اللائحـة التنفيذيـة للقانون، كما نظم المشروع التقنيات المستخدمة في التجارة الالكترونية كالتشفير، اضافة الى مسائل الاثبـات وحماية المستهلك في العقود الالكترونية التي يعتبرها المشروع من عقود الاذعان في مفهـوم القانـون المـدني من حيث تفسيرها لمصـلحة الطرف المـذعن وجواز ابطال مـا يـرد فيهـا مـن شـروط تعسفية، كما اجـاز للمستهلك ان يفسخ العقد الالكتروني الذي ابرمه خلال (١٥) يوما تاليا على تاريخ تسلم البضاعة او تـاريخ التعاقد دون حاجة الى تقديم المبررات بشرط عدم الاخلال بالقواعد العامة في هذا المجال.

وتضمن المشروع ايضا المعاملة الضريبية والكمركية للتجارة الالكترونية، واخيرا يحتوي المشروع عـلى احكام عقابية بشأن كل من يستخدم توقيعا الكترونيا دون وجه حق او يعدل فيه، ويشـير القـانون الى انـه لا يجوز فض او نسخ المعلومات المشفرة الخاصة بصاحبها بغير موافقة كتابية منه او بناء عـلى امـر قضـائي كما يعتبر التشفير وسيلة لتحرير البيانات والمعلومات بواسطة الجهات المختصة، كما حرم القانون عـلى ايـة جهة تحصل على بيانات شخصية او مصرفية لأحد العملاء ان تحتفظ بها بعد انتهاء المـدة التي تقتضـيها طبيعة المعاملة او تستخدمها في غير الغرض المخصص له ، وقد عالج المشروع هذه المسائل من خلال (٣٥) مادة موزعة على (١٢) فصلا كالآتي :

الفصل الاول : يتضمن التعريفات.

الفصل الثاني : العقود.

الفصل الثالث : التوقيع الالكتروني.

الفصل الرابع : التشفير الالكتروني.

الفصل الخامس : الاثبات.

الفصل السادس : اسماء الدومين.

الفصل السابع : حماية المستهلك.

الفصل الثامن : المعاملة الضريبية والكمركية.

الفصل التاسع : الاجراءات التحفظية.

الفصل العاشر : الجرائم والعقوبات.

الفصل الحادي عشر : تسوية المنازعات.

الفصل الثاني عشر : أحكام ختامية.

بعد استعراضنا لأهم الاحكام القانونية الواردة في بعض التشريعات العربية الصادرة بشأن المعاملات والتجارة الالكترونية، يمكننا ان نبدي بعض الملاحظات بهذا الصدد كما يأتي:

١- اتخذت هذه التشريعات العربية من (قانون الاونسترال النموذجي بشأن التجارة الالكترونية) اساسا لها باعتباره قانونا نموذجيا مرجعيا يوفر اجراءات ومبادئ اساسية لتسيير استخدام وسائل الاتصالات الالكترونية الحديثة ويهدف الى ان يستفيد المشرعون الوطنيون منه كمجموعة من القواعد المقبولة دوليا بشأن كيفية ازالة المعوقات القانونية امام التجارة الالكترونية[١]، وادى هذا الاتجاه الى ان تتحد التشريعات العربية في هذا المجال من بعض الجوانب وخصوصا في المسائل المتعلقة

---

(١) هناك من يرى بان الفراغ التشريعي لا يزال موجودا في تلك البلدان العربية التي صدرت فيها تشريعات خاصة بالمعاملات والتجارة الالكترونية ويظهر هذا الفراغ في حالة تفعيل هذه التشريعات ووضعها موضع التنفيذ، ويرجعون السبب في ذلك الى عدم وجود تشريعات بخصوص المعايير الامنية والقياسية لخدمات التقنية اضافة الى قولهم بان هذه التشريعات استنسخت وترجمت من القانون النموذجي كقالب جاهز دون مراعاة النظام القانوني لهذه البلدان او التعمق في المسائل ذات العلاقة، انظر في هذا الرأي يونس عرب، التدابير التشريعية العربية لحماية المعلومات والمصنفات الرقمية، المصدر السابق، ص٢٠.

بتعريف المصطلحات والمفردات المتداولة في بيئة التجارة الالكترونية وكذلك في الاعتراف القانوني بالمستندات الالكترونية والتواقيع الالكترونية والمعاملات الالكترونية وتكوين العقود الالكترونية وصحتها واجراءات التوثيق.

٢- اذا كانت هذه التشريعات اتحدت في بعض جوانبها لكنها قد تفرقت في بعض المسائل التفصيلية والجزئية ومنها :

أ- عالج كل من التشريع التونسي ومشروع القانون المصري بأحكام تفصيلية حماية المستهلك في الوقت الذي لم يتطرق التشريع الاردني ولا تشريع امارة دبي لمسألة حماية المستهلك.

ب- انفرد المشرع الاردني بايراد أحكام قانونية للسندات القابلة للتحويل والتحويل الالكتروني للأموال في اطار ما يسمى بالاوراق التجارية في الحياة المادية.

جـ- انفرد المشرع البحريني في تنظيم مجالات محددة من التجارة الالكترونية حيث نظم بأحكام تفصيلية مستندات نقل البضائع ، وقد وردت في المشروع المصري لقانون التجارة الالكترونية احكام خاصة بالمعاملة الضريبية والكمركية للتجارة الالكترونية.

٣-١ مفهوم العقود الالكترونية وطبيعتها القانونية

ان العقود الالكترونية لم تظهر بهذه الاهمية الا بعد ان دخلت استخدامات شبكة الانترنيت وخدماتها المتعددة (والمتميزة عن بقية وسائل الاتصالات الالكترونية الحديثة) في مجال المعاملات المدنية والتجارية[١] ، وهذا يدفعنا الى القول بأن الوسيلة التي تستخدم في عملية ابرام العقد لها دور بارز في تمييز العقود الالكترونية المبرمة عبر شبكة الانترنيت عن بقية العقود المتداولة قانونا بما فيها العقود المبرمة بوسائل الاتصال الفوري غير الانترنيت، وذلك فضلا عن تأثير هذه الوسيلة في تحديد الطبيعة القانونية لهذه العقود، وبالنتيجة ادت هذه الاعتبارات الى ان تنفرد العقود الالكترونية بمزايا

(١) Roy. J. Girasa, CYBERLAW, National and International Perspectives, Upper Saddle River, New Jeresy ٠٧٤٥٨، ٢٠٠٢، p.١٧٥.

متعددة تعود الى الطريقة المنعقدة بها وتفرض بالتالي ايجاد احكام قانونية خاصة بها من قبل المشرعين.

وبغية تسليط الضوء على ذلك نخصص هذه الفقرة لبيان مفهوم العقود الالكترونية المبرمة عبر شبكة الانترنيت وطبيعتها القانونية من خلال تحديد مفهوم العقود الالكترونية المبرمة عبر شبكة الانترنيت، وبيان الطبيعة القانونية لهذه العقود.

١-٣-١ مفهوم العقود الالكترونية

يحتاج بيان مفهوم العقود الالكترونية الى تعريفها في ضوء الطريقة التي تنعقد بها اولا، ثم تمييزها عن العقود التقليدية المتداولة قانونا ثانيا، وبما ان العقود الالكترونية تدخل ضمن نطاق العقود المبرمة عن بعد مثل العقود التي تتم من خلال الهاتف والتلكس والفاكس والتلفزيون لذلك لابد من تمييزها عن بعض هذه العقود ثالثا، وسنبحث في هذه المسائل من خلال الفقرات الآتية.

١-٣-١-١ تعريف العقود الالكترونية

ان العقد عموما هو توافق ارادتين بقصد انشاء علاقات قانونية ملزمة [١]، وتعرف غالبية فقهاء القانون المدني العقد بانه اتفاق شخصين او اكثر على احداث اثر قانوني معين سواء بانشاء التزام او نقله او تعديله او انهائه [٢]، واورد القانون المدني العراقي رقم ٤٠ لسنة ١٩٥١ وفي المادة (٧٣) منه تعريفا للعقد بأنه (ارتباط الايجاب الصادر عن احد العاقدين بقبول الآخر على وجه يثبت اثره في المعقود عليه) [٣].

---

(١) د. توفيق فرج، النظرية العامة للالتزام، نظرية العقد، القسم الثاني، الدار الجامعية، ١٩٩٣، ص٣٥، وكذلك ينظر:
Jeff C. Dodd and James A. Hernandez, Contracting In Cyberspace, p.٣ available at :
<http://www.smu.edu/csr/Sum٩٨-١-Dodd.pdf> (*Last visited* ٠١ March.٢٠٠٢)

(٢) د. عبدالرزاق السنهوري، نظرية العقد، شرح القانون المدني، النظرية العامة للالتزامات، دار الفكر، بيروت، الجزء الاول، ص٧٩، د. عبدالمجيدالحكيم، الموجز في شرح القانون المدني، الجزء الاول/ مصادر الالتزام، الطبعة الخامسة، بغداد، ١٩٧٧، ص٨٣.

(٣) لم يرد تعريف للعقد في القانون المدني المصري والقانون المدني السوري.

اوردت بعض التشريعات المنظمة للتجارة الالكترونية[1] تعريفات للعقود الالكترونية ضمن النصوص القانونية التي تبين معاني المفردات والمصطلحات المتداولة في التجارة الالكترونية، فقد عرف المشرع الاردني في قانون المعاملات الالكترونية الرقم 85 لسنة 2001 العقد الالكتروني وذلك في المادة الثانية منه بانه (الاتفاق الذي يتم انعقاده بوسائل الكترونية كليا او جزئيا)، وعرفه مشروع قانون التجارة الالكترونية المصري في المادة الاولى منه بانه هو (كل عقد تصدر فيه ارادة احد الطرفين او كليهما او يتم التفاوض بشأنه او تبادل وثائقه كليا او جزئيا عبر وسيط الكتروني).

اما المشرع في امارة دبي فقد اشار في قانون المعاملات والتجارة الالكترونية الرقم (2) لسنة 2002 وفي الفقرة الاولى من المادة (13) منه بانه (لأغراض التعاقد يجوز التعبير عن الايجاب والقبول جزئيا او كليا بواسطة المراسلة الالكترونية)، وبنفس المعنى اشار قانون مملكة البحرين بشأن المعاملات الالكترونية الرقم (28) لسنة 2002 وفي الفقرة الاولى من المادة التاسعة منه على انه (في سياق صياغة العقود وما لم يتم الاتفاق على غير ذلك من قبل الطرفين يجوز التعبير عن العرض وقبوله او أي امر آخر يكون جوهريا بالنسبة لصياغة او تطبيق العقد (بما في ذلك أي تعديل تال للعرض او الغائه او ابطاله او قبوله كاملا بالكامل او جزئيا عن طريق السجلات الالكترونية).

وعلى المستوى الدولي لم ينص قانون الاونسترال النموذجي بشأن التجارة الالكترونية على تعريف للعقود الالكترونية، ولكنه اشار في الفقرة الأولى من المادة (11) وتحت عنوان (تكوين العقود وصحتها) على انه (في سياق تكوين العقود، وما لم يتفق الطرفان على غير ذلك، يجوز استخدام رسائل البيانات للتعبير عن العرض وقبول العرض وعند استخدام رسالة البيانات في تكوين العقد لا يفقد ذلك العقد صحته او قابليته للتنفيذ لمجرد استخدام رسالة بيانات لذلك الغرض).

(In the context of contract formation, unless otherwise agreed by the parties, an offer and the

acceptance of an offer may be expressed

---

[1] لم يرد تعريف للعقد الالكتروني في قانون المبادلات والتجارة الالكترونية التونسي الرقم 83 لسنة 2000 ولكن نص الفصل الثاني منه على ان المبادلات الالكترونية هي (المبادلات التي تتم باستعمال الوثائق الالكترونية).

by means of data message. Where a data message is used in the formation of a contract, that contract shall not be denied validity or enforceability on the sole ground that a data message was used for that purposee) [١].

كما لم يرد تعريف للعقد الالكتروني في مشروع اتفاقية التعاقد الالكتروني الـذي اعد مـن قبـل الفريـق العامل المعني بالتجارة الالكترونيـة التـابع للجنـة الاونسـترال عـلى الـرغم مـن اسـتخدام تعبـير (التعاقـد الالكتروني) في المشروع ولكن يظهر من مداولات الفريق العامل بهذا الشأن أن تعبير (التعاقـد الالكتروني) يستخدم للاشارة الى تكوين العقود بواسطة رسائل البيانات، وكان هناك تعريف مقترح للعقود الالكترونيـة من قبل بعض العاملين لدى الفريق العامل، بانها هي العقود المبرمة او المثبتة باستخدام رسائل البيانات، ولكن انتقد هذا التعريف من قبل الآخرين بانه لا يشترط ان يكون ابـرام العقـد الالكـتروني دائمـا بواسـطة رسائل البيانات كليا بل من الممكن ان يتم عن طريـق وسـائط متعـددة ومختلطـة مـن الطـرق التقليديـة كاللفظ والكتابة ووسائل اتصالات الكترونية كالفاكس ورسائل البيانات [٢].

وقد عرف الفقه العقد الالكتروني بانه (اتفاق يتلاقى فيه الايجاب بالقبول عـلى شـبكة دوليـة مفتوحـة للاتصال عن بعد وذلك بوسيلة مرئية مسموعة بفضل التفاعل بين الموجب والقابل) [٣].

يلاحظ على هذه التعاريف بأنها تركز على الطريقة التي ينعقد بها العقد الالكتروني، ونرى بان مشروع قانون التجارة الالكترونية المصري اعطى معنى واسعا للعقـد الالكتروني بشكل يعتـبر كـل عقـد الكترونيـا موجب المشروع، اذا عبر فيه احد المتعاقدين او كلاهما عن الارادة كليا او جزئيا عبر وسيط الكتروني، او

---

(١) UNCITRAL Model Law on Electronic Commerce with its Guide to Enactment ١٩٩٦ with additional article ٥ bis as adopted in ١٩٩٨, available at :
<http://www.uncitral.org/english/texts/electcom/m١-ecomm-htm> (*Last visited* ٠١ March ٢٠٠١)

(٢) Legal aspects of electronic commerce, Electronic contracting: provisions for a draft convention, Note No. A/CN.٩/WG-IV/WP-٩٥ issued by Secretariat of UNCITRAL, ٢٠ September ٢٠٠١, p.٥.
available at : <http://www.uncitral.org> (*Last visited* ٠١ Oct. ٢٠٠٢)

(٣) اشار الى هذا التعريف صابر محمد عمار، المفاوضة في عقود التجارة الالكترونية، ص٥، بحث متاح على العنوان الالكتروني الآتي :
<http://www.mohammon.com> (*Last visited* ٢٢ Aug. ٢٠٠٢)

اجريت المفاوضة العقدية بشأنه الكترونيا، او حتى بمجرد تبادل وثائق ومستندات العقد الكترونيا بغض النظر فيما اذا كان العقد قد ابرم بالوسائل التقليدية او الالكترونية، كما يلاحظ على هذه التعريفات بانها لا تقصر العقود الالكترونية على التعاقد عبر شبكة الانترنيت بل تشمل ايضا التعاقد الـذي يتم عـبر وسائل الاتصالات الالكترونية الاخرى كالفاكس والتلكس والفاكسميل، ويمكن ان يرد العقد الالكتروني عـلى كل الاشياء والخدمات التي لا يمنع التعامل بها بنص القانون او لطبيعتها، كما يشمل العقد الالكتروني ايضا العقود التي تتم من خلال الوسيط الالكتروني الذي يتم عن طريق اجهزة تمت برمجتها للتعبير عـن الارادة نيابة عن احد الطرفين او كليهما[1] والـذي عـبرت عنه بعض التشـريعات بالتعاقد عـن طريـق الوسيط الالكتروني[2] .

وفي غياب النصوص القانونية المنظمة للعقود الالكترونية في التشريعات العراقية، يستوجب الرجوع الى الاحكام العامة الواردة في القانون المدني العراقي النافذ والى المادة (٧٣) منـه بالـذات والتي تعـرف العقـد عموما بانه (ارتباط الايجاب الصادر من احد العاقدين بقبول الآخر على وجه يثبت اثره في المعقود عليه)، ويلاحظ على هذا التعريف بانه جاء بصياغة عامة بشكل يستوعب العقود الالكترونية المبرمة عـبر شـبكة الانترنيت ايضا، وخصوصا اذا علمنا بانه لا يوجد في القانون نص عام او نص خاص يدل على حظر استخدام رسائل البيانات في التفاوض على العقود وابرامها.

ونرى من الضروري الاشارة الى ان هناك طريقتين اساسيتين للتعاقد عبر شبكة الانترنيت[3]، أمـا الطريـق الاول فهو الذي يتم التعاقد عن طريق المراسلة ومن خلال

---

(١) EMILY M. WEITZENBOEK, Electronic Agents and the Formation of Contracts, Published in the International Journal of Law and Information Technology, Vo1,9No. ٣, PP. ٢٠٤-٢٣٤ also available at: <http://folk. uio.no/emilyw/documents/EMILY٪٢٠-٪٢٠ Version ٪٢٠ August ٪٢٠ & ٪٢٠ source. pdf> (Last visited ٠١ June. ٢٠٠٣)

(٢) عبر عنه التشريع الاردني للمعاملات الالكترونية في المادة (٢) منه بالتعاقد عن طريق الوسيط الالكتروني، وكذلك تشريع امارة دبي للمعاملات والتجارة الالكترونية وفي المادة (٢) منه ايضا، بينما يسميه تشريع المعاملات الالكترونية البحريني بالتعاقد عـن طريق الوكيل الالكتروني في المادة (١١) منه.

(٣) Jens Werner, E- COMMERCE. CO.UK-LOCAL RULES IN A GLOBAL NET, ONLINE BUSINESS TRANSACTIONS AND THE APPLICABILITY OF TRADITIONAL ENGLISH CONTRACT LAW RULES, published by International Journal

خدمة البريد الالكتروني (E-mail) وقد تسمى هذه العقود بعقود البريد الالكتروني (E-mail Contracts)، اما الطريقة الثانية فهي التعاقد بواسطة اتصال العميل مباشرة بالصفحة الرئيسية (Home page) للبائع او مقدم الخدمة، وهذه الصفحة تتيح للمشتري الاطلاع على محتويات الموقع الالكتروني، على سبيل المثال فان المكتبات العالمية[1] تضع محتويات المكتبة مفهرسة على الصفحة الخاصة بها بما يتيح الاطلاع على محتويات المكتبة من خلال زيارة موقع المكتبة من أي جهاز حاسب آلي في العالم، وكذلك الامر بالنسبة للشركات والمتاجر[2] التي ترغب في تسويق منتجاتها عبر الموقع الخاص بها على شبكة الانترنيت من خلال عرض البضائع التي ترغب في تسويقها مصحوبة بجميع البيانات والمعلومات وفي بعض الاحيان بأفلام مصورة تعرض السلعة اثناء التشغيل ببيان عملي لادائها ومميزاتها[3]، وقد تسمى هذه العقود الالكترونية التي تبرم من خلال صفحات الشبكة (Websites) بعقود الشبكة (Web-click contracts)[4] .

وباعتبار آخر فان العقود الالكترونية عبر الانترنيت قد تتم اما بين قطاع الاعمال بعضهم مع البعض (B2B) او بين قطاع الاعمال والمستهلكين (B2C)[5] .

١-٣-١-٢   تمييز العقود الالكترونية عن العقود التقليدية

ان العقود الالكترونية المبرمة عبر شبكة الانترنيت لا تشكل نوعا جديدا من العقود تضاف الى العقود التقليدية المتداولة قانونا، كما لا تخرج بالكامل عن القواعد

of Communications Law and Policy, Issue ٦ Winter ٢٠٠٠/٢٠٠١, p.١ also available at :
<http://www.ijc١p.org> (Last visited ٠١ June ٢٠٠٣)

(١) انظر على سبيل المثال موقع مكتبة الكونغرس الامريكية على موقع:
<http://www.congresslibrary.com>

(٢) انظر على سبيل المثال موقع شركة (دل) للكومبيوتر على موقع :
<http://www.dell.com>

(٣) د. حسن عبدالباسط جميعي، المصدر السابق، ص٩.

(٤) Jens Werner, op.cit, p.١.

(٥) Roy J. Girasa, op.cit, p.١٧٨.

القانونية المنظمة لأحكام العقد عموما والواردة في القوانين المدنية^(١) ، وهذا ما تؤكده اغلبية

التشريعات المنظمة للمعاملات والتجارة الالكترونية^(٢) التي لم تنظم المسائل الموضوعية والتفصيلية للعقود

الالكترونية بل تركتها الى القواعد العامة، على الرغم من ذلك فان التعاقد الالكتروني عبر شبكة الانترنيت

يعد متميزا عن الصور التقليدية للتعاقد وذلك بسبب الطبيعة الخاصة التي تتميز بها شبكة الانترنيت

وخدماتها، بحيث ان القواعد العامة لا تستوعب جميع الجوانب القانونية لهذه العقود بسبب وجود

مفاهيم قانونية تقليدية راسخة في القوانين المدنية تشكل عائقا امامها.

في ضوء ذلك يمكننا ايجاز اهم الخصائص التي تتميز بها العقود الالكترونية المبرمة عبر شبكة الانترنيت

عن العقود التقليدية بما يأتي :-

١- أوجدت التجارة الالكترونية طرق وأساليب الكترونية لاداء المقابل في العقود الالكترونية اضافة الى

امكانية ذلك بالاساليب التقليدية، حيث من الممكن ان يتم تسليم المقابل في العقود الالكترونية بأحد

اساليب الدفع الالكتروني^(٣) وان كان البعض من هذه الاساليب ليست جديدة ومستحدثة في حد ذاتها بل

وجدت قبل بروز التجارة الالكترونية ولكنها تطورت بفضل تقنيات التجارة الالكترونية كالبطاقات المصرفية

والتحويل الالكتروني للأموال وكذلك الاوراق التجارية القابلة للتداول بالطرق الالكترونية^(٤)، في حين البعض

الآخر من هذه الاساليب مبتكرة ومستحدثة

---

(١) ينظر في هذا المعنى : د. محمد حسام محمود لطفي، الحماية القانونية لبرامج الحاسب الالكتروني، دار الثقافة، القاهرة، ١٩٨٧، ص٢٠٠ وكذلك د. أمجد محمد منصور، النظرية العامة للالتزامات، الطبعة الاولى، الاردن، ٢٠٠١، ص٨٢، وكذلك عمرو زكي عبدالمتعال، المصدر السابق، ص٦.

(٢) Legal aspects of electronic commerce, Electronic contracting provisions for a draft convention, op.cit, p.٦.

(٣) د. احمد سعيد شرف الدين، المصدر السابق، ص٥، وكذلك ينظر :

Jeff C. Dodd and James A. Hernandez, op.cit, p.٢٦.

(٤) اوردت بعض التشريعات المنظمة للتجارة الالكترونية احكاما قانونية خاصة بمعالجة بعض الجوانب القانونية لوسائل الدفع الالكتروني، ومن هذه التشريعات ما نص عليه المواد (١٩ الى ٢٩) من قانون المعاملات الالكترونية الاردني والمخصصة للسند الالكتروني القابل للتحويل والتحويل الالكتروني للأموال، وكذلك المادة (١١) من مشروع قانون التجارة الالكترونية المصري والتي تنص على ما يأتي :

بفضل تقنيات التجارة الالكترونية كالنقود الالكترونية "Electronic Money" [1]، وهكذا فان اساليب اداء المقابل في العقود الالكترونية تختلف عن العقود التقليدية التي يتم فيها تسديد البدل بالاسلوب التقليدي المتعارف عليه.

هذا اذا كان محل التزام المتعاقد دفع مبلغ من النقود، اما اذا كان محل الالتزام هو تسليم بضاعة او خدمة معينة، فيتم ذلك في العقود التقليدية من خلال التسليم المادي للمحل [2]، ولكن في العقود الالكترونية المبرمة عبر شبكة الانترنيت وبفضل الخدمات التي توفرها الشبكة يمكن للمتعاقد البائع ان ينفذ التزامه بتقديم الخدمة او منتجاته الكترونيا وخصوصا اذا كان المحل هو من المنتجات الالكترونية او الرقمية (Digital Products) كالأغاني المسجلة على اقراص (CD) وبرامج الحاسوب الآلي والكتب والجرائد والمجلات وذلك من خلال فسح المجال امام المشتري للحصول على البضاعة او الخدمة من خلال تحميل (Downloading) للمنتج او الخدمة وهكذا يمكن تنفيذ الالتزامات التعاقدية الكترونيا حتى ولو كانت الاطراف المتعاقدة موجودة في مناطق جغرافية متباعدة بفضل طبيعة الانترنيت المتجاوزة للحدود السياسية والجغرافية للبلدان.

٢- ان اغلبية العقود التقليدية يتم تدوينها على دعامة ورقية، كما ان النصوص القانونية القائمة لا تعرف من الدعامات التي تحمل عليها الكتابة المثبتة للمعاملات الا الدعامات الورقية (المحررات الرسمية والعرفية) أي ان الكتابة التي وضعت تلك النصوص لتنطبق عليها هي الكتابة الورقية الموقعة ممن تنسب اليه باحدى صور التوقيع العادي وهي الامضاء بخط اليد او ببصمة الاصبع او الختم [3]، في الوقت الذي

(يكون الوفاء عن طريق الوسائط الالكترونية مبرئا للذمة على النحو المحدد باللائحة التنفيذية).

(١) يعبر عن النقود الالكترونية بالمال الافتراضي او الدفع الرقمي، وهي عبارة عن قيمة مفترضة ناتجة عن تسجيل القيمة الحقيقية لنقود حقيقية لدى مؤسسة مالية وتستخدم في الاداء المالي للمقابل بعد تسجيلها وتخزينها على وسائط الكترونية في حيازة الدافع، ينظر د. طوني عيسى ميشال، المصدر السابق، ص٣٠٤.

(٢) د. فائق محمود الشماع، المصدر السابق، ص٣٧.

(٣) د. حمزة حداد، الكتابة في الرسائل الالكترونية وحجيتها في الاثبات المدني، ورقة عمل مقدمة لمركز التحكيم التجاري لدول مجلس التعاون لدول الخليج العربية حول ندوة :"تسوية المنازعات التجارية المتعلقة بتكنولوجيا الاتصالات والمعلومات والاعمال الالكترونية"، البحرين، من ٩ الى ٢٠٠١/٥/١٠، ص٢.

اتاحت الخدمات المتوفرة على شبكة الانترنيت التعامل بنوع جديد من الكتابة والتوقيع عليها باسلوب الكتروني والذي يطلق عليه التوقيع الالكتروني (Electronic Signature) [1] لذلك فان العقود الالكترونية المبرمة عبر شبكة الانترنيت دائما تكون غير مدونة او مثبتة على دعامة ورقية بخلاف العقود التقليدية التي غالبا ما تكون مدونة على دعامة ورقية.

ومن جهة اخرى لا يبقى الحد الفاصل بين الاصل والنسخ في العقود الالكترونية المبرمة عبر شبكة الانترنيت بسبب الامكانية الهائلة للانترنيت في نسخ عدد غير محدود من البيانات والمعلومات [2]، في الوقت الذي تميز القواعد العامة التي تحكم العقود التقليدية بين اصل المحرر وصورته [3].

٣- تفتقر العقود الالكترونية المبرمة عبر شبكة الانترنيت الى الحضور المادي للمتعاقدين في مجلس عقد واحد وغياب العلاقة المباشرة والحميمة بينهما، بل قد يغيب العنصر البشري تماما وتتراسل الاجهزة الالكترونية فيما بينها تلقائيا ويتم تبادل التعابير الارادية وفقا للبرامج الحاسوبية المعدة لهذا الغرض [4]، ولكن اغلبية العقود التقليدية تبرم بالحضور المادي للطرفين في مجلس عقد واحد ويصدر فيه الايجاب والقبول في نفس المكان وفي نفس الجلسة أي زمانها [5].

---

(١) التوقيع الالكتروني يعني بيانات في شكل الكتروني مدرجة في رسالة بيانات او مضافة اليها او مرتبطة بها منطقيا، يجوز ان تستخدم لتعيين هوية الموقع بالنسبة الى رسالة البيانات او لبيان موافقة الموقع على المعلومات الواردة في رسالة البيانات. تنظر الفقرة (أ) من المادة الثانية من قانون الاونسترال النموذجي بشأن التوقيعات الالكترونية لسنة ٢٠٠١، وكذلك المادة الاولى من قانون مملكة البحرين للمعاملات الالكترونية.

(٢) BRADLEY J. FREEDMAN, op.cit, p.٤٥.

(٣) د. احمد سعيد شرف الدين، المصدر السابق، ص٨. وينظر على سبيل المثال ما تنص عليه المادتين (٢٣) و(٢٤) من قانون الاثبات العراقي رقم (١٠٧) لسنة ١٩٧٩.

(٤) CROSS-BORDER FORMATION OF ONLINE CONTRACTS, p.٤ available at :
<http://www.geocities.com/SiliconValley/Network/٥٠٥٤/marcos/docs/ct-from-an-ww-en.html> (Last visited ٢٢ Aug. ٢٠٠٢).

(٥) د. حسام الدين كامل الاهواني، النظرية العامة للالتزام، الجزء الاول، المجلد الاول، المصادر الارادية للالتزام، الطبعة الثالثة، ٢٠٠٠، ص١٤٨.

١-٣-١-٣ تمييز العقود الالكترونية عن بعض العقود المبرمة عن بعد

ان العقد الالكتروني المبرم عبر شبكة الانترنيت يدخل ضمن طائفة العقود المبرمة عـن بعـد (Distance Contracts) والتي عرفها التوجيه الاوروبي لحماية المستهلكين في مجال العقود المبرمة عن بعد عام ١٩٩٧ [1] بانها كل عقد يتعلق بسلع او خدمات يبرم بين المنتج والمستهلك في اطار نظام بيع او تقديم خدمات عـن بعد وضع من قبل المنتج الذي يستعمل تقنية اتصال عن بعد او اكثر لغرض الاتصال وابرام العقد.

"Any contract concerning goods or services concluded between a supplier and a consumer under an organized distance sales or service-provision scheme run by the supplier, who, for the purpose of the contract, males exclusive use of one or more means of distance communication up to and including the moment at which the contract is concluded" [2].

وهناك تشابه بين العقد الالكتروني وبين بعض صور التعاقد عن بعد من بعض الجوانب ولكن يبقى العقد الالكتروني متميزا عن هذه العقود من جوانب اخرى وتمثل شبكة الانترنيت وخدماتها المتعددة اهـم وجه لاعطاء الخصوصية للعقد الالكتروني لان شبكة الانترنيت وما توفره مـن الخدمات تختلف عـن بقيـة وسائل الاتصالات الالكترونيـة الاخرى التي ظهرت قبـل دخول استخدامات شبكة الانترنيت في مجـال المعاملات المدنية والتجارية، ومنها على وجه التحديـد (الهـاتف، التلكس، الفاكسـميل والتلفزيـون) بغيـة تسليط الضوء على ذلك سنحاول فيما يلي اجراء مقارنة بين التعاقد الالكتروني عبر شبكة الانترنيت والتعاقد عن طريق هذه الوسائل.

---

(١) "Directive ٩٧/٧/EC on the protection of consumer in respect of distance contracts).

(٢) FORMATION AND VALIDITY OF ON-LINE CONTRACTS, op.cit, p.٣٧.

١- التعاقد عن طريق الهاتف [1]

ان التعبير عن الارادة بواسطة الهاتف الاعتيادي يدخل ضمن التعبير عن الارادة باللفظ، حيث يعبـر كل من الموجب والقابل عن ارادتهما بالكلام دون ان يكون بينهما وسيط يبلغ الكلام للطرف الآخر، وان التعاقد عن طريق الهاتف هو دائما تعاقد بين حاضرين من حيث الزمان ما لم تفصل مدة مـن الـزمن بيـن صدور القبول وعلم الموجب به [2]، لأن كلا من الطرفين المتعاقدين يسمع كلام الآخر في نفس اللحظة التـي يصدر فيها الكلام أي يتحقق التزامن والتعاصر في تبادل التعابير الارادية بين الاطراف المتعاقدة، ومـن هـذه الناحية يشبه التعاقد عـن طريق الهاتف مـع التعاقد عبـر خدمات شبكة الانترنيت وخصوصا خدمـة التخاطب في فضاء الانترنيت (Chatting) حيث يتم تبادل التعابير الارادية في الزمن الحقيقي (Real Time) وهي خدمة يتحقق من خلالها التواصل والتزامن في تبادل التعابير الارادية.

ولكن يختلف التعاقد عبر شبكة الانترنيت عن التعاقد بواسطة الهاتف، لان شبكة الانترنيت لا تقتصر ـ خدماتها على نقل (الصوت) فقط [3] وانما تـوفر في نفس الوقت اضافة الى الصوت (الصورة والحركـة والكتابة) ايضا بشكل آني وتفاعلي، بل

---

(١) للمزيد من التفاصيل حول الاحكام القانونية للتعاقد عبر الهاتف والتعبير عن الارادة من خلاله ينظر عباس زبون عبيد العبودي، التعاقد عن طريق وسائل الاتصال الفوري وحجيتها في الاثبات المدني، دراسة مقارنة، رسالة دكتوراه مقدمة الى كلية القانون بجامعة بغداد، ١٩٩٤، ص٥٢.

(٢) تنظر المادة (٨٨) من القانون المدني العراقي والتي تنص على :
(يعتبر التعاقد (بالتلفون) او بأية طريقة مماثلة تم بين حاضرين كأنه تم بين حاضرين فيما يتعلق بالزمان وبين غائبين فيما يتعلق بالمكان).

(٣) ان الهاتف المرئي (Video telephone) يتيح الصورة والصوت للمتهاتفين ايضا، وهناك خلاف في حكم التعاقد بهذه الطريقة، حيث يذهب اتجاه الى اعتباره تعاقدا بين حاضرين من حيث الزمان والمكان، لأن المتعاقد وكأنه ينتقل حكما الى مكان المتعاقد الآخر، وان المخاطبة الهاتفية هي بحكم المواجهة الحقيقية، ينظر في هذا الرأي عباس زبون عبيد العبودي، المصدر السابق، ص١٣٢، وهناك اتجاه آخر يرى ان هذا النوع من التعاقد يعد في حكم التعاقد بالهاتف العادي، ينظر في هذا الرأي سعيد شيخو مراد المجولي، المسؤولية المدنية الناتجة عن استخدام الكومبيوتر، دراسة مقارنة، رسالة ماجستير قدمت الى كلية القانون بجامعة بغداد، ١٩٩٠، ص٣٢٥.

يمكن من خلالها ارسال ملفات النصوص والصور وحتى الافلام المتحركة، ومن ناحية اخرى الهاتف يعد وسيلة للاتصال والتفاهم بين طرفين او ثلاثة اطراف فقط في حين ان استخدام خدمات شبكة الانترنيت للتعاقد قد يكون متاحا لعدد غير محدود من الجمهور ولا يشترط في التعاقد عبر الانترنيت التزامن في وجود الاشخاص على طرفي الاتصال، حيث يستطيع المتصل ان يتصل بشبكة الانترنيت وان يحصل على ما يرغب فيه دون ان يشترط وجود شخص آخر في المقابل ليزوده بالمعلومات التي يحتاجها، وان لهذه الخصيصة دورا بارزا في مجال التعاقد، حيث يستطيع المشتري في أي وقت يشاء ان يشتري البضاعة او الخدمة التي يريدها من خلال المتاجر الافتراضية على الشبكة بمجرد دفع قيمتها بأحد اساليب الدفع الالكتروني، هذا بخلاف جهاز الهاتف الذي لا يمكن الاتصال والتعاقد من خلاله اذا كان جهاز الهاتف عاطلا لا يعمل او مغلقا أي لابد من التزامن في وجود الطرفين على الخط الذي يوفر خدمة الاتصال.

2- التعاقد عن طريق التلكس والفاكسميل [1]

ان التعبير عن الارادة من خلال التلكس يدخل ضمن التعبير بالكتابة في صيغتها الالكترونية، ويتم تبادل التعابير الارادية كتابيا، وتدخل هذه الصورة من التعاقد ضمن نطاق المادة (88) من القانون المدني العراقي - المشار اليها سابقا -، ويختلف التعاقد من خلال التلكس عن التعاقد الالكتروني عبر شبكة الانترنيت، حيث ان شبكة الانترنيت تتيح خدمات متعددة اضافة الى خدمة (الكتابة الالكترونية) كما يتاح من خلال الشبكة التواصل والتفاعل مع اكثر من شخص واحد بل يمكن من خلالها تقديم العروض الى عدد غير محدود من الجمهور من قبل التاجر، كما يستطيع طالب السلعة او الخدمة ان يوجه بايجابه الى عدد من التجار.

اما الفاكسميل، فيعد جهازا للاستنساخ ينقل الرسائل بطريقة الكترونية الى المرسل اليه طبقا لأصلها الموجود لدى المرسل، ويعد التعاقد من خلال هذه الوسيلة

---

(1) لمزيد من التفاصيل حول الاحكام القانونية بصدد التعاقد عن طريق التلكس والفاكسميل ينظر: عباس زبون العبودي ، المصدر السابق، ص ص133-137.

تعاقدا بين غائبين من حيث الزمان والمكان، ويختلف الفاكسميل عن شبكة الانترنيت في ان امكانيـات الفاكسميل محدودة جدا حيث لا يمثل ما تسلمه من قبل المرسل اليـه سـوى نسخة مستنسخة مـن الرسالة الاصلية الموجودة لدى المرسل، فضلا ان الفاكسميل كالهاتف والتـلكس هـو وسيلة ذات استخدام واحد بخلاف شبكة الانترنيت التي تتيح خدمات ووسائط متعددة وبسرعة هائلة.

٣- التعاقد عن طريق التلفزيون [1]

التعاقد عن طريق التلفزيون هو طلب سلعة او منتج بواسطة التليفون او وسائل الاتصال الاخرى تاليا على عرضها المنقول بواسطة وسائل الاتصال السمعية والمرئية (التلفزيون) [2]، ونظم هذا النوع من التعاقد من قبل المشرع الفرنسي بموجب القانون الرقم (٢١) لسنة ١٩٨٨ الصادر في ٦ كانون الثاني ١٩٨٨ ويدخل هذا النوع من التعاقد ضمن العقود المبرمة عن بعد.

هنالك اوجه التشابه بين التعاقد عن طريق التلفزيون والتعاقد عبر شبكة الانترنيت من جوانب عديدة منها اعتبار التلفزيون وسيلة سمعية ومرئية يتاح من خلالها الصوت والصورة والحركة واضافة الى ذلك امكانية مخاطبة عدد غير معين من الجمهور بواسطة التلفزيون وارسـال العروض الارادية الـيهم، كـما ان التلفزيون جهاز منتشر بشكل واسع ومؤثر ويستطيع مقدم البرنامج او العارض لبيع المنتجات او تقـديم الخدمات ان يبرز براعة مميزات المنتج او الخدمة المقدمة [3]، اضافة الى ان التعاقد عـن طريـق التلفزيون يمثل بالنسبة للبعض شكلا من اشكال المنافسة ولاسيما بالنسبة لصغار التجار.

(١) لمزيد من التفاصيل حول الجوانب القانونية للتعاقد عن طريق التلفزيون ينظر : د. محمود السيد عبدالمعطي خيـال، التعاقـد عـن طريق التلفزيون، جامعة حلوان، كلية الحقوق، الطبعة الاولى، ٢٠٠٠.

(٢) نفس المصدر، ص١٠.

(٣) د. احمد سعيد الزقرد، حق المشتري في اعادة النظر في عقود البيع بواسطة التلفزيون، بحث منشور في مجلـة الحقـوق، جامعـة الكويت، السنة ١٩، العدد الثالث، ايلول ١٩٩٥، ص١٨١.

لكن يختلف التعاقد عبر شبكة الانترنيت عن التعاقد بواسطة التلفزيون، لان التلفزيون يوفر خدمة البث والارسال من جانب واحد ويفتقر الى الصفة التحاورية والتواصل بين الاطراف، حيث لا توجد امكانية التجاوب لاية مبادرة من جانب الطرف الآخر المتلقي الا باستخدام وسائل الاتصال الاخرى كجهاز التلفون، وذلك على عكس ما نراه في التعاقد عبر شبكة الانترنيت الذي يتم عبر وسيلة تتيح امكانية التجاوب وتبادل التعابير الارادية من جانب كلا الطرفين باسلوب تحاوري وآني[(١)]، اضافة الى محدودية الفترة الزمنية التي تبث من خلالها برامج التسوق عبر التلفزيون[(٢)]، لان العرض في هذا النوع من التعاقد يكون وقتيا ويزول بسرعة، واذا اراد طالب السلعة او الخدمة ان يحصل على الايضاحات حول البضاعة او الخدمة المعروضة خلال التلفزيون يجب عليه الاتصال مع (شركة التعاقد عن طريق التلفزيون) من خلال وسائل الاتصال الاخرى كالتلفون، وهذا بخلاف العروض المقدمة عبر شبكة الانترنيت التي تكون في اغلب الاحوال دائمية وغير مقيدة بفترة زمنية معينة، وفي بعض الاحيان قد لا يدخل العنصر البشري تماما في العقود الالكترونية المبرمة عبر شبكة الانترنيت كما نراه في التعاقد عبر الوسيط الالكتروني (الجهاز المؤتمت).

في ضوء ما ذكر، نخلص الى القول انه على الرغم من ان العقود الالكترونية المبرمة عبر شبكة الانترنيت تدخل ضمن العقود المبرمة عن بعد (عقود المسافات)، ولكنها تتميز عن هذه العقود والعقود التقليدية ايضا بمجموعة من الخصائص ترجع الى طبيعة الوسيلة المستخدمة في ابرامها وهي شبكة الانترنيت وخدماتها المتعددة اضافة الى سرعتها الهائلة وتجاوزها لحدود البلدان، علما ان هذه العقود اثارت جملة من المشاكل والتحديات القانونية التي تستوجب معالجة مناسبة لها.

---

(١) هادي مسلم يونس قاسم،التنظيم القانوني للتجارة الالكترونية،اطروحة دكتوراه قدمت الى كلية القانون بجامعة الموصل،٢٠٠٢،ص٩٦.

(٢) على سبيل المثال حددت (اللجنة الوطنية الفرنسية للاتصال والحريات لتنظيم بث برامج التسوق عن طريق التلفزيون) الفترة الزمنية لبث برامج التسوق عن طريق التلفزيون بما لاتزيد عن (٩٠)دقيقة في الاسبوع ، وتبرر اللجنة قرارها هذا بان التسوق عن طريق التلفزيون يتعارض مع الوظائف الاساسية للتلفزيون وهي التسلية والثقافة والاعلام ، ينظر :د.محمود السيد عبدالمعطي خيال، المصدر السابق،ص١٣.

١-٣-٢ الطبيعة القانونية للعقود الالكترونية

ان الخصوصية التي تتميز بها العقود الالكترونية المبرمة عبر شبكة الانترنيت، تستوجب علينا امعان النظر في هذه العقود وتحليلها لتحديد طبيعتها القانونية خصوصا من جانبين، اولهما فيما اذا كانت هذه العقود الالكترونية تعد عقودا مساومة وتخضع لمبدأ سلطان الارادة والتراضي بين الاطراف المتعاقدة او عقود اذعان لا تكون فيها لأحد طرفيها حرية الارادة تمكنه من مناقشة شروط العقد والتفاوض بشأنها، اما ثانيهما من زاوية النظر الى الاعتبار الشخصي للطرف المتعاقد معه عبر شبكة الانترنيت هل تعد العقود الالكترونية عقودا لا يعتد فيها بالاعتبار الشخصي- للمتعاقد معه او تعد من العقود التي تأخذ فيها شخصية المتعاقد معه بنظر الاعتبار، وبغية تسليط الضوء على ذلك سيخصص لكل من الاعتبارين فقرة خاصة كالآتي :

١-٣-٢-١ العقود الالكترونية وعقود الاذعان

قبل الخوض في بيان الطبيعة القانونية للعقود الالكترونية من حيث مدى امكانية اعتبارها من تطبيقات (عقود الاذعان) ام لا، نرى من الضروري معرفة ماهية عقود الاذعان عموما وبيان خصائصها في ضوء القواعد العامة.

ان عقد الاذعان هو العقد الذي يقتصر- فيه القبول على مجرد التسليم بشروط الموجب دون المناقشة[١]، وان محل هذا العقد يكون متعلقا بسلعة او خدمة ضرورية محل احتكار قانوني او فعلي او يسيطر عليها الموجب سيطرة تجعل المنافسة فيها محدودة النطاق[٢] ويكون الموجب في مركز اقتصادي قوي، ومن الامثلة على هذه العقود عقد النقل المبرم مع شركات الملاحة الجوية وعقود الاشتراك مع شركات الكهرباء والمياه.

وان التفرقة بين عقود الاذعان وعقود المساومة تبدو ذات اهمية بالغة، حيث تسري قاعدة العقد شريعة المتعاقدين اذا ما تعلق الامر بأحد العقود المساومة، بينما تسري

---

(١) تنظر الفقرة الاولى من المادة (١٦٧) في القانون المدني العراقي.
(٢) د. حسن علي الذنون، النظرية العامة للالتزامات، جامعة المستنصرية، بغداد، ١٩٧٦، ص٦٤.

قاعدة ان للقاضي ان يعدل الشروط التعسفية او ان يعفي الطرف المذعن منها وفقا لما تقضي به العدالة[1]، كما ان الشك يفسر لصالح المدين الا اذا كنا بصدد طرف مذعن فهنا لا يجوز ان يكون تفسير العبارات الغامضة ضارا بمصلحة الطرف المذعن[2].

ويتميز كل من الايجاب والقبول في عقود الاذعان بما يلي :

أ- يكون الايجاب عادة في شكل نموذج واحد لا يختلف من شخص لآخر ويعرض العقد ككل، ويقبل جملة او يرفض، ويشمل عادة على تفاصيل العقد وشروطه الجوهرية ولا يحتاج تمام العقد الا لقبول الطرف الآخر، كما يكون الايجاب موجها الى الجمهور او طائفة معينة بشروط مماثلة وعلى وجه الدوام ويكون ملزما لفترة زمنية اطول مما عليه الحال في العقود العادية، وفي اغلب الاحوال يتم نشر الايجاب لكي يكون في وسع الجمهور الاطلاع عليه، وغالبا ما تكون جاهزة ومطبوعة معدة لتوقيع القابل[3].

ب- يكون القبول في عقود الاذعان مقتصرا على مجرد التسليم بشروط مقررة يضعها الموجب ولا يقبل المناقشة فيها.

اما فيما يتعلق بالطبيعة القانونية للعقود الالكترونية من حيث مدى امكانية اعتبارها من عقود الاذعان او من العقود المساومة، هناك اتجاهان مختلفان في التشريع والفقه، كالآتي:

---

(١) تنظر الفقرة الثانية من المادة (١٦٧) من القانون المدني العراقي.
(٢) تنظر الفقرة الثالثة من المادة (١٦٧) من القانون المدني العراقي.
(٣) د. منذر الفضل، النظرية العامة للالتزامات في القانون المدني، دراسة مقارنة، الجزء الاول/ مصادر الالتزام، مكتبة الرواد للطباعة، الطبعة الاولى، ١٩٩١، ص١١٧.

الاتجاه الأول : العقود الالكترونية من عقود الاذعان

يذهب هذا الاتجاه الى اعتبار بعض العقود الالكترونية من تطبيقات عقود الاذعان ويتمثل هذا الاتجاه في جانب من الفقه الانطليزي والفرنسي الحديث[1] وكذلك اتجاه في التشريعات المنظمة للتجارة الالكترونية كالمشروع المصري لقانون التجارة الالكترونية الذي ينص في المادة (١٨) منه على انه (تعتبر العقود النمطية المبرمة الكترونيا من عقود الاذعان في مفهوم القانون من حيث تفسيرها لمصلحة الطرف المذعن وجواز ابطال ما يرد فيها من شروط تعسفية ويعد شرطا تعسفيا كل شرط من شأنه الاخلال بالتوازن المالي للعقد وكل شرط يتضمن حكما لم يجر به العرف).

يستند هذا الاتجاه في موقفه الى ان اغلبية العقود الالكترونية المبرمة عبر شبكة الانترنيت تتم عادة من خلال عقود نمطية (نموذجية) تظهر في الموقع الالكتروني للبائع على شكل استمارة نموذجية الكترونية تتضمن تفاصيل التعاقد وتتوجه بشروط متماثلة الى الجمهور على وجه الدوام وتكون ملزمة لفترة طويلة ولا تقبل المناقشة او التعديل، وعلى رأي هذا الاتجاه يتوافر ضعف الطرف المذعن بمجرد اعداد العقد مسبقا من قبل الطرف الآخر الذي يكون عادة منتجا محترفا ومتمتعا بالخبرة في تحديد الحقوق والالتزامات الناشئة عن العقد بالصورة التي تحقق مصلحته دون ان يسمح للطرف المذعن بالمناقشة فيها، ولا يبقى امام الطرف الآخر الا ان يقبلها او لا يتعاقد اصلا، كما يرون بانه لا محل لاشتراط توافر الاحتكار القانوني او الفعلي لسلعة ضرورية لاعتبار العقود الالكترونية من تطبيقات عقود الاذعان بل يعتمد انصار هذا الاتجاه على تغليب المعيار الاقتصادي على غيره من المعايير، اذ ينشئ (الاذعان) بالتفاوت الاقتصادي الشديد بين الطرفين[2].

(١) مشار اليه عند د. سمير برهان، ابرام العقد في التجارة الالكترونية، ص٢، بحث متاح على العنوان الالكتروني التالي: <http://www.gn4me.com>(Last visited ٢٦ Feb. ٢٠٠٢)   وكذلك صابر محمد عمار، المصدر السابق،ص٦.

(٢) لمزيد من التفاصيل حول الاتجاه المعاصر الذي يعطي لعقود الاذعان فكرة اكثر اتساعا ينظر : د. حسام الدين كامل الاهواني، المصدر السابق، ص١٥٨ وما بعدها.

الاتجاه الثاني : العقود الالكترونية من العقود المساومة

ان عقود المساومة هي تلك العقود التي يمكن التفاوض في شروطها ومناقشتها وتوضع هـذه الشـروط بحرية ارادة الطرفين [١] .

يرى هذا الاتجاه من الفقه [٢] أن العقود الالكترونية ليست من تطبيقات عقود الاذعان بـل هـي مـن العقود المساومة باستثناء العقود الالكترونية التي تعد في الواقع عقود الاذعان، كـالعقود المبرمـة الكترونيـا للحصول على الخدمات الضرورية كالماء والكهرباء والهاتف وخدمات الاشـتراك في شبكة الانترنيت، ولكـن ليس بالضرورة ان تكون العقود الالكترونية من عقود الاذعان دائماً، عـلى الـرغم انـه قـد تكـون تفاصيل التعاقد وشروطه العامة مثبتة مسبقا في الموقع الالكتروني للتاجر عـلى الشـبكة لأن هـذا ليس بالخصيصـة الوحيدة لعقود الاذعان [٣] بل يفترض فيها ان يكون العقد متعلقا بسلعة او خدمة ضرورية [٤] وبالتالي محـلا للاحتكار او المنافسة الضيقة، ولا تتوافر هذه السمات المميزة لعقود الاذعان في العقود الالكترونيـة المبرمـة عبر شبكة الانترنيت دائماً.

خلاصة رأينا في هذا المجال : نؤيد ما يـذهب اليـه البـعض [٥] مـن عـدم ضرورة اعتبار جميع العقود الالكترونية المبرمة عبر شبكة الانترنيت من قبيل عقود الاذعان لأسباب كثيرة من اهمها ما يأتي :

---

(١) د. صلاح الدين عبداللطيف الناهي، الوجيز الوافي في القوانين المرعية في الجمهورية العراقية والمملكة الاردنية الهاشمية والكويت، مصادر الحقوق الشخصية، مطبعة البيت العربي، عمان، ١٩٨٤، ص٣٩.

(٢) مشار اليه عند د. سمير برهان، المصدر السابق، ص٢.

(٣) صابر محمد عمار، المصدر السابق، ص٦.

(٤) قضت محكمة النقض المصرية بان (السلع الضرورية هي التي لا غنى للناس عنها، والتـي لا تستقيم مصالحهم بـدونها، بحيـث يكونون في وضع يضطرهم الى التعاقد بشأنها، ولا يمكنهم رفض الشروط التي يضعها الموجب ولو كانت جائرة وشـديدة)، ينظـر : نقض مدني مصري - مجموعة النقض س٢٥ قاعدة ٨٠ ص٤٩٢ جلسة ١٩٧٤/٣/١٢، مشار اليه عند صابر محمد عـمار، المصـدر السابق، ص٧.

(٥) ينظر في هذا الرأي صابر محمد عمار، المصدر السابق، ص٧.

١- لم نجد من بين التشريعات المنظمة للتجارة الالكترونية[1] ما يدل على اعتبار العقود الالكترونية من عقود الاذعان على الرغم من ان اغلبية هذه التشريعات تتضمن احكاما قانونية خاصة بالمعاملات والعقود الالكترونية كما توفر للمستهلك عندما يكون طرفا ضعيفا في هذه العقود حماية قانونية اكثر من الحمايـة التي توفرها القواعد العامة للطرف المذعن، أما فيما يتعلق بما جاء في المادة (١٨) من مشروع قانون التجارة الالكترونية المصري فقد اكد ايضا علـى اعتبار العقود الالكترونية النمطيـة (النموذجيـة) المعدة شروطها مسبقا فقط من عقود الاذعان اما العقود الاخرى غير النمطية فتبقى في اطار عقود المساومة[2].

٢- ان العقود الالكترونية وخصوصا تلك التي تـبرم بـين قطـاع الاعمـال (B٢B) تتم عـادة بعد اجـراء مفاوضات ومناقشات مفصلة بصدد شروط التعاقد، بـل ان شبكة الانترنيت تتيح للمتعاقدين اساليب متنوعة للتحاور والتفاهم تفوق في امكانياتها الاساليب التقليدية المستخدمة في الصور الاخرى للتعاقد عبر وسائل الاتصالات الالكترونية.

٣- فيما يتعلق بالعقود الالكترونية النمطية المعدة شروطها مسبقا، تبقى في هذه الحالة ايضا للطرف المتعاقد الحرية في التعاقد ولا ينحصر خياره في الموافقة على الشروط المعدة سلفا، بل يستطيع المتعاقد ان يشتري السلعة من منتج آخر اذا لم تعجبه الشروط الموضوعة من قبل الموجب، حيث يوجد عدد كبير مـن المواقع الالكترونية للبائعين والمنتجين[3]، وخصوصا اذا عرفنا ان من احدى مزايـا التجارة الالكترونيـة التـي تعد العقود من آلياتها، هي توفير خيارات للتسوق الافضل للمشتري.

(١) ينظر على سبيل المثال : التشريع التونسي والاردني وتشريع امارة دبي ومملكة البحرين بخصوص تنظيم التجارة الالكترونية.
(٢) هادي مسلم يونس قاسم ،المصدر السابق،ص١٠٩.
(٣) د. سمير برهان، المصدر السابق، ص٢.

١-٣-٢-٢ الطبيعة القانونية للعقود الالكترونية من حيث النظر الى شخصية المتعاقد

يمكن التفرقة في العقود من حيث النظر الى شخصية المتعاقد بين عقـود تقـوم عـلى الاعتبـار الشخصي- لأحد المتعاقدين او توافر صفة معينة فيه [1]، وعقود اخرى لا تقوم على مثـل هـذا الاعتبـار والتي يسميهـا البعض بالعقود (ذات الاعتبار الموضوعي) حيث يعتد فيها بمحـل العقـد وموضوعه دون ان يؤخـذ بنظـر الاعتبار شخصية أي من الطرفين.

تظهر اهمية تقسيم العقد بهذا الاعتبار في عدة امور رئيسية كتلك المتعلقة بانعقاد العقد او صحتـه او الآثار المترتبة عليه [2]، فبالنسبة الى الانعقاد لا ينعقد العقد الا بـين الاشخاص الـذين يعتـد بشخصيتهم في العقود ذات الاعتبار الشخصي وذلك خلافا لحالة اذا ما كان العقـد مـن العقـود ذات الاعتبار الموضوعي، ويبدو ذلك في الارتباط بين الايجاب والقبول، فاذا مات من صـدر عنـه التعبـير عـن الارادة او فقـد اهليتـه وكانت شخصيته محـل الاعتبار في العقد فلا يحـل الـوارث او النائـب محلـه بخلاف العقـود ذات الاعتبار الموضوعي، حيث ان موت الموجب او القابل او فقدان احدهما للاهلية لا يؤثر عـلى ان ينتـج التعبـير عـن الارادة اثره القانوني، كما يظهر دور الاعتبار الشخصي بشكل واضح في صحة التعاقد وعـلى الاخـص عنـدما يكون هناك غلط جوهري في ذات المتعاقد او في صفة من صفاته، اما فيما يتعلق بـدور الاعتبـار الشخصي- في آثار العقد، فيجب تنفيذ الالتزامات الناشئة عن العقـد مـن قبـل الطـرف الـذي كانـت شخصيته محـل الاعتبار عند التعاقد.

في ضوء ما ذكر يمكن القول بأن اغلبية العقود التي تـبرم عـبر شبكات الانترنيت في اطار مـا يسـمى بالتجارة الالكترونية هي من العقود ذات الاعتبار الموضوعي التـي لا يعتـد فيهـا بشخصية المتعاقد عـبر شبكة الانترنيت او صفة مـن صفاته، وذلـك بسبب غيـاب الحضور والوجـود المـادي للطرفين اللـذين لا يجمعهما عادة مجلس عقد واحد ولا

---

(١) من الامثلة على هذه العقود : عقود التبرع وبعض العقود الواردة على العمل وعقود الوكالة وعقود شركات الاشخاص، ينظر د. حسام الدين كامل الاهواني، المصدر السابق، ص٦١.

(٢) د. توفيق حسن فرج، النظرية العامة للالتزام، مصادر الالتزام، الدار الجامعية، بيروت، ١٩٩٢، ص٦٩.

تقوم علاقة شخصية وحميمة بينهما[١]، اضافة الى امكانية ابرام العقود الالكترونية بين اطراف ينتمون الى دول مختلفة ولا يعرفون بعضهم البعض وذلك بفضل الامكانيات التي اتاحتها شبكة الانترنيت وخدماتها المتعددة والتي تمكن أي شخص من التسوق عبر الشبكة دون الحاجة الى الدخول في علاقة شخصية مباشرة مع البائع وذلك بخلاف العقود التقليدية حتى في احدث مظاهرها بالتبادل عن طريق التلفون، حيث يبقى كل من البائع والمشتري على ارتباط دائم في مجلس العقد رغم اختلاف المكان وغالبا تدور المفاوضات بينهما لمناقشة تفاصيل التعاقد وشروطه، اما فيما يتعلق بأغلبية العقود المبرمة عبر شبكة الانترنيت فلا يوجد مجلس العقد بمعناه التقليدي بل قد يغيب العنصر البشري عن عملية ابرام العقد في بعض الاحيان والتي يطلق عليها التعاقد عن طريق الوسيط الالكتروني او الجهاز الحاسوبي المؤتمت (Contracting by Automated Computer System) سواء كان التعاقد بين شخص طبيعي او معنوي مع وسيط الكتروني او بين وسيطين الكترونيين دون تدخل العنصر ـ البشري تماما[٢]، نتيجة لذلك يمكن القول بان خصيصة (مجهول الاسم او المصدر) (Anonymity) اصبحت احدى السمات المميزة لبعض العقود الالكترونية المبرمة عبر شبكة الانترنيت[٣].

---

(١) د. سمير برهان، المصدر السابق، ص١.

(٢) CROSS-BORDER FORMATION OF ONLINE CONTRACTS, op.cit, p.١.

(٣) Christina Hultmarli, op.cit, p.١٣.

الفصل الثاني

وجود التراضي في العقود الالكترونية

عبـر الانترنيت

٢- وجود التراضي في العقود الالكترونية عبر الانترنيت

سبق وان اوضحنا ما تتميز به شبكة الانترنيت وخدماتها المتعددة عن بقية وسائل الاتصالات الالكترونية الاخرى، والذي انعكس بالتالي على التجارة الالكترونية (E-commerce) باعتبار ان شبكة الانترنيت تعد المحرك الاساسي لهذه التجارة[1]، واثر بالنتيجة على الآليات التي تحكم التعامل التجاري وفي مقدمتها العقود لان التجارة في جوهرها عبارة عن عقود وصفقات قد تتم بين قطاع الاعمال (B2B) او مع المستهلكين (B2C)، حيث ازداد في الوقت الحاضر استخدام شبكة الانترنيت في التفاوض على العقود وابرامها وحتى تنفيذ الالتزامات الناشئة عنها في بعض الاحيان من خلال اساليب الوفاء الالكتروني (Electronic Payment)[2].

وبما ان العقود الالكترونية المبرمة عبر شبكة الانترنيت لا تختلف في جوهرها عن العقود التقليدية المتداولة قانونا، لذلك لا تخرج عن اطار القواعد العامة المنظمة لأحكام العقد عموما وان كانت هذه العقود في بعض جوانبها تحتاج الى معالجات قانونية خاصة تفتقر اليها تلك القواعد العامة[3].

ومن القواعد العامة المنظمة لأحكام العقد التي يتم تطبيقها على العقود الالكترونية المبرمة عبر شبكة الانترنيت ايضا هي القواعد المنظمة لأركان العقد[4]، على الرغم من وجود الاختلافات[5] حول ماهية هذه الاركان ودورها في تكوين العقد،

---

(١) د. غياث الترجمان، التسويق الدولي، كيف تستطيع زيادة قدرتك التنافسية في الاسواق الدولية، سلسلة الرضا للمعلومات، دار الرضا للنشر، الطبعة الاولى، دمشق، آذار ٢٠٠١، ص٢٦.

(٢) د. احمد سعيد شرف الدين، المصدر السابق، ص٥.

(٣) نفس المصدر، ص ص ٧-٨.

(٤) Donald M, Cameron. Arid & Berlis, Electronic Contract Formation, p.١ available at:
<http://www.jurisdiction.com/ecom٣.htm> (*Last visited* ١٨ Feb. ٢٠٠١)

(٥)هناك اختلاف في المواقف التشريعية والفقهية حول الاركان العامة التي يقوم عليها العقد عموما، ففي القوانين اللاتينية والقوانين المتأثرة بها يقوم العقد على اركان ثلاثة وهي (الرضا والمحل والسبب) مع اختلاف بعض من الفقهاء المؤيدين لهذا الاتجاه في ماهية المحل والسبب، فهناك منهم من يعتبرهما ركنين في الالتزام ومنهم من يعتبر المحل ركنا في الالتزام والسبب ركنا في العقد، في تفاصيل هذا الاتجاه ينظر

لذلك فان العقد الالكتروني كغيره من العقود هـو ارتبـاط بـين ارادتـين متـوافقتين ارتباطـا تظهر آثـاره القانونية في المعقود عليه[١] وذلك يستوجب توافر رضى الطرفين وان ينصب هذا الرضى على محل معين مع وجود سبب يحمل عليه، كما يستلزم القانون في بعض العقود شكلا معينا لا يتم العقد بدونه[٢] .

ان التراضي[٣] في حقيقته هو توافق ارادتين على احداث اثر قانوني[٤]، ويعـد هـذا الـركن ركنـا اساسيا لتكوين العقد عموما دون وجود خلاف حول ذلك، وتظهر هـذه الحقيقـة بوضـوح في العقـود الالكترونيـة المبرمة عبر شبكة الانترنيت، لأن الخصوصية

الاستاذ د. السنهوري، نظرية العقد، المصدر السابق، ص١٠٦. وكذلك د. عبدالمنعم فرج الصدة، نظرية العقد في قوانين البلاد العربية، دار النهضة العربية، بيروت، ١٩٧٤، ص ص٨٨-٨٩.

اما في القانون الانكليزي والقوانين المتأثرة به فان العقد ينشأ بتوافر العناصر المكونة له وهى بالنسبة للعقد البسيط الايجاب والقبول، المقابل والنية لخلق علاقات قانونية، اما بالنسبة للعقد الشكلي فلابد مـن تـوافر الاركان السابقة بالاضافة الى ركن الشكلية، في تفاصيل هذا الاتجاه ينظر :

د. مجيد حميد العنبكي، مبادئ العقد في القانون الانكليزي، جامعة النهرين/كلية الحقوق ٢٠٠١، ص٧ وكذلك ينظر:

Jens Werner, op.cit, p.٢.

-CROSS-BORDER FORMATION OF ONLINE CONTRACTS, op.cit, p.٢.

ويقول الفقيه السنهوري في كتابه نظرية العقد بأن "الايجاب والقبول وحدهما كافيان في تكوين العقد، وان هذه القاعدة على بساطتها هي من بديهيات القانون الحديث والذي لم يصل القانون الروماني الى تقريرها بوصفها قاعدة عامة حتى في آخر مراحل تطوره".

(١) د. جميل الشرقاوي، محاضرات في العقود الدولية، ١٩٩٣-١٩٩٤، ص٥.

(٢) مثلا عقد البيع الوارد على عقار يعتبر عقدا شكليا بموجب نص المـادة (٥٠٨) مـن القانون المـدني العراقي. ينظر: د. حسن علي الذنون، المصدر السابق، ص٣٠.

(٣) ان لفظ التراضي هو حقيقة في المشاركة و لا يتحقق معناه إلا اذا توفر رضاءان، وقال ابن عابدين وغيره :(ان التراضي مـن الجـانبين، والرضى من جانب واحد كالموجب، او القابل) مشار اليه عند د. علي محي الدين علي القرةداغي، مبدأ الرضا في العقود، دراسـة مقارنة في الفقه الاسلامي، الجزء الاول، الطبعة الاولى، دار البشائر الاسلامية، ١٩٨٥، ص ص١٨٩-١٩٠.

(٤) تنظر المادة (٨٩) من القانون المدني المصري والتي تنص علـى انه (يتم العقد بمجرد ان يبـادل طرفـان التعبير عـن ارادتـين متطابقتين....)، وقد عبر المشرع العراقي عن تبادل ارادتين متطابقتين بارتباط الايجاب الصادر مـن احد العاقدين بقبول الآخر وذلك في المادة (٧٣) من القانون المدني العراقي، ينظر د. منذر الفضل، المصدر السابق، ص ص٧٦-٧٧.

التي تتميز بها هذه العقود عن غيرها هي الطريقة التي يتحقق بها التراضي وينعقد بها العقد بالتالي.

وبغية تسليط الضوء على ذلك، نخصص هذا الفصل لدراسة ركن التراضي في العقود الالكترونية من خلال فقرتين اولاهما للارادة وطرق التعبير عنها في العقود الالكترونية وثانيتهما للايجاب والقبول الالكترونيين مع التركيز على اهم الجوانب القانونية التي استحدثها التراضي عبر شبكة الانترنيت وتستوجب المعالجة القانونية الخاصة مع الاشارة الى القواعد العامة الواردة بهذا الخصوص حسب مقتضى الاحوال.

٢-١ التعبير عن الارادة في العقود الالكترونية

ان وجود التراضي في العقود ومنها العقود الالكترونية يتطلب توافر الارادة لدى المتعاقد، كما يجب أن تتجه هذه الارادة الى احداث أثر قانوني [1]، ولكن مادام ان الارادة هي ذات طبيعة نفسية داخلية فلا يمكن التعرف عليها الا اذا جاء التعبير عنها بمظهر مادي خارجي يدل عليها، لذلك لا يترتب على الارادة أي أثر قانوني اذا ما بقيت كامنة في النفس [2]، وان الاصل في هذا المجال هو عدم اشتراط شكلية معينة يتحتم اتخاذها لغرض التعبير عن الارادة فيستطيع المتعاقد أن يعبر عن ارادته بالوسيلة التي يراها مناسبة له [3]، ويعد ذلك تطبيقا لمبدأ الرضائية في العقود.

---

(١) د. توفيق فرج، المصدر السابق، ص٦٠.

(٢) د. حسن علي الذنون، المصدر السابق، ص٤٠.

(٣) قد يتطلب القانون في بعض العقود (الكتابة) كما في عقد العمل(م٣٠ القانون المدني العراقي)، ولكن الكتابة في هذه الاحوال ليست وسيلة محددة للتعبير عن الارادة، بل تشترط كدليل كتابي لاثبات العقد، ولكن مع ذلك تعتبر من الناحية العملية قيدا على الحرية الواسعة في التعبير عن الارادة، ينظر : د. حسن علي الذنون، المصدر السابق، ص٦٤، وقد ذهب بعض فقهاء الفقه الاسلامي ومنهم أبو حنيفة الى انه لا يجوز التعبير عن الارادة بمجرد التعاطي اذا كان محل العقد من (الاشياء النفيسة) واجازوا ذلك في غيرها، وهذا الرأي في العالم المادي يتماشى مع ما يتطلبه التعبير عن الارادة في العقود الالكترونية من اتخاذ اجراءات اضافية تأكيدا على صدور التعبير عن الارادة فيها. ينظر لتفاصيل هذا الرأي في الفقه الاسلامي:

فريد فتيان، التعبير عن الارادة في الفقه الاسلامي والفقه المدني، المنظمة العربية للتربية والثقافة والعلوم، معهد البحوث والدراسات العربية، بغداد، ١٩٨٥، ص١٢٢.

في ضوء ذلك يمكن القول أن المقصود من التعبير عن الارادة ، الوسائل التي يتم خلالها اخراج النية من عالم المشاعر والافكار الى حيز الوجود الخارجي[1]، وان هذه الوسائل متعددة ومختلفة ولم تحصرها التشريعات بل تركت امرها في اغلب الاحوال الى المتعاقدين، وتأكيدا على ذلك لم يذكر المشرع العراقي[2] وسائل التعبير عن الارادة على سبيل الحصر واما بين اشهر تلك الوسائل وهي اللفظ والكتابة والاشارة والمبادلة الفعلية (التعاطي) واي موقف آخر يدل على التراضي.

والتعبير عن الارادة قد يكون صريحا او ضمنيا[3]، مثلا ان عرض البائع لبضائعه على موقعه الالكتروني على شبكة الانترنيت او عبر المتاجر الافتراضية مع بيان مواصفاتها واسعارها يعد تعبيرا صريحا للارادة، كما ان نقر (Click) المشتري على خانة القبول (Ok) في العقد النموذجي المرسل اليه من قبل البائع عبر شبكة الانترنيت يعد ايضا تعبيرا صريحا للقبول من المشتري، ويكون التعبير ضمنيا مثلا اذا قام المشتري بأي عمل لا تدع ظروف الحال مجالا للشك في دلالته على الارادة كأن يقوم المشتري بتحميل (Downloading) لبرنامج معروض على شبكة الانترنيت او ان يرسل الرقم السري لبطاقته الالكترونية الى البائع بعد ان يختار البضاعة المعروضة لغرض شرائها[4].

---

(١) د. محسن عبدالحميد ابراهيم البيه، النظرية العامة للالتزامات، مصادر الالتزام، الجزء الاول، مكتبة الجلاء الجديدة، المنصورة، كلية الحقوق/ جامعة المنصورة، بلا سنة طبع، ص٦٢.

(٢) ينظر نص المادة (٧٩) من القانون المدني العراقي والتي جاء فيها :(كما يكون الايجاب والقبول بالمشافهة يكون بالمكاتبة وبالاشارة الشائعة الاستعمال ولو من غير الاخرس وبالمبادلة الفعلية الدالة على التراضي وباتخاذ أي مسلك في ظروف الحال شكا في دلالته على التراضي)، لا نرى من الضروري البحث في الطرق التقليدية للتعبير عن الارادة في القانون المدني العراقي، لمزيد من التفاصيل حول هذه الطرق التقليدية، ينظر : عباس زبون عبيد العبودي، المصدر السابق، ص ص٢٧-٤٥.

(٣) التعبير عن الارادة يكون صريحا اذا كان لا لبس فيه، ويكون ضمنيا اذا قام على الاستنتاج من خلال الملابسات التي تجعل دلالته واضحة في بيان حقيقة المقصود، وان التعبير الصريح يكون اقوى في دلالته من التعبير الضمني، ينظر د. منذر الفضل، المصدر السابق، ص٨٠.

(٤) اشار قانون المعاملات والتجارة الالكترونية لامارة دبي في المادة (٦) منه الى صور التعبير عن الارادة في العقود الالكترونية المبرمة عبر شبكة الانترنيت، واجاز التعبير عن القبول الالكتروني ضمنيا من خلال

بغية تسليط الضوء على هذه المسائل في العقود الالكترونية المبرمة عبر شبكة الانترنيت، نتناول طرق التعبير عن الارادة في هذه العقود من خلال فقرتين، نخصصهما للصورتين الشائعتين للتعبير عن الارادة في هذه العقود، اولاهما هي رسالة البيانات (Data Message) وثانيتهما هي النظام الحاسوبي المؤتمت (Automated Computer System) والذي يطلق عليه الوسيط الالكتروني ايضا.

٢-١-١ التعبير عن الارادة بواسطة رسالة البيانات

تمثل رسالة البيانات (Data Message) الصورة الشائعة للتعبير الالكتروني عن الارادة وابرام العقود من خلال تبادلها عبر شبكة الانترنيت، وتأكيدا على ذلك نجد أن معظم التشريعات المنظمة للمعاملات والتجارة الالكترونية [1] اهتمت بها وخصصت لها نصوصا قانونية بينت من خلالها مفهوم رسالة البيانات وصلاحيتها للتعبير عن الارادة وقيمتها القانونية في اثبات التصرفات القانونية التي يتم خلالها، فضلا عن ايراد احكام قانونية خاصة بجوانب معينة من عملية تبادل رسالة البيانات بين اطرافها، كما يتوقع لهذه الطريقة للتعبير عن الارادة المزيد من التطور في استخدامها عندما يكون الوصول الى شبكة الانترنيت سهل المنال [2].

قيام القابل بسلوك ايجابي يستنتج منه ما يدل على القبول، الا اذا كانت الحكومة طرفا في العقد الالكتروني، ففي هذه الحالة لا يجوز التعبير عن القبول الالكتروني ضمنيا من قبل الحكومة بل يجب ان يكون التعبير عنه صريحا، فقد جاءت المادة في الشق الثاني من فقرتها الاولى بأنه (يجوز استنتاج موافقة الشخص من سلوكه الايجابي) اما الاستثناء فقد ورد في الفقرة الثالثة من نفس المادة التي تنص على (استثناء من احكام الفقرة (١) السابقة، يجب ان يكون صريحا قبول الحكومة بالتعامل الالكتروني في المعاملات التي تكون طرفا فيها).

(١) من هذه القوانين، قانون الاونسترال النموذجي بشأن التجارة الالكترونية وكذلك التشريع الاردني والبحريني وتشريع امارة دبي ومشروع قانون التجارة الالكترونية المصري وكلها تشريعات خاصة بتنظيم المعاملات والتجارة الالكترونية.

(٢) د. احمد سعيد شرف الدين، المصدر السابق، ص١١ وما بعدها وكذلك ينظر :

UNCITRAL Model Law on Electronic Commerce with Guide to Enactment ١٩٩٦, op.cit, p.١٦.

نحاول في ضوء هذه النصوص القانونية بحث مسألة رسالة البيانات من خلال بيان مفهوم رسالة البيانات ومدى صلاحيتها للتعبير عن الارادة التعاقدية، وبما ان رسائل البيانات يتم تبادلها عادة بين اطراف لا يدخلون في اتصال مادي وجها لوجه وقد تفصل بينهم مسافات كبيرة نرى من الضروري البحث في مسألة اسناد رسالة البيانات (Attribution of Data Message) الى منشئها، والضوابط التي وضعتها التشريعات في هذا المجال، كما يعد البحث في مسألة التثبت من وصول رسالة البيانات الى المرسل اليه المعني مسألة مهمة ويتم ذلك من خلال نظام الاشعار باستلام رسالة البيانات (Acknowledgement of Receipt)، واخيرا نتعرض الى حكم عدم التطابق بين حقيقة ارادة المنشئ والتعبير عنها عن طريق رسالة البيانات والذي يسمى في العالم المادي بالارادة الظاهرة والارادة الباطنة. سنتناول هذه المسائل في الفقرات الآتي بالتتابع.

٢-١-١-١ مفهوم رسالة البيانات

ان البحث في رسالة البيانات كطريقة للتعبير عن الارادة في البيئة الالكترونية يتطلب بيان مفهومها، وبما ان استخدام رسالة البيانات يتم عادة من قبل اطراف يقومون بتبادلها عبر شبكة الانترنيت لذلك فان تحديد مفهوم رسالة البيانات يتطلب اضافة الى تعريفها، تحديد طرفيها وهما كل من منشئ الرسالة (Originator for Data Message) والمرسل اليه (Addressee of Data Message).

لذلك نتناول البحث في مفهوم رسالة البيانات من خلال فرعين اولهما في تعريف رسالة البيانات وثانيهما لتحديد طرفي الرسالة وتمييزهما عن الوسيط على الشبكة (Intermediary) على التوالي.

أولا : تعريف رسالة البيانات^(١)

عرفت الفقرة (أ) من المادة الثانية من قانون الاونسترال النموذجي بشأن التجارة الالكترونية رسالة البيانات بأنها هي المعلومات التي يتم انشاؤها او ارسالها او تخزينها بوسائل الكترونية او ضوئية او بوسائل مشابهة، بما في ذلك على سبيل المثال لا الحصر تبادل البيانات الالكترونية^(٢)، او البريد الالكتروني، او البرق، او التلكس، او النسخ البرقي.

{"Data Message" means information generated, sent, received or stored by electronic, optical or similar means including, but not limited to, electronic data interchange (EDI), electronic mail, telegram, telex or telescope} ^(٣).

وعرفتها المادة الثانية من قانون المعاملات والتجارة الالكترونية لامارة دبي بأنها (سجل او مستند يتم انشاؤه او تخزينه او استخراجه او نسخه او ارساله او ابلاغه او

---

(١) تسمى (رسالة البيانات) بتسميات اخرى، منها تسمية (رسالة المعلومات) في المادة الثانية من قانون المعاملات الالكترونية الاردني و"الرسالة الالكترونية" و"سجل ومستند الكتروني" في المادة الثانية من قانون المعاملات والتجارة الالكترونية لامارة دبي، ومصطلح (سجل الكتروني) ايضا في قانون التجارة الالكترونية لمملكة البحرين، ومصطلح (المحرر الالكتروني) في الفصل الاول من مشروع قانون التجارة الالكتروني المصري، وكذلك (مستند الكتروني) في الفقرة (ب) من المادة الثانية من مشروع قانون التجارة الالكترونية الكويتي، وان هذه المصطلحات وان كانت تختلف في الالفاظ لكنها تتحد في المعاني.

(٢) يقصد من تبادل البيانات الالكترونية (Electronic Data Interchange, EDI) نقل المعلومات الكترونيا من حاسوب الى حاسوب آخر باستخدام معيار متفق عليه لتكوين المعلومات، تنظر الفقرة (ب) من المادة الثانية من قانون الاونسترال النموذجي بشأن التجارة الالكترونية وكذلك المادة الثانية من قانون المعاملات الالكترونية الاردني.

(٣) UNCITRAL Model Law on Electronic Commerce with Guide to Enactment, op.cit, p.٤.

استلامه بوسيلة الكترونية، على وسيط ملموس او على أي وسيط الكتروني آخر، ويكون قابلا للاسترجاع بشكل يمكن فهمه) [١].

في ضوء ما ذكر بصدد تعريف رسالة البيانات، يمكن ابداء الملاحظات التالية :

١- جاء تعريف رسالة البيانات بصياغة عامة بشكل يستوعب كل ما يتم خلال الحاسوب الآلي المرتبط بالشبكة سواء كان البلاغ ايجابا او قبولا او دعوة الى التعاقد او بلاغا عاديا لا يكون له اثر قانوني، كما لا يشترط في رسالة البيانات ان تكون مكتوبة بخط اليد او محررة على دعامة ورقية او اية دعامة مادية اخرى، وانما من الممكن ان تكون رسالة البيانات في صورة معلومات بصيغتها الرقمية، كما لا يمنع التعريف ان يتم تبادل رسائل البيانات من خلال وسائل اخرى كالتلكس والفاكسميل، حيث ان التعريف لم يحدد شكلا حاسوبيا معينا مساويا للمستندات الورقية بل يبرز التعريف الوظائف الاساسية لها بهدف تمكين رسالة البيانات من الايفاء بها [٢].

٢- اشار التعريف الى وسائل مشابهة (Similar Means) او أي وسيط الكتروني آخر، توضح هذه الاشارة أن الغرض من رسالة البيانات ليس تطبيقها في اطار تقنيات وسائل الاتصال القائمة في الوقت الحاضر، وانما يستوعب التعريف جميع التطورات التقنية والتكنولوجية المتوقعة في مجال الاتصالات مستقبلا، حيث من الممكن ان تتولد عن تلك التطورات وسائل اتصالات جديدة (New Means)، ويظهر هذا الاتجاه في التعريف واضحا حيث لم يتم حصر الوسائل بل اورد امثلة عليها كالتبادل الالكتروني للبيانات او البريد الالكتروني او التلكس...، لذلك فان مصطلح وسائل

---

(١) يوافق هذا التعريف لرسالة البيانات، التعريف الوارد لها في كل من المادة الثانية من قانون المعاملات الالكترونية الاردني، والمادة الاولى من قانون المعاملات الالكترونية لمملكة البحرين، والفصل الاول من مشروع قانون التجارة الالكترونية المصري، وكذلك الفقرة (أ) من المادة الاولى من قانون كندا الموحد بشأن التجارة الالكترونية ١٩٩٩.

(٢) Legal aspects of electronic commerce, Electronic contracting: provisions for a draft convention, op.cit, p.٣٢ and Christina Hultmarli, op.cit, p.٢١.

مشابهة يعني ضمناً الوسائل المتشابهة والمتساوية وظيفياً[1] وهذا تأكيد على المبدأ الذي يقوم عليه القانون النموذجي بالاصل وهو مبدأ (نهج النظير او التكافؤ الوظيفي) (Functionally Equivalent)[2] الذي يهدف الى توفير قواعد محايدة من حيث الوسائل.

٣- لا يقتصر مفهوم رسالة البيانات على (الابلاغ) بل يقصد منها ايضاً السجلات التي يستخدم الحاسوب في انتاجها ولا يقصد ابلاغها، أي تمتد لتشمل البيانات التي يخزنها الشخص لمعلوماته او تجارته الخاصة لذلك تشمل سجل البيانات ايضاً[3].

٤- ان التعريف لم يحصر نطاق تطبيق رسالة البيانات على الاستخدامات الدولية ولا يوجد في التعريف ما يمنع الدول من أن توسع من نطاق تطبيق هذا التعريف في تشريعاتها الداخلية المنظمة للتجارة الالكترونية بأن يشمل نطاق تطبيقه الاستخدامات الداخلية ايضاً[4].

٥- على الرغم من ان التعريف لم يشر صراحة الى اللمس او النقر لزر او مكان معين بشكل ملائم على شاشة الحاسوب باعتباره وسيلة من وسائل انشاء المعلومات او ابلاغها او استلامها، لكن نظراً لعمومية صياغة التعريف لا يوجد مانع من ان يشمل مفهوم "رسالة البيانات" ابلاغ المعلومات او ارسالها او انشائها عن طريق اللمس او الضغط على زر على شاشة الحاسوب[5] مباشرة من خلال مؤشر الفأرة (Mouse) او عن طريق لوحة المفاتيح (Keyboard) على خانة (I Agree) او (I don't Agree).

---

(١) عمرو زكي عبدالمتعال، المصدر السابق، ص٤ وكذلك احمد سعيد شرف الدين، المصدر السابق، ص٥.

(٢) UNCITRAL Model Law on Electronic Commerce with Guide to Enactment, op.cit, p.٢٠. and :
FORMATION AND VALIDITY OF ON-LINE CONTRACTS, op.cit. p.٢٦.

(٣) د. حمزة حداد، المصدر السابق، ص٢.

(٤) FORMATION AND VALIDITY OF ON-LINE CONTRACTS, op.cit, p.٢٥.

(٥) ان قانون كندا الموحد بشأن التجارة الالكترونية سنة ١٩٩٩ اشار بصراحة في الفقرة (الاولى/ب) من المادة (٢٠) منه على ان اللمس او النقر لزر او مكان معين بشكل ملائم على شاشة الحاسوب يعد طريقة للاعراب عن القبول، ينظر :
Legal aspects of electronic commerce, Electronic contracting provisions for draft convention, op.cit, p.١٧.
وكذلك : BRADIEY J. FREEDMAN, op.cit, p.١٠.

ثانيا : أطراف رسالة البيانات

ان استخدام رسالة البيانات في التعبير عن الارادة وبالتالي في ابرام العقود يجب ان يتم عـادة مـن قبـل أطراف يقومون بتبادلها عبر شبكة الانترنيت، ولمسألة تحديد طرفي رسالة البيانات اهمية متزايدة في العقود الالكترونية [1] التي تتميز بعدم وجود مواجهة فعلية (وجهاً لوجه) بـين طرفيها والتي قـد يصعب معها تحديد كل من المنشئ والمرسل اليه، وتظهر هذه الاهمية خصوصا عند تنفيذ الالتزامـات العقديـة لأن أطراف العقد هم ملزمون مبدئيا بتنفيذها استنادا الى مبدأ (نسبية العقود) [2] ، وهذا يقتضي ـ تحديـد كـل من المنشئ والمرسل اليه لكي نتمكن من اسناد رسالة البيانات الى منشئها والزامه بمضمونها، باعتبار ان المعلومات التي تتضمنها رسالة البيانات تعبر عن ارادة منشئها [3] .

كما يتطلب اتمام التعاقد الالكتروني تدخل أطراف اخرى اضافة الى المنشئ والمرسل اليه، لذلك نجد مـن الضروري تعريف طرفي رسالة البيانات وتمييزهما عن الوسيط على الشبكة.

١. المنشئ والمرسل اليه في العقود الالكترونية

عرفت الفقرة (ج) من المادة الثانية من قانون الاونسترال النموذجي منشئ رسالة البيانـات بأنه هـو الشخص الذي يعتبر ان ارسال او انشاء رسالة البيانات قبل تخزينها، ان حدث قـد تـم علـى يديـه او نيابة عنه، ولكنه لا يشمل الشخص الذي يتصرف كوسيط فيما يتعلق بهذه الرسالة.

{"Originator" of data message means a person by whom, or on whose behalf, the data message purports to have been sent or

---

(١) ينظر في هذا المعنى د. محمود السيد عبدالمعطي خيال، المصدر السابق، ص ص٣٣-٣٤.

(٢) نفس المصدر، ص٣١.

(٣) د. حسن عبدالباسط جميعي، المصدر السابق، ص ص٤٤-٤٥.

generated prior to storage, if any, but it does not include a person acting as an intermediary

with respect to that data message}[1] .

اما المشرع في امارة دبي فقد عرف المنشئ في المادة الثانية مـن قـانون المعـاملات والتجـارة الالكترونيـة بأنه هو (الشخص الطبيعي او المعنوي الذي يقوم او يتم بالنيابة عنه ارسال الرسالة الالكترونية ايا كانـت الحالة، ولا يعتبر منشئا الجهة التي تقوم بمهمة مزود خدمات فيما يتعلـق بانتـاج او معالجـة او ارسـال او حفظ تلك الرسالة الالكترونية وغير ذلك من الخدمات المتعلقة بها)[2] .

يفهم مما ذكر أن المقصود من المنشئ في اطار العقـود الالكترونيـة هـو الشـخص الـذي ينشـئ رسـالة البيانات ويقوم بارسالها الى المرسل اليه سواء كان شخصا طبيعيا او اعتباريا، اما في رسائل البيانات التـي يتم تبادلها بين الاجهزة المؤتمتة تلقائيا ودون تدخل عنصر بشري في بعض الاحيان، فهنا تعتـبر رسـالة البيانات ناشئة من قبل الشخص الذي قام ببرمجة الجهاز لكي يعمل باسمه ولحسابه[3]، كـما ان تعريـف المنشـئ لا يشمل فقط الشخص الذي يقوم بانشاء رسالة البيانـات وابلاغهـا بـل يشـمل ايضـا الشـخص الـذي ينشـئ الرسالة ويقوم بتخزينها دون ابلاغها[4] .

اما المرسل اليه، فقد عرفته الفقرة (د) من المادة الثانية مـن القـانون النمـوذجي بأنـه الشـخص الـذي قصد المنشئ ان يتسلم رسالة البيانات، ولكنه لا يشمل الشخص الذي يتصرف كوسيط فـيما يتعلـق بهـذه الرسالة.

---

(١) UNCITRAL Model Law on Electronic Commerce with Guide to Enactment ١٩٩٦, op.cit, p.٤.

(٢) يتفق هذا التعريف مع التعريفات الواردة للمنشئ في كل من المادة الثانية من قانون المعاملات الالكترونية الاردني، والمادة الاولى من قانون المعاملات الالكترونية البحريني، والفقرة (د) من المادة الثانية من مشروع قانون التجارة الالكترونية الكويتي، في الوقت الذي لم يشر صراحة الى تعريف المنشئ في قـانون المبـادلات والتجـارة الالكترونيـة التونسيـ ومشروع قـانون التجارة الالكترونيـة المصري.

(٣) UNCITRAL Model Law on Electronic Commerce with Guide to Enactment ١٩٩٦, op.cit, p.٢٧.

(٤) Ibid, p.٢٦.

{*"Addressee" of a data message means a person who is intended by the originator to receive the data message, but does not include a person acting as an intermediary with respect to that data message*}[1].

اما المشرع في امارة دبي، فقد عرفه في المادة الثانية من قانون المعاملات والتجارة الالكترونية بأنه هو (الشخص الطبيعي او المعنوي الذي قصد منشئ الرسالة توجيه رسالته اليه، ولا يعتبر مرسلا اليه الشخص الذي يقوم بتزويد الخدمات فيما يتعلق باستقبال او معالجة او حفظ المراسلات الالكترونية وغير ذلك من الخدمات المتعلقة بها) [2]، اذن المرسل اليه هو الشخص الذي يقصد المنشئ الاتصال به عن طريق رسالة البيانات وبذلك ميز التعريف شخص المرسل اليه عن أي شخص آخر يتلقى او يرسل او ينسخ رسالة البيانات اثناء عملية ارسال الرسالة.

ويلاحظ على النصوص التشريعية التي تعرف كل من المنشئ والمرسل اليه استبعادها للوسيط (Intermediary)، لذا وجدنا من الضروري تحديد المقصود من (الوسيط) وكيفية التمييز بينه وبين كل من المنشئ والمرسل اليه.

٢. الوسيط على شبكة الانترنيت

سبق وان اوضحنا بأن اتمام العقود الالكترونية المبرمة بواسطة رسالة البيانات وتنفيذها يحتاج عادة الى تدخل عدد من الاطراف، فاذا اخذنا على سبيل المثال عقد البيع المبرم عبر شبكة الانترنيت بواسطة تبادل رسالة البيانات، نجد أن اغلبية هذه العقود تتعلق ببيع منتجات او خدمات قد تعود ملكيتها لأشخاص آخرين بينما يتم عرضها من خلال المواقع الالكترونية المختلفة للموردين على الشبكة، كما قد تدخل عدة اشخاص (في اغلب الاحوال تكون شركات او مؤسسات خدمية على الشبكة) ليقوم كل منهم بدور معين في انعقاد العقد او تنفيذه، كالشركات التجارية التي

---

(١) Ibid, p.٤.

(٢) يوافق هذا التعريف للمرسل اليه التعريف الوارد له في المادة الثانية من قانون المعاملات الالكترونية الاردني والمادة الاولى من قانون المعاملات الالكترونية البحريني، والفقرة (هـ) من المادة الثانية من مشروع قانون التجارة الالكتروني الكويتي.

تقدم خدماتها التقنية او الشركات الخدمية الاخرى التي تقدم خدمات مصرفية[1] على شبكة الانترنيت من خلال ما يسمى بالعمل المصرفي عبر الانترنيت (Internet Banking) حيث يسهل للمشتري تنفيذ التزامه بدفع الثمن الكترونيا من خلال اساليب الوفاء الالكتروني او ما يسمى بالدفع الالكتروني (Electronic Payment)، وان اغلبية هذه الخدمات تقدم عادة من قبل اشخاص يسمون بالوسطاء على الشبكة.

ان التشريعات المنظمة للتجارة الالكترونية لم تتجاهل الاهمية الكبيرة للوسيط في مجال العقود الالكترونية لذلك عرفته الفقرة (هـ) من المادة الثانية من قانون الاونسترال النموذجي فيما يتعلق برسالة بيانات معينة بأنه هو الشخص الذي يقوم نيابة عن شخص آخر بارسال او استلام او تخزين رسالة البيانات او تقديم خدمات اخرى فيما يتعلق برسالة البيانات هذه.

{*"Intermediary", with respect to a particular data message, means a person who, on behalf of another person, sends, receives or stores that data message or provides other services with respect to that data message*}[2].

وقد عرفته المادة الاولى من قانون المعاملات الالكترونية لمملكة البحرين تحت عنوان وسيط الشبكة بأنه (يقصد به بالنسبة للسجل الالكتروني الشخص الذي يقوم

---

(١) يمكن تصنيف الخدمات المصرفية المقدمة عبر شبكة الانترنيت الى ثلاثة فئات وهي اولا الخدمات المعلوماتية كعرض وتسويق الخدمات والمنتجات المصرفية من خلال الموقع الالكتروني للبنك، وثانيا الخدمات الاتصالية وتسمح بالاتصال بشبكة وأنظمة المعلومات الداخلية للمصرف، مثال على هذه الخدمات: طلب كشف الحساب وتقديم طلب الحصول على تسهيلات ائتمانية واخيرا الخدمات التنفيذية وهذا النوع يسمح للعميل اجراء عمليات التحويل النقدي من الحساب ودفع الفواتير واجراء عمليات تنفيذية على حسابه. لمزيد من التفاصيل ينظر نادر الفرد قاحوش، المصدر السابق، ص ص٣٦-٣٧.

(٢) UNCITRAL Model Law on Electronic Commerce with Guide to Enactment ١٩٩٦, op.cit, p.٤.

نيابة عن شخص آخر بارسال واستقبال وبث او تخزين ذلك السجل الالكتروني او يقدم خدمات اخرى بشأن السجل الالكتروني) [١].

يلاحظ على هذه النصوص، بأنه على الرغم من تعريفها للوسيط على الشبكة لكنها لا تشير مباشرة الى العلاقة القانونية بين المنشئ والمرسل اليه من جانب والوسيط من جانب آخر وعندما تحدد الوسيط بأنه الشخص الذي يقوم نيابة عن شخص آخر (behalf of another person) كالوكيل والمدير المفوض للشركة وغيرهم، لا تحدد طبيعة هذه النيابة والى أي مدى يمكن تشبيهه بالوكيل في العالم المادي (Offline) هذا من ناحية، ومن ناحية اخرى لم تحدد حقوق الوسطاء على الشبكة والتزاماتهم [٢] ومسؤوليتهم القانونية وانما اكتفت تلك النصوص بالاشارة الى وظائف الوسيط وهي استقبال رسائل البيانات او ارسالها او تخزينها او تقديم خدمات اخرى ذات العلاقة برسالة البيانات.

ان المقصود من تقديم خدمات اخرى فيما يتعلق برسالة البيانات، هـو ان المـوردين والوسطاء عـلى الشبكة بامكانهم تقديم خدمات اخرى غير ما ذكر في تلك النصوص، وتشمل هـذه الخدمات عـلى سبيل المثال، خدمات تقنية لضمان سلامة وأمان المعلومات التي يـتم تبادلها عبر الشبكة كاستخدام بـرامج حاسوبية مشفرة مثل برنامج (PGP–Pretty Good Privacy) لضمان خصوصية البريـد الالكتروني (e-mail) [٣]، والخدمات التي يقدمها مورد خدمات الانترنيت [٤] (Internet Services Provider) والـذي يشار اليـه بـ(ISP) وهو مؤسسة تعمل على تقديم خدمة توصيل الانترنيت الى

---

(١) ان المشرع الاردني لم يرد تعريفا للوسيط في قانون المعاملات الالكترونية ولم يشر ايضا الى استبعاده عن المنشئ والمرسل اليه، بينما اشار قانون امارة دبي للمعاملات والتجارة الالكترونية في المادة الثانية الى هذا الاستبعاد على الرغم من ان هذا القانون لم يبين المقصود بالوسيط.

(٢) UNCITRAL Model Law on Electronic Commerce with Guide to Enactment ١٩٩٦, op.cit, p.٢٨.

(٣) نادر الفرد قاحوش، المصدر السابق، ص٢٩.

(٤) اشار المشرع في امارة دبي بصراحة في المادة الثانية من قانون المعاملات والتجارة الالكترونية الى استبعاد (مزود خدمات الانترنيت) من وصف المنشئ والمرسل اليه.

مستخدميها وتتـولى تـأمين الـدخول الى الشـبكة وعـادة تكـون هـذه الخـدمات مقابـل اجـور نقديـة محددة[1]، كما تشمل ايضا الخدمات التي تقدم من قبل مزود خدمات التصديق (Certification Services Provider) الذي تعرفه المادة الثانية من قانون امارة دبي للمعـاملات والتجـارة الالكترونيـة بأنـه هـو (أي شخص او جهة معتمدة او معترف بها تقوم باصدار شهادات تصديق الكترونية او ايـة خـدمات او مهـمات متعلقة بها وبالتواقيع الالكترونية والمنظمة بموجب أحكام الفصل الخامس من هذا القانون).

٢-١-١-٢ صلاحية رسالة البيانات للتعبير عن الارادة

لقد اصبحت اهمية رسالة البيانات ومدى امكانية اعتبارها طريقة من طرق التعبير عن الارادة وبالتالي مدى صحة العقود التي يتم ابرامها من خلال تبادل رسالة البيانات كأمر معترف به قانونا، لـذلك نجد أن القوانين التي تعرضت لتنظيم هذه المسألة قد نصت صراحة عـلى جـواز اعتـماد رسـالة البيانـات كطريقـة للتعبير الالكتروني عن الارادة سواء أكانت ايجابا ام قبولا او مجرد دعوة الى التفاوض او التعاقـد، وفي هـذا الاطار نصت الفقرة الاولى مـن المـادة (١١) مـن قـانون الاونسـترال النمـوذجي عـلى انـه في سـياق تكـوين العقود، وما لم يتفق الطرفان على غير ذلك، يجـوز اسـتخدام رسـائل البيانـات للتعبير عـن العـرض وقبـول العرض، وعند استخدام رسالة البيانات في تكوين العقد، لا يفقد ذلك العقد صحته او قابليته للتنفيذ لمجرد استخدام رسالة البيانات لذلك الغرض.

{In the context of contract formation, unless otherwise agreed by the parties, an offer and the acceptance of an offer may be expressed by means of data messages. Where a data message is used in the formation of a contract, that contract shall not be denied validity or

---

(١) نفس المصدر، ص١٦٠.

enforceability on the sole ground that a data message was used for that purpose} [1].

وفي نفس الاتجاه نصت المادة (١٣) من قانون المعاملات الالكترونية الاردني على انه :(تعتبر رسالة البيانات وسيلة من وسائل التعبير عن الارادة المقبولة قانونا لابداء الايجاب او القبول بقصد انشاء التزام تعاقدي) [2].

في ضوء هذه النصوص القانونية يمكن ابداء الملاحظات الآتية :

١- يمكن القول من الناحية المبدئية إن التعبير عن الارادة غير مرتبط بشكلية معينة او بطريقة معينة، ولم تحصر التشريعات المدنية المنظمة لأحكام العقد طرق التعبير عن الارادة وانما اشارت الى بعض طرق التعبير عن الارادة المألوفة والمعتاد عليها على سبيل المثال [3]، لذلك فان النص على جواز استخدام رسالة البيانات في التعبير عن الارادة ما هو الا تأكيد على القاعدة العامة وان هذه النصوص القانونية لا تمس القواعد التقليدية بل تعد تطبيقا لها، ولكن قد تظهر اهمية النص على جواز استخدام رسالة البيانات في التعبير عن الارادة من ناحية تحديد نوعية التكنولوجيا المستخدمة في اجراء الاتصالات بين الاطراف، اذ كلما كانت طريقة الاتصال معتادة ومعروفة بين الاطراف كلما كانت المتطلبات القانونية في هذا المجال اقل [4]، ولكن اذا كانت الطريقة المستخدمة غير مألوفة لأحد الطرفين او كليهما فهنا تظهر اهمية مثل هذه النصوص لأنها توفر اليقين القانوني والاعتراف برسالة البيانات وعدم انكار قوتها الالزامية، مثلا في مجال استخدام الاجهزة المؤتمتة للتعبير عن الارادة، تعد هذه الطريقة غير مألوفة استحدثتها التطورات التكنولوجية في مجال طرق الاتصالات مما

---

(١) UNCITRAL Model Law on Electronic Commerce with Guide to Enactment ١٩٩٦, op.cit, p.٨.

(٢) يوافق هذا النص المادة (١٣) من قانون المعاملات والتجارة الالكترونية لامارة دبي وكذلك المادة (٩) من قانون المعاملات الالكترونية لمملكة البحرين والمادة (٨) من مشروع قانون التجارة الالكترونية الكويتي، كما تنص المادة العاشرة من مشروع اتفاقية الاونسترال للتعاقد الالكتروني على (انه يجوز التعبير عن العرض وعن قبول العرض باستخدام رسائل البيانات، ما لم يتفق الطرفان على خلاف ذلك).

(٣) تنظر المادة (٧٩) من القانون المدني العراقي – المشار اليها سابقا -.

(٤) Christina Hultmarli, op.cit, p.٢٣.

يثير شكوكا في اغلب الاحيان حول مدى امكانية اعتبارها طريقة معترفا بها قانونا للتعبير عن الارادة[١].

الارادة[١].

٢- تقوم هذه النصوص على مبدأ (نفاذ المفعول القانوني لرسائل البيانات) (Legal Recognition of Data Message)، والذي يعني عدم التمييز بين رسائل البيانات والمستندات الورقية عند التعامل معهما من الناحية القانونية، أي في حالة استخدام رسالة البيانات للتعبير عن الارادة لابد ان تترتب على العقد الالكتروني المبرم عبر هذه الطريقة نفس الآثار القانونية التي تترتب على العقود التي تبرم في بيئة ورقية تقليدية[٢]، كما يجب ان لا يؤثر استخدام رسائل البيانات في التعاقد على صحة العقد او قابليته للتنفيذ، وهذا المبدأ يؤكد عليه قانون الاونسترال النموذجي بشأن التجارة الالكترونية في معظم نصوصه[٣]. كما اكدت عليه الفقرة الثانية من المادة (٩) من قانون المعاملات الالكترونية لمملكة البحرين والتي جاء فيها أنه (في الحالة التي تستعمل فيها المعلومات الالكترونية او سجل الكتروني في صياغة العقد فان هذا العقد لن يفقد سريانه القانوني او صلاحيته او قابليته للتنفيذ فقط لأنه استند الى معلومات الكترونية او سجل الكتروني)[٤].

---

(١)UNCITRAL Model Law on Electronic Commerce with Guide to Enactment ١٩٩٦, op.cit, pp. ٤٢-٤٣.

(٢) Graham Pearce, REGULAING ELECTRONIC COMMERCE IN THE EUROPEAN UNION, Aston Business School, Aston University, Birmingham, B٤VET, UK, January ٢٠٠١, p.١٣.

وكذلك تنظر الفقرة (أ) من المادة السابعة من قانون المعاملات الالكترونية الاردني والتي تنص على انه (يعتبر السجل الالكتروني والعقد الالكتروني والرسالة الالكترونية والتوقيع الالكتروني منتجا للآثار القانونية ذاتها المترتبة على الوثائق والمستندات الخطية والتوقيع الخطي بموجب احكام التشريعات النافذة من حيث الزامها لأطرافها او صلاحيتها في الاثبات).

(٣) تنظر المواد (٥) و(٩) و(١٣) من قانون الاونسترال النموذجي، ومنها تنص المادة (٥) على انه (لا تفقد المعلومات مفعولها القانوني او صحتها او قابليتها للتنفيذ لمجرد انها في شكل رسالة بيانات).

(٤) يوافق هذا النص الفقرة (ب) من المادة (٧) من قانون المعاملات الالكترونية الاردني، والمادة (٧) من قانون المعاملات الالكترونية لامارة دبي، والفصل الاول من قانون المبادلات والتجارة الالكترونية التونسي، وكذلك المادة (١) من مشروع قانون التجارة الالكترونية الكويتي.

٣- لا يقتصر الحكم الذي جاءت به تلك النصوص القانونية على الحـالات التـي يـتم فيهـا التعبـير عـن الايجاب والقبول كليهما عن طريق رسالة البيانات في اطار العقود الالكترونية، بل يطبق الحكـم ايضـا علـى الحالات التي يتم فيها التعبير عن الايجاب وحده او القبول وحده عن طريقها[١]، فضلا انه لـيس الغـرض من هذه النصوص فرض استخدام رسالة البيانات للتعبير عن الارادة على اطراف العقود الالكترونيـة وذلـك تأكيدا على مبدأ استقلال الاطراف الذي يقضي بامكانية الاطراف استخدام وسائل الاتصالات الاخـرى مـن غير رسالة البيانات ومنها الطرق التقليدية المقررة بموجب القوانين المدنية وهذا ما تؤكده عبارة (مـا لم يتفق الطرفان على غير ذلك) الواردة في بداية النصوص، لانه لا يمكن اجبار شخص على تحمل آثـار قانونيـة مترتبة على استخدام رسالة البيانات اذا كان هذا الشخص لم يعتمد اصلا (رسالة البيانات) لارسال واستلام البـلاغ، وهـذا مـا تؤكـده الفقـرة الاولى مـن المـادة السادسـة مـن قـانون امـارة دبي للمعـاملات والتجـارة الالكترونية والتي نصت علـى انه (لـيس في هـذا القانون مـا يتطلـب مـن شخص ان يستخدم او يقبـل معلومات بشكل الكتروني...)[٢].

٤- تؤكد الفقرة الثانية من المادة (١١) من القانون النموذجي على مرونة القانون حيث جاء فيها انه لا تسري أحكام المادة التاسعة على ما يلي :....

{The provisions of this article do not apply to the following :......}

وبموجب هذه الفقرة يعطي القانون النموذجي الحريـة للمشـرعين الـوطنيين عنـد تنظيمهم للتجـارة الالكترونية في دولهم من خلال تشريعات وطنية بان يستثنوا بعض التصرفات القانونية والعقود من نطـاق تطبيق هذه التشريعات[٣]، وفي هذا الاطار نجد أن اغلبية هـذه التشـريعات التـي اعتمـدت علـى القانون النموذجي استثنت بعض التصرفات القانونية من نطاق تطبيقها كما تنص على عدم جواز استخدام رسالة البيانات في

---

(١) UNCITRAL Model Law on Electronic Commerce with Guide to Enactment ١٩٩٦, op.cit, p.٤٣.

(٢) يوافق هذا النص المادة الرابعة من قانون المعاملات الالكترونية الاردني، والمادة الثانية مـن قـانون المعاملات الالكترونية لمملكة البحرين.

(٣) Dr. Anwar Al Fuzaie, Contractual Problems in E-Commerce, p.٣ available at :
<http://www.asfolaw.com/article٢c.htm> (Last visited ٠١ Apr. ٢٠٠٢)

ابرامها، ومن هذه التشريعات قانون امارة دبي للمعاملات والتجارة الالكترونية وفي المادة (٥) منه،
حيث تنص على ما يلي :

(١- يسري هذا القانون على السجلات والتواقيع الالكترونية ذات العلاقة بالمعاملات والتجارة
الالكترونية، ويستثنى من احكام هذا القانون مايلي :

أ- المعاملات والامور المتعلقة بالاحوال الشخصية كالزواج والطلاق والوصايا.

ب- سندات ملكية الاموال غير المنقولة.

ج- السندات القابلة للتداول.

د- المعاملات التي تتعلق ببيع وشراء الاموال غير المنقولة والتصرف فيها وتأجيرها لمدد تزيد على عشر-
سنوات وتسجيل اية حقوق اخرى متعلقة بها.

هـ- أي مستند يتطلب القانون تصديقه امام الكاتب العدل.

٢- للرئيس بقرار يصدره ان يضيف اية معاملات او امور اخرى لما هو وارد في الفقرة الاولى مـن هـذه
المادة، او ان يحذف منها او يعدل فيها) [١].

يلاحظ على الاستثناءات الواردة بانها تخص التصرفات القانونية الشكلية[٢] والعينية[٣] التي لا يكفي
مجرد التراضي لانعقادها بل يجب ان يتم التعبير عنه في شكل معين او يتم فيها التسليم المادي (القبض) [٤]
وذلك لتنبيه المتعاقد بخطورة التصرف الـذي يريد الاقدام عليه وتعتمد اغلبية هذه التصرفات عـلى
المستندات الورقية (الكتابة التقليدية) والتوقيع العادي وهو الامضاء بخط اليد او ببصمة الاصبع او ببصمة
الختم، في الوقت الذي اتاح التطور التقني في مجال وسائل الاتصال التعامل بنوع جديـد مـن الكتابـة في
صيغتها الرقمية والتوقيع عليها باسلوب الكتروني من خلال التوقيع الالكتروني، في حين ان القواعـد العامـة
التقليدية التي تنظم هذه التصرفات

_____

(١) تنظر في هذا المجال ايضا المادة (٦) من قانون المعاملات الالكترونية الاردني، والفقرة (٢) من المادة (٢) من قانون مملكة البحرين
للمعاملات الالكترونية والمرفق الثاني مـن مشروع اتفاقية التعاقد الالكتروني والتي تـنص جميعا عـلى استثناء بعض العقود
والمعاملات من نطاق تطبيقها.
(٢) من العقود الشكلية في العراق عقد البيع الوارد على عقار، تنظر المادة (٥٠٨) من القانون المدني العراقي.
(٣) من العقود العينية في العراق، هبة المنقول، الرهن الحيازي، الوديعة، العارية.
(٤) د. حسن علي الذنون، المصدر السابق، ص٣٠.

القانونية وضعت لكي تنطبق على الكتابة الورقية والتوقيع العادي[1]، ويعود السبب في هذا المجال الى ان التجارة الالكترونية لا تزال في بدايتها في هذه البلدان ولم يكتمل بعد نظامها القانوني فضلا عن عـدم وجـود بيئة تكنولوجية آمنة تستوعب جميع المتطلبات القانونية التي تستلزمها هذه التصرفات، لكن من الممكـن ان تلغى هذه الاستثناءات او يحذف منها بعض التصرفات بعد انتشار المعاملات الالكترونية في هـذه البلدان بشكل واسع وتكتمل مستلزماتها التكنولوجية والقانونية وغيرها[2].

٢-١-١-٣ اسناد رسالة البيانات والاشعار باستلامها

تعد رسالة البيانات وسيلة للتعبير الالكتروني عـن الارادة بـين اطراف قد يجدون انفسهم في امـاكن جغرافية متباعدة، لذلك نجد من الضروري وضع ضوابط يمكن الاعتماد عليها لاسناد كل رسالة الى منشئها والزامه بمضمونها وما يترتب عليها من الآثار القانونية، ويطمئن المرسل اليه في نفس الوقت بـان يتصرـف على اساس ان الرسالة تجسد ارادة المنشئ.

كما يتطلب الامان في تبادل رسائل البيانـات ان يقوم المرسل اليـه باشعار المنشئ باستلامه لرسالة البيانات، ونظرا لاهمية هذه المسائل نجد ان التشرـيعات ذات العلاقة نظمتها في اطار نصوص قانونية خاصة، عليه نحاول البحث فيها في ضوء احكام هذه

---

(١) د. احمد شرف الدين، اصول الاثبات في المواد المدنية والتجارية، الجزء الاول، كلية الحقوق بجامعة عين شمس، دار الثقافة الجامعية، ٢٠٠٠، ص ص ١١٦-١١٧.

(٢) ان الفريق العامل المعني بالتجارة الالكترونية التابع الى لجنة الاونسترال لا يزال مستمرا في بذل جهوده لايجاد آليـات تكنولوجيـة وحول قانونية بشأن متطلبات التصرفات القانونية الشكلية والعينية وانشاء وتحويل الحقوق في البيئة الالكترونية، وآليات التسليم الرمزي بدلا من التسليم المادي وايجاد بدائل لمستندات الملكية الورقية عـن طريق التسجيل الالكتروني للصفقات العقارية وبدائل السندات القابلة للتداول ومنها الاوراق التجارية، فضلا عن صدور قانون الاونسترال النموذجي بشأن التوقيعات الالكترونية (٢٠٠١) مـع دليل تشريعه، للاطلاع على ما وصلت اليه لجنة الاونسترال في هذا المجال ينظر :

الاعمال المقبلة الممكنة بشأن التجارة الالكترونية : تحويل الحقـوق في السلـع الملموسة وسائر الحقـوق، مـذكرة رقـم A/CN.٩/WG.IV/WP.٩٠ المعدة من قبل لجنة الاونسترال في دورتها (٣٩)، نيويورك، ١٢-٢٢/آذار،مارس/٢٠٠١.

متاح باللغة الانكليزية على العنوان الالكتروني التالي : ٢٠٠٢ <http://www.uncitral.org>

التشريعات من خلال فرعين، اولهما لمسألة اسناد رسالة البيانات و ثانيهما للأشعار باستلام رسالة البيانات.

أولا : اسناد رسالة البيانات

من المشاكل القانونية التي تبرز في العقود التقليدية المبرمة في بيئة ورقية هي مشكلة انكار العقد من قبل احد طرفيه او كليهما باعتبار ان التوقيع الموجود على العقد مزور ولا يعود الى الشخص الذي ينكره، لكن هذه المشكلة تبدو اكثر صعوبة وتعقيدا في البيئة الالكترونية[1] التي تبرم فيها العقود من خلال رسالة البيانات ويتم التوقيع عليها الكترونيا من خلال (التوقيع الالكتروني) حيث من الممكن ان يقوم شخص غير مأذون بارسال رسالة بيانات باستخدام التوقيع الالكتروني لشخص آخر.

في ضوء اهمية اسناد رسالة البيانات الى من أنشأها او ارسلها، وضعت التشريعات ضوابط يمكن الاعتماد عليها في هذا المجال، فقد خصص قانون الاونسترال النموذجي المادة (13) منه الى (اسناد رسالة البيانات)، وبموجب الفقرة الاولى من هذه المادة[2] تعتبر رسالة البيانات صادرة عن المنشئ، اذا كان المنشئ هو الذي ارسلها بنفسه.

{A data message is that of the originator if it was sent by the originator itself}[3].

بينما اعتبرت الفقرة الثانية من نفس المادة ان رسالة البيانات – في اطار العلاقة بين المنشئ والمرسل اليه – صادرة عن المنشئ اذا ارسلت من قبل شخص له صلاحية

---

(1) UNCITRAL Model Law on Electronic Commerce with Guide to Enactment 1996, op.cit, p.43.

(2) تنص المادة (14) من قانون المعاملات الالكترونية الاردني على انه (تعتبر رسالة المعلومات صادرة عن المنشئ سواء صدرت عنه ولحسابه او بوساطة وسيط الكتروني معد للعمل اوتوماتيكيا بوساطة المنشئ او بالنيابة عنه)، وبنفس المعنى تنظر الفقرة الاولى من المادة (15) من قانون المعاملات والتجارة الالكترونية لامارة دبي وكذلك الفقرتان (أ) و(ب) من المادة (12) من قانون مملكة البحرين للمعاملات الالكترونية.

(3) UNCITRAL Model Law on Electronic Commerce with Guide to Enactment 1996, op.cit, p.8.

التصرف نيابة عن المنشئ سواء كان نائبا قانونيا كالولي على القاصر او نائبا اتفاقيا كالوكيل مثل المدير المفوض للشركة او نائبا قضائيا كالسنديك في الافلاس او من خلال نظام معلومات مبرمج على يد المنشئ او نيابة عنه للعمل تلقائيا لحساب المنشئ.

{As between the originator and the addressee, a date message is deemed to be that of the originator if it was sent:

(a) By a person who had the authority to act on behalf of the originator in respect of that data message, or

(b) By an information system programmed by, or on behalf of, the originator to operate automatically}[1].

أما الفقرة الثالثة من نفس المادة فتقرر قرينة قانونية لصالح المرسل اليه بأن يفترض صدور الرسالة عن المنشئ حتى ولو كانت لم تصدر عنه شخصيا او عن وكيله او الوسيط الالكتروني الذي يعمل نيابة عنه باسمه، ويستطيع المرسل اليه ان يتصرف على اساس هذا الافتراض في حالتين[2]:

الحالة الاولى : اذا قام المرسل اليه بتطبيق اجراء سبق وان تم الاتفاق على اتباعه تجاه المنشئ لأجل التأكد من ان الرسالة صدرت عن المنشئ.

الحالة الثانية : اذا كانت الرسالة التي وصلت الى المرسل اليه ناتجة عـن اجـراءات وتصرفات قام بهـا شخص تابع للمنشئ او من ينوب عنه، او حتى أي شخص آخر تمكن بحكم علاقته بالمنشئ او بمن ينوب عنه من الوصول الى طريقة يستخدمها المنشئ لاثبات ان رسالة البيانات صادرة عنه فعلا بغض النظر فيما اذا كان هذا الشخص قد توصل الى استخدام هذه الطريقة بصورة مشروعة ام لا، الا اذا كان المرسل اليه سيئ

---

(١) Ibid, p.٨.

(٢) تنص المادة (١٥) من قانون المعاملات الالكترونية الاردني على (أ- للمرسل اليه ان يعتبر رسالة المعلومات صادرة عـن المنشئ وان يتصرف على هذا الاساس في أي من الحالات التالية: ١- اذا استخدم المرسل نظام معالجة معلومات سبق ان اتفق مع المنشئ عـلى استخدامه لهذا الغرض للتحقق من ان الرسالة صادرة عن المنشئ. ٢- اذا كانت الرسالة وصلت للمرسل اليه ناتجة مـن اجـراءات قام بها شخص تابع للمنشئ او من ينوب عنه ومخول بالدخول بالوسيلة الالكترونية المستخدمة من أي مـنهما لتحديد هويـة المنشئ) وبنفس المعنى تنظر المادة (١٥) في فقرتها الثالثة (أ ، ب) من قانون المعاملات والتجارة الالكترونية لامارة دبي.

النية وهو يعلم او كان بامكانه ان يعلم ببذل عناية معقولة ان استخدام تلك الطريقة غير مشروع وتم من قبل اجنبي ^(١).

{As between the originator and the addressee, an addressee is entitled to regard a data message as being that of the originator, and to act on that assumption, if:

(a) In order to ascertain whether the date message was that of the originator, the addressee properly applied a procedure previously agreed to by the originator for that purpose, or

(b) the data message as received by the addressee resulted from the actions of a person whose relationship with the originator or with any agent of the originator enabled the person to again access to a method used by the originator to identify data messages as its own}[2].

وتشير الفقرة الرابعة من نفس المادة الى ان المرسل اليه لا يستطيع ان يستمر في افتراضه بان الرسالة صدرت عن المنشئ، وان القرينة المقررة لصالحه بموجب الفقرة السابقة هي قرينة قانونية بسيطة قابلة لاثبات عكسها من قبل المنشئ [3] وان ينفي نسبة الرسالة اليه، وذلك في حالتين [4]:-

(١) د. سمير برهان، المصدر السابق، ص٤، كما اشارت الفقرة (جـ) من المادة (١٢) من قانون مملكة البحرين للمعاملات الالكترونية بانه في الحالة الثانية المشار اليها اعلاه لا يستطيع المرسل اليه ان يفترض بأن رسالة البيانات صادرة عن المنشئ (... اذا اثبت المنشئ ان الحصول على هذه القدرة على استخدام هذه الطريقة من قبل هذا الشخص لم يكن نتيجة اهماله هو).

(٢) UNCITRAL Model Law on Electronic Commerce with Guide to Enactment ١٩٩٦, op.cit, p.٩.

(٣) د. سمير برهان، المصدر السابق، ص٣.

(٤) تنص الفقرة (ب) من المادة (١٥) من قانون المعاملات الالكترونية الاردني على انه (لا تسري احكام الفقرة (أ) من هذه المادة على أي من الحالتين الآتيتين : ١- اذا استلم المرسل اليه اشعارا من المنشئ يبلغه فيها ان الرسالة غير صادرة عنه فعليه ان يتصرف على اساس عدم صدورها عن المنشئ ويبقى المنشئ مسؤولا عن أي نتائج قبل الاشعار. ٢- اذا علم المرسل اليه، او كان بوسعه ان يعلم، ان الرسالة لم تصدر عن المنشى) وفي نفس المعنى تنظر الفقرة (٤) من المادة (١٥) من قانون المعاملات والتجارة الالكترونية لامارة دبي.

الحالة الاولى : اذا استلم المرسل اليه اشعارا من المنشئ يفيد بـان تلك الرسـالة لم تكن صادرة عنـه بشرط ان تتاح للمرسل اليه فترة زمنية معقولة لـكي يستطيع فيها ان يرتب امـوره ويتصرف عـلى هـذا الاساس، فاذا كان المرسل اليه هو مورد البضائع في عقد التوريد مـثلا فيحتاج الى وقت زمني لـكي يـنظم انتاجه حسب مقتضى الحال[1]، ولكن يبقى المنشئ مسؤولا عن الآثار القانونية المترتبة قبل الاشعار ويعفى ويعفى فقط من الآثار القانونية التي تترتب بعد الاشعار[2]، وذلك حماية لاستقرار المعاملات وتـوفير الثقـة والامان في المعاملات الالكترونية.

الحالة الثانية : اذا كان المرسل اليه يعلم او كان بامكانه ان يعلم ببـذل عنايـة معقولـة او باستخدام اجراء متفق عليه في هذا المجال، ان رسالة البيانات ليست صادرة عن المنشئ بل ان الشخص الـذي ارسـل الرسالة هو شخص اجنبي وقام باستخدام غير مشروع للوسيلة المستخدمة للتحقق من صدور الرسـالة عـن المنشئ.

{*Paragraph (٣) does not apply:*

(a) as of the time when the addressee has both received notice from the originator that the data message is not that of the originator, and had reasonable time to act accordingly, or

(b) in a case within paragraph ٣/b, at any time when the addressee knew or should have known, had it exercised reasonable care or used any agreed procedure, that the data message was not that of the originator}[3].

من الضروري الاشارة الى ان الغرض الاساسي من عموم نص المادة (١٣) هو وضع ضوابط دقيقـة بشـأن كيفية نسبة رسائل البيانات الى من أنشأها او من ارسلها، ولا يقصد مـن المـادة (خصوصا الفقـرة الثانيـة منها) ان تحل محل القواعد العامة المنظمة لأحكام الوكالة في القانون المدني[4] في الحالات التي يـتم فيهـا ارسال رسالة البيانات

(١) UNCITRAL Model Law on Electronic Commerce with Guide to Enactment ١٩٩٦, op.cit, p.٤٧.

(٢) Ibid, p.٤٦.

(٣) Ibid, p.٩.

(٤) Ibid, p.٤٥.

من قبل من ينوب عن المنشئ او من خلال الوسيط الالكتروني (النظام المؤتمت) الذي تتم برمجته من قبل المنشئ لكي يعمل لحسابه نيابة عنه، كما لا تتعرض هذه المادة لأحكام المسؤولية القانونية الناشئة في هذا الاطار بل تركتها للقواعد العامة.

ثانيا : الاشعار باستلام رسالة البيانات

يستخدم نظام الاشعار بالاستلام (Acknowledgement of Receipt) [1] على نطاق واسع في مجال التجارة الالكترونية بشكل عام والعقود الالكترونية المبرمة عبر شبكة الانترنيت خصوصا [2]، ووجد هذا النظام بهدف تحقيق المزيد من الامان والثقة في التبادل الالكتروني لرسالة البيانات من جهة والتثبت من وصول الرسالة الى المرسل اليه من جهة اخرى.

يتطلب هذا النظام من المرسل اليه ان يقوم باشعار المنشئ باستلامه لرسالة البيانات منه، سواء بموجب اتفاق بين المنشئ والمرسل اليه قبل التبادل او اثنائه ام بموجب شرط يضعه المنشئ مسبقا او مع رسالة البيانات ذاتها، ونظرا لأهمية هذا النظام وقيمته القانونية نجد أن اغلبية التشريعات المنظمة للتجارة الالكترونية نظمت هذه المسألة في

وقد اشار قانون المعاملات الالكترونية لمملكة البحرين الى ذلك صراحة في الفقرة الثالثة من المادة (١٢) منه والتي تنص على انه (لا يجوز ان يتسبب أي نص في هذه المادة في التأثير على أي نص في القانون بشأن الوكالة او صياغة العقود).

(١) تعني كلمة (Acknowledgement) في اللغة العربية (الاقرار او الاعتراف)، ينظر حارث سليمان الفاروقي، المعجم القانوني، انكليزي – عربي، مكتبة لبنان، بيروت، الطبعة الثالثة، ١٩٩٧، ص١٢.

وان استخدام قانون الاونسترال النموذجي وقانون امارة دبي للمعاملات والتجارة الالكترونية وكذلك قانون مملكة البحرين للمعاملات الالكترونية لمصطلح (الاقرار) لا يدل على الاجراء الذي يتطلبه هذا النظام وهو قيام المرسل اليه باشعار المنشئ باستلامه لرسالة البيانات منه، لأن المعنى المألوف للاقرار كدليل من ادلة الاثبات هو (اخبار الخصم بحق عليه لآخر) لذلك اثرنا استخدام لفظ (الاشعار) بدلا من (الاقرار) متفقا مع المشرع الاردني الذي استخدم (الاشعار) في قانون المعاملات الالكترونية الاردني، ينظر هادي مسلم يونس، المصدر السابق،ص١٤٣ هامش رقم (١)، ولمزيد من التفاصيل حول (الاقرار) ينظر د. آدم وهيب النداوي، الموجز في قانون الاثبات، جامعة بغداد، بيت الحكمة، بغداد، ١٩٩٠، ص١٢٣ وما بعدها.

(٢) UNCITRAL Model Law on Electronic Commerce with Guide to Enactment ١٩٩٦, op.cit, p.٤٨.

اطار نصوص قانونية خاصة، سنحاول بحثها في ضوء هذه النصوص ووفق الفقرات الآتية :

1- حالة وجود شرط بتلقي الاشعار بالاستلام يلزم به المرسل اليه : بموجب الفقرة الاولى من المادة (14) من قانون الاونسترال النموذجي يكون المرسل اليه ملزما باشعار المنشئ باستلام رسالة البيانات الصادرة منه في الحالات الآتية [1]:

أ- اذا وجد اتفاق سابق بين الطرفين (المنشئ والمرسل اليه) على قيام المرسل اليه باشعار المنشئ بالاستلام.

ب- اذا حصل الاتفاق على ذلك عند ارسال رسالة البيانات.

جـ- اذا اشترط المنشئ على المرسل اليه بأن يقوم باشعاره باستلام الرسالة من جانبه، وذلك اما بالنص على هذا الشرط في رسالة البيانات ذاتها، او برسالة مستقلة عن تلك الرسالة.

{*paragraph (٢) to (٤) of this article apply where, on or before sending a data message, or by means of that data message, the originator has requested or has agreed with the addressee that receipt of the data message be acknowledged*} [2].

فهنا اذا اشترط المنشئ ضرورة قيام المرسل اليه بارسال اشعار بتلقيه رسالة البيانات فان رسالة البيانات لن يترتب عليها الاثر القانوني من انشاء الالتزام او تعديله او انهائه الا اذا تلقى المنشئ هذا الاشعار، وفي اطار العقود الالكترونية المبرمة بواسطة رسالة البيانات التي تتضمن مثل هذا الاشتراط، يمكن تكييف ارسال الاشعار على اساس

---

(1) تنظر الفقرة (1) من المادة (13) من قانون مملكة البحرين للمعاملات الالكترونية التي نصت على انه(تسري الفقرات (2) الى (4) من هذه المادة عند او قبل ارسال سجل الكتروني او بوساطة ذلك السجل الالكتروني نفسه اذا ما طلب المنشئ او اتفق مع المرسل اليه على الاقرار بتسلم السجل الالكتروني)، وكذلك الفقرة (أ) من المادة (16) من قانون المعاملات الالكترونية الاردني والفقرة الاولى من المادة (16) من قانون امارة دبي للمعاملات والتجارة الالكترونية.

(2) UNCITRAL Model Law on Electronic Commerce with Guide to Enactment 1996, op.cit, p.10.

(الشرط الواقف) [1] ويكون العقد الالكتروني في هذه الحالة معلقا على شرط واقف هو ارسال الاشعار، فاذا لم يتم الاشعار لم ينشأ العقد، وهنا تظهر القيمة القانونية للأشعار.

٢- طريقة الاشعار بالاستلام : بموجب الفقرة الثانية من المادة (١٤)، اذا لم يكن المنشئ قد اتفق مع المرسل اليه على ان يكون الاشعار وفق شكل معين او طريقة معينة، فانه يجوز ان يكون الاشعار بالاستلام عن طريق أي اجراء او بلاغ من جانب المرسل اليه، وبأية وسيلة للاتصال سواء أكانت وسيلة الكترونية كالتلفون او الفاكس او رسالة البيانات او جهاز مبرمج او اية وسيلة اخرى حتى الاشعار الكتابي [2]، وكذلك بأي اسلوب من جانب المرسل اليه بما يكفي لاشعار المنشئ باستلام الرسالة [3] سواء كان السلوك ماديا كأن يقوم المرسل اليه بشحن البضائع موضوع الرسالة او قانونيا كأن يقوم المرسل اليه ببيع البضائع موضوع الرسالة.

{Where the originator has not agreed with the addressee that the acknowledgement be given in a particular from by a particular method, an acknowledgement may be given by:

(a) Any communication by the addressee, automated or otherwise, or

(b) Any conduct of the addressee, sufficient to indicate to the originator that the data message has been received}[4].

---

(١) د. سمير برهان، المصدر السابق، ص٤.

(٢) UNCITRAL Model Law on Electronic Commerce with Guide to Enactment ١٩٩٦, op.cit, p.٤٨.

(٣) تنظر الفقرة (٢) من المادة (١٣) من قانون مملكة البحرين للمعاملات الالكترونية والتي نصت على (في الحالة التي لا يتفق منها المنشئ مع المرسل اليه على ان يصدر الاقرار بشكل معين او بطريقة معينة فانه يجوز ان يصدر الاقرار بموجب : أ/ اية وسيلة اتصال من المرسل اليه سواء كانت هذه الوسيلة آلية ام غير ذلك. ب/ أي تصرف من قبل المرسل اليه يكفي لافادة المنشئ بان سجله الالكتروني قد تم تسلمه)

وكذلك الفقرة الثانية من المادة (١٦) من قانون امارة دبي للمعاملات والتجارة الالكترونية والفقرة (أ) من المادة (١٦) في قانون المعاملات الالكترونية الاردني.

(٤) Ibid, p.١٠.

ولكن بموجب الفقرة الثالثة من نفس المادة، اذا تم تحديد طريقة معينة للاشعار باتفاق الطرفين او باشتراط المنشئ وحده، فانه يجب ان يتحقق الاشعار بهذه الطريقة، والا تعامل الرسالة وكأنها لم ترسل اصلا فيما يتعلق بترتيب حقوق والتزامات قانونية بين المنشئ والمرسل اليه، وذلك الى حين استلام المنشئ للأشعار[1].

{Where the originator has stated that the data message is conditional on receipt of the acknowledgement, the data message is treated as though it has never been sent, until the acknowledgement is received}[2].

٣- حالة عدم وجود شرط بتلقي الاشعار بالاستلام : تناولت الفقرة الرابعة من نفس المادة[3] حالة اذا لم يشترط المنشئ تلقي الاشعار بالاستلام ولم يعلق اثر رسالته على تسلم ذلك الاشعار، فاذا لم يحصل ذلك في غضون وقت معقول، فيحق للمنشئ ان يوجه اشعارا لاحقا[4] الى المرسل اليه يذكره بانه لم يتلق اشعارا بالاستلام ويحدد وقتا معقولا يجب فيه على المرسل اليه اشعاره، فاذا لم يتم ذلك خلال الوقت المحدد، فانه من حق المنشئ ان يعامل رسالة البيانات وكأنها لم ترسل اصلا وان يمارس اية حقوق

---

(١) تنظر الفقرة (ب) من المادة (١٦) من قانون المعاملات الالكترونية الاردني والتي نصت على انه (اذا علق المنشئ أثر رسالة المعلومات على تسلمه اشعارا من المرسل اليه بتسلم تلك الرسالة، تعامل الرسالة وكأنها لم تكن الى حين تسلمه لذلك الاشعار) وكذلك الفقرة الثالثة من المادة (١٦) من قانون امارة دبي للمعاملات والتجارة الالكترونية والفقرة (٣) من المادة (١٣) من قانون مملكة البحرين للمعاملات الالكترونية.

(٢) UNCITRAL Model Law on Electronic Commerce with Guide to Enactment ١٩٩٦, op.cit, p.١٠.

(٣) تنص الفقرة (ج) من المادة (١٦) من قانون المعاملات الالكترونية الاردني على انه (اذا طلب المنشئ من المرسل اليه ارسال اشعار تسلم رسالة المعلومات ولم يحدد اجلا لذلك ولم يعلق اثر الرسالة على تسلمه ذلك الاشعار فله في حالة عدم تسلمه الاشعار خلال مدة معقولة، ان يوجه الى المرسل اليه تذكيرا بوجوب ارسال الاشعار خلال مدة ارسال محددة تحت طائلة اعتبار الرسالة ملغاة اذا لم يتسلم الاشعار خلال هذه المدة)، وكذلك الفقرة الرابعة من المادة (١٣) من قانون مملكة البحرين للمعاملات الالكترونية والفقرة الرابعة من المادة (١٦) من قانون امارة دبي للمعاملات والتجارة الالكترونية.

(٤) اشترط المشرع في مملكة البحرين وفي الفقرة (أ) من المادة ١٣/٤ من قانون المعاملات الالكترونية على ان يكون اشعار المنشئ للمرسل اليه كتابيا.

اخرى قد تكون للمنشئ كأن يطالب بالتعويض اذا اصابه ضرر من جراء عدم ارسال الاشعار بالاستلام من المرسل اليه [١].

{where the originator has not stated that the data message is conditional on receipt of the acknowledgement, and the acknowledgement has not been received by the originator within the time specified or agreed or, if no time has been specified or agreed, within a reasonable time, the originator :

(a) may give notice to the addressee stating that no acknowledgment has been received and specifying a reasonable time by which the acknowledgement must be received; and

(b) if the acknowledgement in not received within the time specified in subparagraph (a), may, upon notice to the addressee, treat the data message as though it had never been sent, or exercise any other rights it may have.} [٢].

تتناول (الفقرة الرابعة) المشار اليها حالة شائعة في العقود الالكترونية التي يتم ابرامها من خلال تبادل رسائل البيانات الكترونيا عبر الشبكة [٣]، حيث في اغلب الاحوال عندما يقوم الموجب بارسال رسالة بيانات متضمنة ايجابا الكترونيا الى المرسل اليه لا يشترط عليه في رسالته وجوب اشعاره بالاستلام كما لا يعلق عليه ترتيب الآثار القانونية على الرسالة، أي لا يذكر في رسالته بانها تكون غير نافذة المفعول الى حين استلام الاشعار من جانب المرسل اليه، ونتيجة لذلك لا يتلقى الموجب اشعارا بالاستلام في غضون وقت معقول، فهنا من حق الموجب معرفة الوقت الذي يتحلل فيه من التزاماته وان يوجه بايجابه الى شخص آخر غيره، ففي هذه الحالة يستطيع الموجب ان يرسل اشعارا الى المرسل اليه يذكره فيه بانه لم يتلق اشعارا منه بتسلم الرسالة ويحدد فيه مدة معقولة يجب خلالها ان يقوم المرسل اليه باشعار الموجب بالتسلم، وهنا لا يكون المرسل اليه ملزما بالاجابة عن الاشعار المرسل من المنشئ بل يكون حرا في الرد عليه ام

(١) د. سمير برهان، المصدر السابق، ص٤.

(٢) UNCITRAL Model Law on Electronic Commerce with Guide to Enactment ١٩٩٦, op.cit, p.١٠.

(٣) Ibid, p.٩٦.

لا، وهذه القاعدة الواردة في (الفقرة الرابعة) مقررة لمصلحة المنشئ والمرسل اليه في نفس الوقت، اذ لا يكون المنشئ ملزما بارسال مثل هذا الاشعار، ولكن الاشعار وسيلة يستطيع المنشئ بواسطتها تحديد وضعه القانوني في الحالات التي لم يتسلم فيها الاشعار المطلوب من المرسل اليه، كما لا يكون المرسل اليه ملزما بالاجابة عن اشعار الموجب في غضون المدة المحددة له، وفي كل الاحوال اذا لم يتلق الموجب اشعارا بالتسلم بعد توجيهه اشعارا الى المرسل اليه فيستطيع ان يتعامل مع رسالته كأنها لم ترسل اصلا.

٤- علاقة الاشعار بالتسلم مع صحة مضمون رسالة البيانات المستلمة وشروطها التقنية : تفيد (الفقرة الخامسة) من نفس المادة بانه اذا كان تلقى المنشئ اشعارا من المرسل اليه بتسلمه للرسالة يعد قرينة قانونية بسيطة لمصلحة المنشئ على وصول الرسالة الى المرسل اليه وتسلمه لها، لكن هذا لا يعد دليلا او قرينة قانونية على سلامة وصحة مضمون رسالة البيانات التي تسلمها المرسل اليه[1] وتطابقها مع الرسالة التي ارسلها المنشئ وذلك لاحتمال حدوث خطأ في الارسال او التسلم قد يؤدي الى عدم التطابق بين التعبير عن الارادة عن طريق رسالة البيانات وحقيقتها.

{Where the originator receives the addressee's acknowledgement of receipt, it is presumed that the related data message was received by the addressee, That presumption does not imply that the data message corresponds to the message received}[2].

---

(١) تنص الفقرة الخامسة من المادة (١٣) من قانون مملكة البحرين للمعاملات الالكترونية على انه (اذا تسلم المنشئ اقرارا بالتسلم من المرسل اليه فانه يفترض ما لم يثبت خلاف ذلك ان السجل الالكتروني ذا العلاقة يكون قد تم تسلمه من قبل المرسل اليه، لا ينطوي هذا الافتراض على ان محتويات السجل الالكتروني مطابقة للسجل الذي تم تسلمه).
وتنظر كذلك الفقرة (د) من المادة (١٦) من قانون المعاملات الالكترونية الاردني والفقرة الخامسة من المادة (١٦) من قانون دبي للمعاملات والتجارة الالكترونية.

(٢) UNCITRAL Model Law on Electronic Commerce with Guide to Enactment ١٩٩٦, op.cit, p.١١.

ويلاحظ على هذه الفقرة بانها ذات علاقة بالفقرة الخامسة مـن المـادة (١٣) مـن قـانون الاونسـترال النموذجي والخاصة باسناد رسالة البيانات، والتي نتعرض لها لاحقا عند البحث في الارادة الظاهرة والارادة الباطنة.

وقد وضعت (الفقرة السادسة) من نفس المادة معيارا لاستيفاء الشروط التقنية في رسالة البيانات وذلك من خلال الاشعار بالتسلم، اذ ذكر فيها ان رسالة البيانات ذات الصلة قد اسـتوفت الشـروط الفنيـة سـواء المتفق عليها او المحددة في المعايير المعمول بها، فان ذلك يفترض ان تلك الشروط قد اسـتوفيت مـا لم يـتم اثبات العكس [١].

{Where the received acknowledgement states that the related data message met technical requirements, either agreed upon or set forth in applicable standards, it is presumed that these requirements have been met.}[٢] .

تتعلق هذه الفقرة بالجوانب الفنية لرسالة البيانات، وتظهر المشاكل الفنية في الرسالة عند تسلمها مـن قبل المرسل اليه اذ قد لا يستطيع الجهاز المستخدم مـن قبـل المرسـل اليـه ان يـترجم النبضـات والـترددات العددية الى النص والصورة ونتيجة لذلك لا تكون رسالة البيانات قابلة للقراءة[٣]. وفي اغلب الاحـوال يعـود السـبب في ذلك الى عـدم وجود اجهزة الكترونية متساوية في نفس المسـتوى التكنولـوجي والـوظيفي لـدى الطرفين[٤] بحيث تكون لها الكفاءة لاداء نفس الوظائف بشكل كامل، لذا ففي هذه الحالة اذا كان الاشعار بالتسلم يتضمن ما يدل على استيفاء الرسالة للشروط

---

(١) تنص الفقرة السادسة من المادة (١٣) من قانون مملكة البحرين للمعاملات الالكترونية على انه (حيثما يـتم الاقرار بـان السـجل الالكتروني ذا العلاقة يستوفي الاشتراطات الفنية اما المتفق عليها او المنصوص عليها في الانظمة الصادرة وفقا لهذا القانون فانه مـن المفترض انه قد تم استيفاء هذه الاشتراطات). وتنظر ايضا الفقرة السادسة مـن المـادة (١٦) مـن قانون دبي للمعاملات والتجارة الالكترونية، في الوقت الذي لم يشر قانون المعاملات الالكترونية الاردني الى مثل هذا النص.

(٢) UNCITRAL Model Law on Electronic Commerce with Guide to Enactment ١٩٩٦, op.cit, p.١١.

(٣) Christina Hultmarli, op.cit, p.٥٩.

(٤) UNCITRAL Model Law on Electronic Commerce with Guide to Enactment ١٩٩٦, op.cit, p.٥٠.

الفنية، خاصة من حيث تركيب الجمل بشكل تكون صالحة للقراءة[1]، فهنا يستطيع المنشئ ان يتصرف على اساس ان رسالته استوفت الشروط الفنية.

2-1-1-4 الارادة الظاهرة والارادة الباطنة في رسالة البيانات

اذا كان التعبير عن الارادة بواسطة رسالة البيانات (الارادة الظاهرة) مطابقا للارادة الحقيقية للمنشئ (الارادة الباطنة) فلا صعوبة في الامر، لأن الأخذ بالارادة الظاهرة ام الارادة الباطنة يؤدي الى نفس النتيجة، لكن قد تختلف الارادة الظاهرة عن الارادة الباطنة[2]، كأن يعرض التاجر عبر موقعه الالكتروني على الشبكة سلعة او خدمة يظهر عليها ثمن اقل من الثمن الحقيقي الذي قصده التاجر، أي هنا لا يحسن المنشئ في التعبير عن ارادته بصورة صحيحة بشكل يعكس ارادته الحقيقية لان ارادته تتجه الى شيء وتعبر رسالته عن شيء آخر، فهنا تظهر الصعوبة فهل يعتد بالارادة الظاهرة المعبر عنها برسالة البيانات ام بالارادة الحقيقية للمنشئ ؟

يذهب الفقه والقانون لمعالجة هذه المسألة في العالم المادي (Offline) الى نظريات متعددة، فطبقا لما يسمى بنظرية الارادة الباطنة يكون الاعتداد بالارادة الحقيقية، لكن لما كانت الارادة الباطنة شيئا كامنا في النفس فيؤخذ التعبير عنها على انه دليل على الارادة الحقيقية ولكنه دليل يقبل اثبات العكس[3].

اما نظرية الارادة الظاهرة فلا تعتد الا بالارادة في مظهرها الخارجي الذي اطمأن اليه المرسل اليه وذلك لضمان استقرار التعامل[4].

---

(1) Ibid, p.11.

(2) د. عبدالمجيد الحكيم، عبدالباقي البكري ومحمد طه البشير، الوجيز في نظرية الالتزام في القانون المدني العراقي، الجزء الأول/ مصادر الالتزام، جامعة بغداد، 1986، ص34.

(3) الدكتور عبدالرزاق السنهوري، الوسيط في شرح القانون المدني، الجزء الأول/ مصادر الالتزام، دار النهضة العربية، القاهرة، 1964، ص192.

(4) د. عبدالمجيد الحكيم وآخرون، المصدر السابق، ص35.

على الرغم من الاختلاف النظري بين النظريتين، لكن من الناحية العملية لا يظهر الفارق كبيرا[1]، الا اذا قام الدليل على ان التعبير عن الارادة يخالف الارادة الحقيقية واقامة مثل هذا الدليل امر عسير، وفي رأي البعض ان اغلبية التشريعات لا تأخذ بأي من النظريتين بصورة مطلقة، بل تأخذ من كل منهما بقدر[2]، وهذا ما نراه في القانون المدني العراقي، حيث يظهر بوضوح اتجاهه الى نظرية الارادة الظاهرة عند تعريفه للعقد في المادة (٧٣) – المشار اليها سابقا –، ولكنه في نفس الوقت يأخذ تارة بالارادة الباطنة وتارة بالارادة الظاهرة عند تعرضه لعيوب الارادة وتفسير العقد وذلك حسبما يقتضيه استقرار التعامل[3].

وفيما يتعلق بموقف التشريعات المنظمة للتجارة الالكترونية بصدد هذه المسألة في العالم الافتراضي (Online)، نجد أن البعض منها لا تتضمن احكاما قانونية بخصوص هذه المسألة، ومن هذه القوانين القانون التونسي والاردني وقانون مملكة البحرين وكذلك مشروع قانون التجارة الالكترونية المصري.

وقد عالج القانون النموذجي هذا الامر في الفقرة الخامسة من المادة (١٣) في اطار (اسناد رسائل البيانات) والتي تنص على انه (عندما تكون رسالة البيانات صادرة عن المنشئ او عندما تعتبر انها صادرة عن المنشئ، او عندما يكون من حق المرسل اليه ان يتصرف على اساس هذا الافتراض، يحق عندئذ للمرسل اليه، في اطار علاقته بالمنشئ، ان يعتبر ان رسالة البيانات كما تسلمها هي الرسالة التي قصد المنشئ ارسالها وان يتصرف على اساس هذا الافتراض، ولا يكون للمرسل اليه ذلك الحق متى عرف، او كان عليه ان يعرف، اذا بذل عناية معقولة او استخدم أي اجراء متفق عليه، ان البث اسفر عن أي خطأ في رسالة البيانات كما تسلمها).

(١) د. صلاح الدين عبداللطيف الناهي، المصدر السابق، ص٥١.
(٢) د. منذر الفضل، المصدر السابق، ص٩٧.
(٣) د. مالك دوهان الحسن، شرح القانون المدني، الجزء الاول/مصادر الالتزام، مطبعة الجامعة، بغداد، ١٩٧٣، ص١٣٥.

ومن التشريعات العربية التي تعرضت الى هذه المسألة في العالم الافتراضي، قانون امارة دبي للمعاملات والتجارة الالكترونية وذلك في الفقرتين الخامسة والسابعة من المادة (١٥) منه، حيث جاء في الفقرة الخامسة (عندما تكون الرسالة الالكترونية صادرة او تعتبر انها صادرة عن المنشئ او عندما يكون من حق المرسل اليه ان يتصرف على اساس هذا الافتراض وفقا للفقرات (١)، (٢)، (٣) من هذه المادة، يحق عندئذ للمرسل اليه في اطار العلاقة بينه وبين المنشئ ان يعتبر ان الرسالة الالكترونية المستلمة هي الرسالة التي قصد المنشئ ان يرسلها، وان يتصرف على هذا الاساس.)، اما في الفقرة السابعة فقد اكد القانون على انه (لايكون للمرسل اليه الحق في الافتراض والاستنتاج الوارد في الفقرة السابقة(٥)، متى عرف او كان عليه ان يعرف اذا بذل عناية معقولة او استخدم اجراءً متفقا عليه بان البث اسفر عن اي خطأ في الرسالة الالكترونية كما استلمها).

ان هذه النصوص تتعلق بسلامة محتويات رسالة البيانات وعدم حصول تغير فيها مهما كانت طبيعته، واكدت على انه عندما تكون رسالة البيانات صادرة عن المنشئ او عندما تعد كذلك وفق الضوابط السابقة - المار ذكرها -، فانه في اطار العلاقة بينه وبين المرسل اليه، يحق لهذا الاخير ان يعد الرسالة المستلمة هي ذات الرسالة التي اراد المنشئ ان يرسلها له، ويستطيع المرسل اليه ان يطمئن الى سلامتها وان يتصرف على هذا الاساس حتى ولو كانت الرسالة المستلمة لا تعبر عن الارادة الحقيقية للمنشئ، لكن هذا الحكم لا يطبق اذا كان المرسل اليه سيئ النية بان يكون قد علم او كان من المفروض عليه ان يعلم ببذل عناية معقولة او من خلال استخدام اجراء متفق عليه ان البث اسفر عن خطأ في رسالة البيانات ايا كانت طبيعته وادى بالتالي الى عدم التطابق بين الارادة الحقيقية للمنشئ والارادة الظاهرة التي عبر عنها من خلال رسالة البيانات.

اذن في هذه الافتراضات الاخيرة، لا يجوز للمرسل اليه ان يعد بان رسالة البيانات سليمة وتعبر عن الارادة الحقيقية للمنشئ[١]، وان الحل الوارد في هذه النصوص بصدد

---

(١) د. سمير برهان، المصدر السابق، ص٤.

مسألة الارادة الظاهرة والارادة الباطنة في التعبير عن الارادة بواسطة رسالة البيانات يقترب كثيرا من الحل الذي اتت به (نظرية الثقة) [١] التي تختلف عن النظريتين السابقتين ولا تعتمد عليهما، وتتلخص نظرية الثقة في ان المرسل اليه يلتزم بالتعبير عن ارادته وفقا للمعنى الذي يستطيع المرسل اليه ان يتعرف عليه، ويستخلصه بحسن نيته من خلال الظروف والملابسات المحيطة بالتعاقد، فاذا كان المرسل اليه يعلم حقيقة ارادة المرسل فان الالتزام يحدد على هذا الاساس ولا تغلب الارادة الظاهرة على الارادة الباطنة وهذا ما يقتضيه مبدأ حسن النية [٢].

٢-١-٢ التعبير عن الارادة بالوسيط الالكتروني (الانظمة المؤتمتة)

ازداد استخدام الوسيط الالكتروني [٣] او ما يسمى بالنظام الحاسوبي المؤتمت [٤] (Automated Computer System) او الوكيل الالكتروني [٥] (Electronic

---

(١) يعتنق قانون الالتزامات السويسري نظرية الثقة ويعتبرها الفكرة الرئيسية التي تسيطر على القانون، كما يميل الفقه الفرنسي-المعاصر الى اعتناق مبدأ الثقة ايضا، ينظر بهذا الصدد : انجل الرقم ٤٦ ص١٥٤ وجستان الرقم ٢٨٠ ص٢٩٦ المشار اليهما عند د. حسام الدين كامل الاهواني، المصدر السابق، ص٨٩.

(٢) نفس المصدر، ص ص٨٩-٩٠.

(٣) يطلق المشرع الاردني في المادة الثانية من قانون المعاملات الالكترونية الاردني تسمية (الوسيط الالكتروني) على هذه الطريقة، ويطلق عليها قانون امارة دبي للمعاملات والتجارة الالكترونية في المادة الثانية منه تسمية (الوسيط الالكتروني المؤتمت).

(٤) ان لفظ (المؤتمت) ليس بلفظ في اللغة العربية وانما اخذ من كلمة (Automate) الانكليزية التي تعني ما يمكن تشغيله آليا، اوتوماتيكيا، تلقائيا، او يعمل ذاتيا، ينظر : حارس سليمان الفاروقي، المعجم القانوني، المصدر السابق، ص٦٥ وكذلك قاموس اكسفورد الحديث، انكليزي - عربي

Oxford, University Press, ٢٠٠٠, p.٤٤.

ويطلق مشروع اتفاقية التعاقد الالكتروني للاونسترال عبارة (النظام الحاسوبي المؤتمت) على هذه الطريقة بدلا من (الوكيل الالكتروني) لعدم دقة هذا الاخير في دلالته على هذه الطريقة.

ينظر :

Legal aspect of electronic commerce, Electronic contracting: provisions for a draft convention, op, cit, p.١٧.

(٥) تطلق تسمية (الوكيل الالكتروني) على الوسيط الالكتروني في كل من قانون المبادلات الالكترونية الموحد الامريكي سنة ١٩٩٩ وقانون كندا الموحد للتجارة الالكترونية سنة ١٩٩٩ وقانون مملكة البحرين للمعاملات الالكترونية سنة ٢٠٠٢.

Agent)، كطريقـة تلقائيـة للتعبيـر عـن الارادة في بيئة التجارة الالكترونيـة، كـما شـاع ابرام العقـود الالكترونيـة من خلاله، نتيجة لذلك اولـت اغلبيـة التشريعات المنظمة للتجارة الالكترونية اهتماما كبـيرا بالمسائل القانونية التي اثارها التعاقد عبر الوسيط الالكتروني، خصوصا اذا عرفنا ان القانون المدني المنظم لأحكام العقد عموما لا يتضمن احكاما قانونية خاصة بالتعاقد من خلال الوسيط الالكتروني.

ومن هذه المسائل بيان المقصود من الوسيط الالكتروني وتعريفه، ومدى صلاحيته للتعبير عـن الارادة وصحة العقود الالكترونية المبرمة خلاله، واذا كان الوسيط الالكتروني يعمل نيابة عن الشخص الذي يرمجه لكي يتولى اجراء المعاملات القانونية لحسابه تلقائيا، فالى أي مدى يمكن تشبيهه بالوكيل (Agent) في العالم المادي (Offline)، وهل يمكن تطبيق احكام (الوكالة) الـواردة في القانون المدني عليه، اضافة الى هـذه المسائل ترتبط عادة بالتعاقد عبر الوسيط الالكتروني مسألة اخرى في غاية مـن الاهميـة وهـي الغلـط (Error) الذي يتحقق اثناء ابرام العقـود مـن خلال الوسيط الالكتروني ويصعب تداركه بسـهولة، عليـه سنتناول هذه المسائل في الفقرات الآتية وفي ضوء احكام التشريعات ذات العلاقة.

٢-١-٢-١ تعريف الوسيط الالكتروني

يقصد بالوسيط الالكتروني عمومـا وضع اجهزة تمت برمجتها واعدادها لكي تتـولى ابرام المعاملات الالكترونية ومنها العقود تلقائيا دون الحاجة الى تدخل مباشر من الطرفين المتعاقدين او احدهما[١] واصبح من الشائع استخدامه في بيئة التجارة الالكترونية[٢] مـما ادى الى ان تـولى تشريعات التجـارة الالكترونيـة اهتماما به.

---

(١) CROSS-BORDER FORMATION OF ONLINE CONTRACTS, op.cit, p.١.

(٢) Jeff C. Dodd and James A. Hernandez, op.cit, p.٤.

لم يشر قانون الاونسترال النموذجي صراحة الى بيان المقصود بالوسيط الالكتروني، على الرغم من ان القانون يستوعبه كطريقة للتعبير عن الارادة بدلالة ما تنص عليه الفقرة (الثانية/ب) من المادة (١٣) من القانون النموذجي[1].

وقد ورد في معظم التشريعات تعريفا للوسيط الالكتروني، منها ما نصت عليه الفقرة السادسة من المادة الثانية من قانون المبادلات الالكترونية الموحد للولايات المتحدة الامريكية سنة ١٩٩٩[2] على ان (الوكيل الالكتروني : برنامج حاسوبي او اية وسيلة الكترونية او وسيلة مؤتمتة اخرى تستخدم للبدء في عمل او للاستجابة كليا او جزئيا للرسائل الالكترونية او لتدابير، دون مراجعة او تدخل من شخص طبيعي في كل مرة يبدأ فيها النظام عملا او يقدم استجابة).

{*A computer program, or electronic or other automated means, used by a person to initiate an action, or to respond to electronic messages or performances, on the person's behalf without review or action by an individual at the time of the action or response to the message or performance.*}[3].

وعرفته المادة (١٩) من قانون كندا الموحد للتجارة الالكترونية سنة ١٩٩٩ بأن الوكيل الالكتروني هو برنامج حاسوبي او اية وسيلة الكترونية اخرى تستخدم للبدء في عمل او للاستجابة كليا او جزئيا للمستندات الالكترونية دون مراجعة او تدخل من شخص طبيعي في الوقت الذي يعمل النظام او يقدم استجابة[4].

---

(١) تنص الفقرة الثانية /ب من المادة (١٣) في القانون النموذجي على انه (في العلاقة بين المنشئ والمرسل اليه تعتبر رسالة البيانات انها صادرة عن المنشئ اذا ارسلت :....... ب- من نظام معلومات مبرمج على يد المنشئ او نيابة عنه للعمل تلقائيا).
(٢) عرفت الفقرة (هـ) من المادة الخامسة من مشروع الاونسترال لاتفاقية التعاقد الالكتروني، الوسيط الالكتروني بنفس التعريف الوارد في قانون المبادلات الالكترونية الموحد للولايات المتحدة الامريكية من حيث المعنى واللفظ ولكن المشروع اطلق عليه (النظام الحاسوبي المؤتمت) بدلا من (الوكيل الالكتروني).
(٣) U.S. Uniform Electronic Transactions Act ١٩٩٩, available at :
<http://www.uetaonline.com/uetaoc.htm١> (*Last visited* ١٥ Aug. ٢٠٠١)
(٤) Canada's Uniform Electronic Commerce Act ١٩٩٩, available at :
<http://www.law.ualberta.ca/a١ri/u١c/current/euecafa.htm> (*Last visited* ١٥ Aug. ٢٠٠١)

واوردت بعض التشريعات العربية للمعاملات الالكترونية[1] تعريفا للوسيط الالكتروني ايضا، منها ما نصت عليه المادة (٢) من قانون المعاملات الالكترونية الاردني على ان (الوسيط الالكتروني : برنامج الحاسوب او اية وسيلة الكترونية اخرى تستعمل من اجل تنفيذ اجراء او الاستجابة لاجراء بقصد انشاء او ارسال او تسلم رسالة معلومات دون تدخل شخصي)، واطلق عليه المشرع في تشريع امارة دبي للمعاملات والتجارة الالكترونية عبارة (الوسيط الالكتروني المؤتمت) وعرفته المادة (٢) منه بأنه (برنامج او نظام الكتروني كحاسب آلي يمكن ان يتصرف او يستجيب لتصرف بشكل مستقل، كليا او جزئيا، دون أي اشراف أي شخص طبيعي في الوقت الذي يتم فيه التصرف او الاستجابة له)[2].

وقد اطلق عليه المشرع في قانون مملكة البحرين للمعاملات الالكترونية عبارة (عامل الكتروني)[3] وعرفه في المادة الاولى منه بانه (يقصد به برنامج حاسوب او اية وسيلة الكترونية اخرى تستعمل لاتخاذ اجراء او للاستجابة لتسجيلات او اجراءات الكترونية كاملة او جزئية بدون فعل او مراجعة يقوم بها أي شخص في وقت الاجراء او الاستجابة).

من خلال التعريفات التي قدمت للوسيط الالكتروني، يمكن القول بأن التعاقد عبر الوسيط الالكتروني يتم من خلال اعداد وبرمجة اجهزة او اية وسيلة الكترونية (ومنها الحاسوب الآلي) لكي تتولى ابرام العقود الالكترونية تلقائيا بمجرد الاتصال بها عبر الشبكة من قبل وسيط الكتروني آخر مماثل له، او من قبل شخص طبيعي

---

(١) لم يرد في كل من قانون المبادلات والتجارة الالكترونية التونسي- ومشروع قانون التجارة الالكترونية المصري، تعريف للوسيط الالكتروني.

(٢) ورد في نفس المادة من قانون امارة دبي تعريف للمعاملات الالكترونية المؤتمتة بانها (معاملات يتم ابرامها او تنفيذها بشكل كلي او جزئي بواسطة وسائل او سجلات الكترونية، والتي لا تكون فيها هذه الاعمال والسجلات خاضعة لأية متابعة او مراجعة من قبل شخص طبيعي، كما في السياق العادي لانشاء وتنفيذ العقود والمعاملات).

(٣) في الوقت الذي اطلق المشرع في مملكة البحرين عبارة (عامل الكتروني) على الوسيط الالكتروني في المادة الاولى منه، لكنه يطلق عليه في المادة (١١) من نفس القانون عبارة (الوكلاء الالكترونيين).

(Physical Person)، أي دون الحاجة الى تدخل بشري مباشر من جانب الطرفين المتعاقدين عبر الشبكة او احدهما، وهكذا يمكن تصور انعقاد العقد بين (جهازين مؤتمتين) دون التدخل البشري المباشر مطلقا.

بعد ان بينا المقصود بالوسيط الالكتروني، من الضروري الاشارة الى ان هذه الاهمية المتزايدة له واستخدامه الواسع في مجال اجراء المعاملات الالكترونية وابرام العقود تعود الى جملة من المميزات [1] التي يتصف بها الوسيط الالكتروني ومنها كفايته الذاتية لاجراء المعاملات وابرام العقود وامكاناته الهائلة التي يمكن من خلالها اجتياز المعوقات التقليدية امام اجراء المعاملات الالكترونية كاللغة المستخدمة في التعبير عن الارادة اذا تم التعاقد بين طرفين يتكلمان بلغتين مختلفتين، اضافة الى وصفه باسلوب تفاعلي ويتحرك بسهولة عبر الشبكة [2]، ويتوقع من الاجيال المتطورة للحاسوبات الآلية والتي من الممكن ان تظهر بفعل التقدم التكنولوجي في مجالات الاتصالات، ان يعمل الوسيط الالكتروني بشكل مستقل وان يعدل حسب مقتضى الاحوال من التعليمات التي تمت برمجته بها من قبل الشخص الذي يعمل الوسيط الالكتروني لحسابه، ولو ان مثل هذه التوقعات تعد نظرية في الوقت الحاضر [3].

٢-١-٢-٢ صلاحية الوسيط الالكتروني للتعبير عن الارادة

لا يخرج (الوسيط الالكتروني) مبدئيا عن اطار القواعد العامة في هذا المجال، والتي لا تشترط شكلية معنية في طريقة التعبير عن الارادة، بل تجيز التعبير عنها بأية وسيلة لا تدع ظروف الحال شكا في دلالتها على التراضي [4].

(١) Wooldridge & Jennings, Intelligent Agents: Theory and Practice, Knowledge Engineering Review. Vol١،١٠No.٢, June ١٩٩٥ (Cambridge University Press :١٩٩٥), also available at :< http://www.elec.qmw.acuk/dai/pubs/KER٩٥/> (Last visited ٠٥ Aug. ٢٠٠١)

(٢) EMILY M. WEITZENBOEK, op.cit, pp.٤-٥.

(٣) Legal aspects of electronic commerce, Electronic contracting provisions for a draft convention, op.cit, p.١٧.

(٤) ينظر ما تنص عليه المادة (٧٩) من القانون المدني العراقي.

ومن الملاحظ في هذا المجال، ان التعاقد عن طريق الوسيط الالكتروني في العالم الافتراضي (Online) قد لا يكون غريبا تماما عن النظام القانوني القائم، اذ توجد في العالم المادي (Offline) ايضا طرق معينة للتعاقد تشبه التعاقد عبر الوسيط الالكتروني كتلك المسماة بـ(Vending Machines) [١] والتي تستخدم بصورة شائعة في اغلبية الدول الاوروبية وهي عبارة عن ماكنة او آلة مبرمجة تنصب في اماكن معينة يتم اعدادها من قبل صاحبها لكي تعمل تلقائيا لتقديم بضائع او خدمات معينة للافراد دون الحاجة الى تدخل مادي مباشر للشخص الذي تعمل الماكنة لحسابه في كل مرة تعمل فيها الماكنة [٢]، كوضع آلة الميزان او ماكنة لبيع السلع الاستهلاكية اليومية او لبيع التذاكر او لالتقاط الصور الفوتوغرافية وغيرها، وان التعاقد من خلال (Vending Machines) يتم عادة بين طرفين احدهما الشخص الذي تعمل الماكنة لحسابه والمشتري في الطرف الآخر، ولكن تختلف الطريقتان فيما بينهما بسبب الامكانيات الهائلة التي يتمتع بها الوسيط الالكتروني القائم على اساس النظام المعلوماتي، حيث يمكن تصور التعاقد بين وسيطين الكترونيين (جهازين مؤتمتين) دون تدخل مباشر من قبل الطرفين المتعاقدين كليا في الوقت الذي لا يمكن تصور هذا النمط من التعاقد من خلال (Vending Machines).

على الرغم مما ذكر، نجد أن اغلبية التشريعات والتوجيهات التشريعية المنظمة للمعاملات الالكترونية [٣] قد نصت صراحة على جواز التعبير عن الارادة من خلال الوسيط الالكتروني، كما اعترفت صراحة بصحة المعاملات الالكترونية المؤتمتة،

(١) د. احمد نجيب رشدي، تعقيدات التجارة الالكترونية هل تحتاج الى تعديلات جذرية للنظام والتشريع المصري، متاح على العنوان الالكتروني الآتي :   (Last visited ١٥ Apr. ٢٠٠٢)   <http://www.gn4me.com>
(٢) سعيد شيخو مراد المجولي، المصدر السابق، ص٣٠٧.
(٣) اشارت مقدمة توجيه البرلمان الاوروبي رقم ٣١ لسنة ٢٠٠٠ بخصوص بعض الجوانب القانونية لخدمات المجتمع المعلوماتي الى جواز التعبير عن الارادة من خلال الوسيط الالكتروني، حيث جاء فيها :
{Member States will... Not prevent the use of electronic systems as intelligent electronic agents...}
ينظر :
EMILY M.WEITZENBOECK, op.cit, p٢٥

وذلك بغية توفير المزيد من الثقة واليقين القانوني لـدى المتعاقدين عـبر الوسيط الالكـتروني وخصوصا عندما يتم بين وسيطين الكترونيين[1]، ومن هـذه التشريعات مثلا مـا تـنص عليـه المـادة (١٤) مـن قـانون المبادلات الالكترونية الموحد للولايات المتحدة الامريكية[2]والتي اجازت فقرتها الاولى تكوين العقد بتحـاور بين وكيلين الكترونيين من الجانبين حتى وان لم يـدخل أي شخص فـي التـدابير التـي تنفـذها هـذه الـنظم، والفقرة الثانية من نفس المادة اجازت تكوين العقد بتحاور بين وكيل الكتروني وشخص طبيعـي وفـي هـذا الاطار تنص المادة على ما يأتي :

{(١) *a contract may be formed by the interaction of electronic agents of the parties...*

(٢) *A contract may be formed by the interaction of an electronic agent and an individual...*}.

وقد اكد المشرع في امارة دبي على هذا النهج بنصه في الفقرة الاولى من المـادة (١١) مـن قـانون مملكـة البحرين للمعاملات الالكترونية على انه (يجـوز صـياغة عقـد عـن طريـق تواصـل مـا بـين وكيـل الكـتروني وشخص ما او من خلال تفاعل وكلاء الكترونيين.)، كما نصت المادة (١٤) مـن قـانون امـارة دبي للمعـاملات والتجارة الالكترونيـة علـى انـه (١- يجـوز ان يـتم التعاقـد بـين وسـائط الكترونيـة مؤتمتـة متضـمنة نظـام معلومات الكترونية او اكثر تكون معدة ومبرمجة مسبقا للقيام بمثل هذه المهمات، ويتم التعاقـد صـحيحا ونافذا ومنتجا آثاره القانونية على الرغم من عدم التدخل الشخصي او المباشر لأي شخص طبيعـي فـي عمليـة ابرام العقد في هذه الانظمة). (٢- كما يجوز ان يتم التعاقد بين نظام معلومات الكتروني مؤتمت يعـود الى شخص طبيعي او معنوي وبين شخص طبيعي اذا كان الاخير يعلم او من المفترض ان يعلم ان ذلك النظـام سيتولى مهمة ابرام العقد وتنفيذه).

---

(١) Legal aspects of electronic commerce, Electronic contracting: provisions convention, op.cit, p.١٣.

(٢) EMILY M. WEITZENBOEK, op.cit, pp.٢٧, ٢٨.

وعلى الرغم من أن المشرع الأردني لم يأت بمثل هذه النصوص [1] في قانون المعاملات الالكترونية الأردني، لكنه اكد على الاتجاه الذي سارت عليه القوانين السابقة، من خلال اشارته في المادة (١٣) منه الى اعتبار رسالة المعلومات وسيلة من وسائل

التعبير عن الإرادة المقبولة قانونا لابداء الايجاب والقبول بقصد انشاء التزام تعاقدي كما نص في المادة (١٤) من نفس القانون على انه (تعتبر رسالة المعلومات صادرة عن المنشئ سواء صدرت عنه ولحسابه او بواسطة وسيط الكتروني معد للعمل أوتوماتيكيا بواسطة المنشئ او بالنيابة عنه).

اما في العراق وفي غياب تشريع خاص بتنظيم المعاملات والتجارة الالكترونية فلابد من الرجوع الى القواعد العامة الواردة في القانون المدني العراقي والمادة (٧٩) منه تحديدا بالذات، التي لا تحدد طرق التعبير عن الإرادة حصرا، كما لا تشترط مبدئيا شكلية معينة في هذا المجال بل تجيز التعبير عن الإرادة بأية وسيلة لا تدع ظروف الحال شكا في دلالتها على التراضي، لذلك لانجد ما يمنع من التعبير عن الإرادة بواسطة الوسيط الالكتروني والتعاقد من خلاله بموجب القانون المدني العراقي، ولكن من اجل توفير المزيد من اليقين القانوني بهذا الصدد يفضل ايراد نص خاص بجواز التعبير

---

(١) ذهب المشرع الأردني في هذا المجال بالاتجاه الذي اخذ به قانون الاونسترال النموذجي فيما يتعلق بصلاحية الوسيط الالكتروني في التعبير عن الإرادة، حيث لم يأت القانون النموذجي ايضا بنص صريح على صلاحية الوسيط الالكتروني للتعبير عن الإرادة، وانما اكد على ذلك في الفقرة الثانية من المادة (١٣) منه على انه (في العلاقة بين المنشئ والمرسل اليه، تعتبر رسالة البيانات انها صادرة عن المنشئ اذا ارسلت :

أ-... ب- من نظام معلومات مبرمج على يد المنشئ او نيابة عنه للعمل تلقائيا.

في الوقت الذي نصت الفقرة الاولى من المادة (١٢) في مشروع الاونسترال لاتفاقية التعاقد الالكتروني في هذا المجال على انه (ما لم يتفق الطرفان على خلاف ذلك، يجوز تكوين العقد بتحاور بين نظام حاسوبي مؤتمت وشخص طبيعي او بين نظامين حاسوبيين مؤتمتين، حتى وان لم يستعرض أي شخص طبيعي كلا التدابير الفردية التي تنفذها مثل هذه الانظمة او الاتفاق الناتج عنها) ويرى البعض من الفريق العامل المعني بالتجارة الالكترونية استخدام عبارة (نظام معلومات مؤتمت) بدلا من (نظام حاسوبي مؤتمت) لانه لا يشترط ان يكون الجهاز المؤتمت دائما حاسوبا آليا.

ينظر في هذا الرأي :

Report of the Working Group on Electronic Commerce on its thirty-ninth session, issued by UNICTRAL, New York, ١١-١٥/March/٢٠٠٢, p.١٩.

عن الارادة من خلال الوسيط الالكتروني وبالتالي الاعتراف بصحة المعاملات والعقود المبرمة عبر هذه الوسيلة.

هكذا يتضح من هذه النصوص امكانية التعبير عن الارادة عبر الوسيط الالكتروني باعتباره وسيلة مقبولة قانونا لابداء الايجاب والقبول بقصد ابرام العقود.

٢-١-٢-٣ الوكيل في العالم المادي (Offline) والوسيط الالكتروني

أولا : الاحكام العامة للوكالة في العالم المادي (Offline) :

الاصل في ابرام العقد ان يتولى كل طرف من اطرافه التعبير عن ارادته، فينعقد العقد عند ارتباط ارادة احدهما بارادة الطرف الآخر وتضاف آثاره (من حقوق والتزامات) الى طرفيه، غير ان الحاجات الاجتماعية والضرورات القانونية والعملية تدفع الى اتباع صورة اخرى من صور التعاقد، فقد لا يقوم احد طرفي العقد في مباشرة التعاقد بنفسه معبرا عن ارادته مباشرة وانما يباشر عملية التعاقد شخص آخر نيابة عنه، ورغم ذلك تنصرف آثار العقد لا الى من باشر العقد نيابة عن غيره وانما الى من اناب غيره، وهذه الصورة من التعاقد هي التعاقد بالنيابة[١].

ان التعبير الصادر عن النائب – باعتباره ارادةً – يخضع لجميع القواعد التي سبق ذكرها في مجال التراضي، ويمكننا تعريف النيابة عموما بانها حلول ارادة النائب محل ارادة الاصيل مع انصراف الاثر القانوني لهذه الارادة الى شخص الاصيل[٢]، وللنيابة مصادر ثلاثة[٣]، وهي : القانون والاتفاق والقضاء وبذلك تنقسم النيابة بحسب المصدر الذي ينشئها ويبين حدود سلطة النائب الى نيابة قانونية كالولي، ونيابة قضائية كما في الوصي المنصوب والقيم والحارس القضائي واخيرا نيابة اتفاقية وهي (عقد الوكالة).

---

(١) د. مالك دوهان الحسن، المصدر السابق، ص ص٢٢١-٢٢٢.
(٢) د. حسن عبدالحميد ابراهيم البيه، المصدر السابق، ص١٧٩.
(٣) د. حسن علي الذنون، المصدر السابق، ص٤٩.

وتعرف المادة (٩٢٧) من القانون المدني العراقي الوكالة بانها (عقد يقيم به شخص غيره مقام نفسه في تصرف جائز معلوم)، وتشترط فيها ثلاثة شروط اولا حلول ارادة الوكيل محل ارادة الاصيل، وثانيا ان لا يجاوز الوكيل الحدود المرسومة له واخيرا ان يتعاقد الوكيل باسم الاصيل لا باسمه.

الشرط الاول هو الذي يميز الوكيل عن الرسول الذي يقوم بمجرد نقل ارادة احد طرفي العقد وتوصيلها الى الطرف الآخر، فهنا الرسول وسيلة مادية يقوم بحمل الخطاب او البرقية او الرسالة، لهذا صح في الرسول ان يكون عديم الارادة او ناقصها مادام قادرا على حمل ارادة الغير وتبليغها للطرف الآخر[١]، اما الوكيل فيجب ان تكون له ارادة مستقلة تحل محل ارادة الاصيل لانه يعبر عن ارادته الخاصة لا ارادة الاصيل[٢]، وما دام الوكيل هو الذي ينشط لابرام العقد، فينبغي ان يناط الحكم على صحة التعاقد بارادة الوكيل وحدها وينظر في عيوب الارادة الى ارادة الوكيل لا الى ارادة الاصيل كما يقتضي- كذلك ان نتلمس حسن النية وسوءها لدى الوكيل لا لدى الاصيل، وهذه هي القاعدة العامة في هذا المجال مالم تكن النيابة مقيدة ،لان في هذه الحالة فان ارادة الاصيل هي التي ترسم حدود ارادة الوكيل[٣].

اما فيما يتعلق بوجود الاهلية لدى الوكيل والاصيل في عقد الوكالة، فيجب ان تتوفر الاهلية لدى الاصيل لانه هو الذي تنصرف اليه آثار العقد، لذلك لا يستطيع الاصيل ان يوكل غيره في تصرف من التصرفات القانونية اذا كان الاصيل مجنونا او صغيرا غير مميز، لان عقد الوكالة يقع باطلا لانعدام الرضا من جانب الموكل،فلابد من توفر شرط العقل والتمييز في الموكل وقت التوكيل، كما يشترط في الوكيل ان يكون متمتعاً باهلية الاداء الناقصة اي يجوز ان يكون الوكيل قاصرا (صبيا مميزا)، وهنا عقد الوكالة الذي يبرمه الاصيل القاصر قد يكون صحيحا او باطلا او موقوفا حسب مقتضى الاحوال بموجب ما تنص عليه المادة (٩٣٠) من القانون المدني العراقي

(١) د. مالك دوهان الحسن، المصدر السابق، ص٢٣٤.

(٢) نفس المصدر، ص٢٣٥.

(٣) نفس المصدر، نفس الصفحة.

والذي جاء فيها بانه (١-يشترط لصحة الوكالة ان يكون الموكل ممن يملك التصرف بنفسه فيما وكل به،

فلا يصح توكيل مجنون ولا صبي غير مميز مطلقا، ولا توكيل صبي مميز بتصرف ضار ضررا محضا ولو اذن

به الولي، ويصح توكيله بالتصرف الذي ينفعه بلا اذن وليه، وبالتصرف الـدائـر بـين النفع والضـرر ان كـان

مأذونا بالتجارة، فان كان محجورا ينعقد توكيله موقوفا على اذن وليه. ٢-ويشترط ان يكون الوكيل عـاقلاً

مميزاً ولايشترط ان يكون بالغاً فيصح ان يكون الصبي المميز وكيلاً ، وان لم يكن مأذوناً).

ثانيا : مدى امكانية تطبيق أحكام الوكالة في العالم المادي (Offline) على الوسيط الالكتروني في العالم الافتراضي (Online)

بعد استعراض موجز لأهم الاحكام القانونيـة للوكالـة بموجب القواعـد العامـة، نتحـرى مـدى امكانيـة

تطبيق احكام الوكالة في العالم المادي (Offline) على الوسيط الالكتروني في العالم الافتراضي (Online) الـذي

تسميه بعض التشريعات المنظمة للتجارة الالكترونية[١] بالوكيل الالكتروني (Electronic Agent).

ان الوسيلة الالكترونيـة (Automated Mean) التي تستخدم في اجـراء المعـاملات الالكترونيـة المؤتمـتة

وابرام العقود تلقائيا دون الحاجة الى تدخل مادي مباشر من جانب الشخص الـذي يعـدها ويبرمجها لـكي

تعمل لحسابه في حدود التعليمات (INSTRACTIONS) الموضوعة من قبله، هي مجرد وسيلة للاتصال

(Mere Communication Tools) [٢] وليست لديها الشخصية القانونية (الاهلية) لاكتساب

---

(١) من التشريعات التي استخدمت مصطلح (الوكيل الالكتروني) للدلالة على الوسيط الالكتروني، قانون كندا الموحد للتجارة الالكترونية وقانون المبادلات الالكترونية الموحد للولايات المتحدة الامريكية، كما استخدم المشرع في مملكة البحرين مصطلح (الوكلاء الالكترونيين) في المادة (١١) من قانون مملكة البحرين للمعاملات الالكترونية. كما استخدم توجيه البرلمان الاوروبي الرقم (٣١) لسنة ٢٠٠٠ (EC/٣١/٢٠٠٠) بخصوص بعض الجوانب القانونية لخدمات المجتمع المعلوماتي في مقدمته (الوكيل الالكتروني المؤتمت) ايضا.

(٢) EMITY M. WEIZENBOEK, op. cit, p.١٣ .

الحقوق وتحمل الالتزامات، والتي تؤهل الشخص للتعبير عن ارادته الخاصة، كما ان تلك الوسيلة الالكترونية ليست لديها ارادة مستقلة عن ارادة الشخص الذي يعمل لحسابه^(١)، لذلك لا يقصد من النصوص القانونية التي تنظم (الوسيط الالكتروني) وصلاحيته للتعبير عن الارادة، بأن يحل الوسيط الالكتروني محل الوكيل (Agent) في العالم المادي ولا يمكن بالتالي تطبيق القواعد العامة المنظمة لأحكام الوكالة الواردة في القانون المدني على الوسيط الالكتروني لان للوكيل في لغة القانون المدني مدلولا مستقرا ومغايرا عن الوسيط الالكتروني^(٢)، وخصوصا القواعد التي تنظم المسؤولية المدنية الناشئة عن اخلال الوكيل بالتزاماته الناشئة عن عقد الوكالة^(٣)، وهذا ما يؤكد عليه قانون الاونسترال النموذجي بشأن التجارة الالكترونية في مقدمة دليل تشريعه^(٤)، كما دفعت هذه الحقيقة بالفريق العامل المعني بالتجارة الالكترونية الذي اعد مشروع الاونسترال لاتفاقية التعاقد الالكتروني بان يستخدم مصطلح النظام الحاسوبي المؤتمت (Automated Computer System)^(٥) بدلا من الوكيل الالكتروني على الرغم من ان المشروع اعتمد في تعريفه للوسيط الالكتروني على الفقرة السادسة من المادة (٢) من قانون المبادلات الالكترونية الموحد للولايات المتحدة الامريكية والمادة (١٩) من قانون كندا الموحد للتجارة الالكترونية اللذين يستخدمان مصطلح (الوكيل الالكتروني).

وقد اكد المشرع في مملكة البحرين على ما ذكر بصدد الوسيط الالكتروني، وذلك عند تنظيمه لمسألة اسناد رسالة البيانات في المادة (١٢) من قانون مملكة البحرين للمعاملات الالكترونية، حيث اكد في الفقرة الاولى/ب من المادة (١٢) منه،

(١) Ibid, p.١٣.

(٢) Ibid, p.١٤.

(٣) Legal aspects of electronic commerce, Electronic contracting: provision for a draft convention, op. cit, p.١٧.

(٤) UNCITRAL Model Law on Electronic Commerce with Guide to Enactment, op. cit, p.٤٥.

(٥) Legal aspects of electronic commerce, Electronic contracting provisions for a draft convention, op. cit. p.١٧.

بانه يعتبر السجل الالكتروني صادرا عن المنشئ ما لم يتفق الطرفان على غير ذلك اذا كان (قد ارسل مع موافقة ضمنية او صريحة او من قبل وكيل او وكيل الكتروني للمنشئ) واشار في الفقرة الثالثة من نفس المادة بانه (لا يجوز ان يتسبب أي نص في هذه المادة في التأثير على أي نص في القانون بشأن الوكالة او صياغة العقود.).

٤-٢-١-٢   الغلط في التعاقد مع الوسيط الالكتروني وطبيعته القانونية

أولا : المقصود بالغلط في التعاقد مع الوسيط الالكتروني ومعالجته

لا يقصد بـالغلط في التعاقد مـع الوسـيط الالكتروني المعنـى المألوف لـه كعيب مـن عيوب الارادة[1]، وانما يقصد به الغلط من نمط خاص وهو الذي يتحقق اثناء ابرام العقد الالكتروني بين الاجهزة المؤتمتة فيما بينها او بين شخص وجهاز مؤتمت، ومن الامثلة على هذا النوع من الغلط، كأن ينقر شخص فوق ايكونة (I Agree) على شاشة الحاسوب فيصل القبول الى الوسيط الالكتروني الذي عبر عن الايجاب، فهنا ينعقد العقد الالكتروني مبدئيا دون ان تتوجه الارادة الحقيقية لهذا الشخص الى هذه النتيجة لانه قام بهذا الفعل بشكل عشوائي دون القصد.

ان معالجة هذا الغلط الذي يقع عند التعاقد مع جهاز مؤتمت تكون صعبة مقارنة بالغلط الـذي يقع بين شخصين طبيعيين، حيث يمكن معالجة هذا الاخير من خلال ارسال رسالة تصحيح الى المرسل اليه في الوقت المناسب وقبل ترتيب الآثار القانونية، اما اذا وقع الغلط عند استخدام الوسيط الالكتروني فانه لا يمكن معالجته بهذه المرونة لانه يتم مع جهاز مـبرمج لا يتجاوب بسـهولة مـع محاولـة الشخص لمعالجة الغلط[2].

اما فيما يتعلق بموقف التشريعات المنظمـة للمعاملات والتجـارة الالكترونيـة، نجـد بـأن بعض هـذه التشريعات لا تتضمن نصوصا قانونية بخصوص مسألة الغلط في التعاقد مع

---

(١) نص القانون المدني العراقي وفي المادة (١١٨) منه على بيان الحالات التي يكون فيها الغلط يعيب الارادة، والتي سنتعرض لها لاحقا في الفصل الخاص بصحة التراضي في العقود الالكترونية.

(٢) Legal aspects on electronic commerce, electronic contracting, provisions for a draft convention. p.١٨.

الوسيط الالكتروني ومنها القانون التونسي والاردني وقانون امارة دبي ومشروع قانون التجارة الالكترونية المصري فضلا عن قانون الاونسترال النموذجي بشأن التجارة الالكترونية.

ومن التشريعات التي عالجت هذه المسألة، قانون كندا الموحد بشأن التجارة الالكترونية سنة ١٩٩٩ وقانون المبادلات الالكترونية الموحد للولايات المتحدة الامريكية سنة ١٩٩٩[١] .

ومن القوانين العربية التي تعرضت لهذه المسألة قانون مملكة البحرين بشأن المعاملات الالكترونية الرقم ٢٨ لسنة ٢٠٠٢ وفي المادة (١١) منه تحت عنوان (مشاركة الوكلاء الالكترونيين)، فبعد ان اكدت المادة في فقرتها الاولى على جواز ابرام العقد عن طريق تواصل ما بين وكيل الكتروني وشخص ما او من خلال تفاعل وكلاء الكترونيين، جاءت في فقرتها الثانية بانه (تكون المعاملة الالكترونية قابلة للالغاء فيما بين شخص[٢] ووكيل الكتروني لشخص آخر بمحض اختيار الشخص اذا :

أ- ارتكب الشخص الاول خطأ جوهريا[٣] في اية معلومات الكترونية او سجل الكتروني استخدم في معاملة او كان جزءا من معاملة.

ب- لم يعط الوكيل الالكتروني للشخص الفرصة لمنع الخطأ او لتصحيحه.

---

(١) تنظر الى المادة (٢٢) من القانون الكندي، والمادة (١٠) من القانون الامريكي، اشارت الى هاتين المادتين مقدمة مشروع اتفاقية الاونسترال :

Legal aspects of electronic commerce, electronic contracting: provisions for a draft convention, op. cit, p.١٨.

(٢) اشارت الفقرة الثالثة من المادة (١١) من قانون مملكة البحرين صراحة الى ان مفهوم الشخص يشمل الشخص نفسه ونائبه وكذلك الشخص المعنوي، حيث جاءت الفقرة بأنه (يجب ان تعتبر الاشارة الى "الشخص" في هذه المادة على انها تشمل الشخص ممثلا نفسه او متصرفا نيابة عن شخص آخر او انه "شخص اعتباري").

(٣) استخدم في قانون مملكة البحرين عبارة (الخطأ الجوهري) بدلا من (الغلط)، في الوقت الذي يكون للخطأ في الاصطلاح القانوني معنى دقيق يختلف عن الغلط، حيث ان الخطأ هو اخلال بالتزام قانوني او عقدي في حين يقصد من الغلط حالة تقوم بالنفس تجعلها تتصور الامر على غير حقيقته.

ينظر الدكتور عبدالمجيد الحكيم، الموجز، المصدر السابق، ص١٣٦.

جـ- قام الشخص الاول – فور علمه بالخطأ – بابلاغ الشخص الآخر دون ابطاء.

د- في الحالة التي يتسلم فيها مقابلا نتيجة للخطأ يقوم الشخص بما يلي :

١- اعادة المقابل المتسلم او التخلص منه وذلك بحسب تعليمات الشخص الآخر او اذا لم تكن هناك تعليمات اخرى يتعامل مع المقابل بطريقة مناسبة، و

٢- لا يستفيد ماديا بتسلم المقابل.)

وقد عالج هذا الامر كذلك مشروع الاونسترال لاتفاقية التعاقد الالكتروني وذلك في المادة (١٢) منه، فبعد ان نصت الفقرة الاولى منها على جواز تكوين العقد عن طريق الاجهزة المؤتمتة، جاءت الفقرة الثانية منها بنص يتعلق بضرورة توفير المستلزمات الفنية لمعالجة الاغلاط التي تقع ممن يتعاقد مع جهاز مؤتمت، في حين نصت الفقرة الثالثة من ذات المادة على انه (ليس للعقد الـذي يبرمـه شخص طبيعي [١] يستخدم نظاما حاسوبيا مؤتمتا تابعا لشخص آخر اثر قانوني، وليس واجب النفاذ اذا ارتكب الشخص الطبيعـي خطأ ماديا[٢] في رسالة البيانات، وذلك اذا :

أ- لم يتح النظام الحاسوبي المؤتمت فرصة للشخص الطبيعي لمنع الخطأ او تصحيحه.

ب- ابلغ الشخص الطبيعي الآخر بالخطأ بأسرع ما يمكن عمليـا عند علمه بـه واوضح انـه (او انهـا) ارتكب خطأ في رسالة البيانات.

جـ- اتخذ الشخص الطبيعي خطوات معقولة، بما في ذلك، الخطوات التـي تتفق وتعليمات الشخص الآخر باعادة السلع او الخدمات التي تسلمها، ان كان قد تسلم شيئا، نتيجة للخطأ او بتدمير تلك السلع او الخدمات، اذا طلب منه ذلك.

---

(١) استخدم مشروع اتفاقية الاونسترال للتعاقد الالكتروني عبارة (الشخص الطبيعي) وهـذا يعني ان نطـاق تطبيـق المـادة (١٢) مـن المشروع يكون محدودا بحدود الاشخاص الطبيعية فقط دون الاعتبارية، فلا تشمل التعامل بين منشـأة تجاريـة واخرى في سياق هـذه المادة، ينظر :

Legal aspects of electronic commerce, electronic contracting: provisions for a draft convention, op. cit, p.١٨.

(٢) استخدم نص المادة (١٢) من المشروع مصطلح (الخطأ) ولكنه عالج الموضوع تحت عبارة (معالجة الخطأ والغلط).

د- لم يستخدم الشخص الطبيعي ما قد يكون تسلمه من سلع او خدمات من الشخص الآخر ولم يحصل منه على أية منفعة او قيمة مادية.)

ثانيا : الطبيعة القانونية للغلط في التعاقد مع الوسيط الالكتروني

يفهم من النصوص المذكورة في قانون مملكة البحرين للمعاملات الالكترونية ومشروع الاونسترال لاتفاقية التعاقد الالكتروني، أن هذه النصوص لم تتطرق الى الغلط الذي يقع من الوسيط الالكتروني (الجهاز المؤتمت)[1] ذاته ومدى مسؤولية من يعمل الجهاز لحسابه عن ذلك، وانما تناولت الصورة التي تكون اكثر شيوعا وهي الغلط الذي يحصل عند تعاقد شخص (طبيعيا او معنويا) مع الوسيط الالكتروني (الجهاز المؤتمت)، وان هذا الغلط قد يكون غلطا مانعا من انعقاد العقد ويعدم الارادة تماما، او يكون مجرد غلط مادي لا يؤثر في الارادة بل يجب تصحيحه.

ففي ضوء المثال السابق اذا كان الايجاب الالكتروني صادرا عن جهاز مؤتمت، وتم النقر (click) فوق ايكونة (I Agree) على شاشة الحاسوب الذي يستخدم من قبل الشخص ودون ان تتوجه ارادته الحقيقية الى ذلك، فهنا يكون الغلط ماديا ويجب تصحيحه، اذا كان بامكان الشخص ان يمنع من وقوع الغلط ووصول القبول الى الطرف الآخر، او يصححه من خلال الوسائل التقنية التي اشارت اليها الفقرة الثانية من المادة (12) من مشروع اتفاقية الاونسترال للتعاقد الالكتروني، والتي جاء فيها بانه (ما لم يتفق الطرفان صراحة على خلاف ذلك، يكون على الطرف الذي يعرض سلعا وخدمات عن طريق نظام حاسوبي مؤتمت ان يوفر للاطراف الذين يستخدمون النظام،

---

[1] يرى الفريق العامل المعني بالتجارة الالكترونية لدى الاونسترال، بأن المسؤولية القانونية عن الغلط الذي يتم من جانب الوسيط الالكتروني ذاته تقع على عاتق الشخص الذي يبرمج الوسيط الالكتروني لكي يعمل لحسابه تلقائيا، كما يرى الفريق ضرورة التخفيف من مسؤوليته ايضا اذا وجدت ظروف تقتضي ذلك، كأن لا يكون بامكان الشخص ان يتوقع من وسيطه الالكتروني ان يصدر رسالة يشوبها (الغلط) على ان يأخذ بنظر الاعتبار مدى التزام الشخص بالتقييدات التقنية والبرامج المستخدمة والتحكم فيها اضافة الى مدى امكانية تصحيح الغلط من خلال الوسائل التقنية، ويبرر الفريق العامل عدم ضرورة وجود احكام قانونية بهذا الصدد بعدم وجود سوابق تشريعية من بين التشريعات المنظمة للتجارة الالكترونية في هذا المجال، ينظر :

Legal aspects on electronic commerce, electronic contracting, op. cit, p.19.

الوسائل التقنية التي تسمح لهم بالتعرف على الاخطاء وتصحيحها قبل ابرام العقد، ويجب ان تكون الوسائل التقنية، التي يلزم توفيرها عملا بهذه الفقرة، ملائمة وفعالة وفي المتناول)، وان الغلط بهذا المعنى يمكن ان يضاف كصورة جديدة من صور الغلط المادي المشار اليه في المادة (١٢٠) من القانون المدني العراقي والتي تنص على انه (لا يؤثر في نفاذ العقد مجرد الغلط في الحساب ولا الغلط المادي وانما يجب تصحيح هذا الغلط).

اما اذا لم يكن بامكان الشخص تدارك الغلط او تلافيه، فان حكم العقد الالكتروني الذي يبرم نتيجة هذا الغلط يختلف في مشروع الاونسترال لاتفاقية التعاقد الالكتروني عن حكمه في قانون مملكة البحرين للمعاملات الالكترونية كالآتي :

استنادا الى الفقرة الثالثة من المادة (١٢) من المشروع، والتي تقضي بان العقد لا يكون له اثر قانوني وغير واجب النفاذ، أي ان الغلط يمنع من انعقاد العقد ويعدم الارادة تماما، وذلك بشرط ان يقوم الشخص بابلاغ الطرف الآخر بأسرع وقت ممكن عند علمه بوقوعه في الغلط ويوضح له في البلاغ بانه ارتكب غلطا في رسالة البيانات، وأن يتخذ خطوات معقولة في هذا المجال بما في ذلك اعادة السلع او الخدمات التي تسلمها، ان كان قد تسلم شيئا نتيجة لوقوعه في الغلط، او ان يقوم بأي اجراء يطلبه منه الطرف الآخر بهذا الصدد، وان لا يستخدم ما قد تسلمه من سلع او خدمات ولا يحصل منه على اية منفعة او قيمة مادية، والغلط بهذا المعنى يخرج من حيث الاثر من نطاق الغلط المادي المشار اليه في المادة (١٢٠) من القانون المدني العراقي، وانما يمكن ان يضاف من حيث اثره الى صور الغلط المعدمة للارادة المنصوص عليها في المادة (١١٧) من نفس القانون والتي يحددها الشراح بحالات الغلط في ماهية العقد والغلط في وجود المحل والغلط في سبب الالتزام[١].

أما بموجب الفقرة الثانية من المادة (١١) من قانون مملكة البحرين للمعاملات الالكترونية، فان الغلط لا يمنع من انعقاد العقد ولا يعدم الارادة تماما، وانما يكون العقد الذي يبرم نتيجة وقوع الغلط يكون قابلا للالغاء بمحض ارادة الشخص الذي وقع

---

(١) د. عبدالمجيد الحكيم وآخرون، الوجيز في نظرية الالتزام، المصدر السابق، ص٨٠ وما بعدها.

في الغلط عند تعاقده مع وسيط الكتروني، ولا يكون العقد باطلا كما جاء في المشروع على ان يأخذ بنظر الاعتبار ايضا المعايير والشروط التي نصت عليها الفقرة الثانية من نفس المادة – المشار اليها سابقا –.

خلاصة القول ان الغلط الذي نحن بصدده هو من نوع خاص، فهو غلط مادي من حيث حدوثه (بالنقر على ايكونة القبول خطأ)[1] لكنه قد يعد غلطا مانعا يعدم الارادة تماما اذا لم يكن بالامكان تداركه، او يجعل العقد قابلا للالغاء بمحض ارادة الشخص الذي وقع في الغلط – كما رأيناه في قانون مملكة البحرين –.

٢-٢ الايجاب والقبول في العقود الالكترونية

ان التراضي عموما هو تبادل ارادتين متطابقتين لاحداث اثر قانوني[2] ويستوجب ذلك وجود ثلاثة امور اولها صدور تعبير عن احد الطرفين يدل على الرضا وهو (الايجاب)، والثاني هو صدور تعبير عن الطرف المقابل يدل على رضاه ايضا وهو (القبول)، وثالثها هو ارتباط القبول بالايجاب، وان العقود الالكترونية المبرمة عبر شبكة الانترنيت لا تخرج عن هذه القاعدة[3] الا ان الايجاب والقبول يتم التعبير عنهما وارتباطهما بوسائل الكترونية بدلا من الوسائل التقليدية.

وعلى الرغم من ان مسألة الايجاب والقبول تعد من ادق مسائل العقد ووجدت لها مساحة واسعة بالتنظيم في العالم المادي، الا انها لم تظفر بتنظيم واف في القوانين المنظمة للمعاملات والتجارة الالكترونية، اذ لم تتناول هذه التشريعات احكاما تفصيلية بخصوصها، بل وردت فيها قاعدة عامة تفيد جواز التعبير عن الايجاب والقبول الكترونيا، وهذا ما اكدت عليه الفقرة الاولى من المادة (١١) من القانون النموذجي[4]

---

(١) هادي مسلم يونس قاسم،المصدر السابق،ص١٣٧.
(٢) تنظر المادة (٧٣) من القانون المدني العراقي.
(٣) صابر محمد عمار،المصدر السابق،ص١.
(٤) تنظر كذلك الفقرة الاولى من المادة (١٠) من مشروع الاونسترال لاتفاقية التعاقد الالكتروني، والتي تنص على انه (يجوز التعبير عن أي بلاغ... فيما يتصل بـ(معاملة) (عقد) يندرج في نطاق هذه الاتفاقية، عن طريق رسائل البيانات...).

والتي نصت على انه (في سياق تكوين العقود، ما لم يتفق الطرفان على غير ذلك، يجوز استخدام رسائل البيانات للتعبير عن العرض وقبول العرض....)، ونصت الفقرة الاولى من المادة (٩) من قانون مملكة البحرين على انه (في سياق تكوين العقود وما لم يتم الاتفاق على غير ذلك من قبل الطرفين يجوز التعبير عن العرض وقبوله... بالكامل او جزئيا عن طريق السجلات الالكترونية)، كما نصت ايضا المادة (١٣) من قانون المعاملات الالكترونية الاردني على انه (تعتبر رسالة المعلومات وسيلة من وسائل التعبير عن الارادة المقبولة قانونا لابداء الايجاب او القبول بقصد انشاء التزام تعاقدي)، اما قانون المعاملات والتجارة الالكترونية لامارة دبي فقد نص ايضا في الفقرة الاولى من المادة (١٣) على انه (لغرض التعاقد يجوز التعبير عن الايجاب والقبول جزئيا او كليا بواسطة المراسلة الالكترونية).

عليه نتناول في هذه الفقرة موضوع الايجاب والقبول الالكترونيين من خلال ابراز الجوانب التي تخصهما في العقود الالكترونية، دون الدخول في تفاصيلهما بالشكل الوارد في القواعد العامة.

٢-٢-١ الايجاب في العقود الالكترونية

على الرغم من خصوصية الايجاب في العقود الالكترونية من حيث وسيلة التعبير عنه، لكنه لا يختلف كليا عن الايجاب عموما في العقود المبرمة بالوسائل التقليدية، وهكذا فان الايجاب الالكتروني كمثله يخضع للقواعد العامة الواردة بهذا الشأن في القوانين المدنية القائمة في العالم المادي (Offline).

بغية تسليط الضوء على اهم الجوانب والمسائل الخاصة بالايجاب الالكتروني، سنبحث اولا في بيان المقصود من الايجاب الالكتروني، وثانيا في المعلومات الواجب توافرها في الايجاب الالكتروني خصوصا اذا كان الطرف الموجه اليه مستهلكا، وثالثا في حكم العروض الالكترونية الموجهة الى الجمهور او عدد من الاشخاص غير المعينين عبر المواقع الالكترونية والمتاجر الافتراضية، واخيرا نبحث في الطابع العالمي

للايجاب الالكتروني المعبر عنه عبر الانترنيت وما يقتضيه ذلك مـن ضرورة تحديـد نطاق نفاذه مـن الناحيتين المكانية (الجغرافية) والكمية المتوفرة من السلع لدى الموجب.

٢-٢-١-١ المقصود من الايجاب الالكتروني

يقصد من الايجاب عمومـا[1] التعبير البات عن الارادة موجها الى الطرف الآخر يعرض عليه التعاقد عـلى اسس وشروط معينة[2]، وان الايجاب هو الارادة الاولى التـي تظهـر في العقد، لـذلك يجب ان تتـوفر فيـه الشروط المتعلقة بالارادة واتجاهها الى احداث اثر قانوني والتعبير عنها، اضافة الى ذلك يجب ان يشتمل على العناصر التي تجعله صالحا لان ينعقد به العقد اذا صادفه القبول[3].

وقد عرفه القاموس القانوني لهنري كابيتان بانه (اعراب عـن الارادة - صـريح او ضـمني - بـه يعـرض شخص على آخر او على عدة اشخاص آخرين - معينين او غير معينين - ابرام عقد بشروط معينة.)[4].

لم تورد معظم القوانين المدنية[5] تعريفا محددا للايجاب كما لم تشترط شكلية معينة للتعبير عنه مبدئيا، ولكن القانون المدني العراقي نص في الفقرة الاولى من المادة

---

(١) للمزيد من التفاصيل حول مفهوم الايجاب واحكامه وفق القواعد العامة ينظر كل من :
د. عبدالرزاق السنهوري، نظرية العقد، المصدر السابق، ص٢٣٨ وما بعدها. د. عبدالمجيد الحكيم وآخرون، المصدر السـابق، ص٣٨ ومـا بعدها. د. مالك دوهان الحسن، المصدر السابق، ص١٣٩ وما بعدها. د. منذر الفضل، المصدر السـابق، ص١٠٠ ومـا بعدها. د. مجيد حميد العنبكي، مبادئ العقد في القانون الانكليزي، ٢٠٠١، ص٧ وما بعدها. عباس زبون عبيد العبودي، المصدر السابق، ص٨٠ وما بعدها.

(٢) ينظر د. عبدالمجيد الحكيم وآخرون، الوجيز في نظرية الالتزام، المصدر السابق، ص٣٨.

(٣) د. محمود السيد عبدالمعطي خيال، المصدر السابق، ص٤٣.

(٤) مشار اليه عند نفس المصدر، نفس الصفحة.

(٥) من هذه القوانين : القانون المدني العراقي والقانون المدني المصري والسوري وقانون الموجبات والعقود اللبناني، ولكن عرفته المـادة (١٤/١) من قانون العقد السوداني بانه (هو العرض الصادر من شخص يعبر به على وجه حازم عن قصده في ابرام عقد معين)، كما عرفته محكمة النقض المصرية بانه (العرض الذي يعبر به الشخص الصادر منه على وجه جازم عـن ارادتـه في ابرام عقـد معين، بحيث اذا اقترن به قبول مطابق للعقد انعقد العقد)، اشار اليه د. حسام الدين كامل الاهواني، المصدر السابق، ص١٠٧.

(۷۷) منه على ان (الايجاب والقبول كل لفظين مستعملين عرفا لانشاء العقد، واي لفظ صـدر اولا فهو ايجاب والثاني قبول.)، ويلاحظ هنا أن المشرع العراقي قد حصر طرق التعبير عن الايجاب في (اللفظ) وان كان من الافضل ان يترك هذا الامر الى القاعدة العامة[1] التي لا تشترط مبـدئيا شكلية معينة للتعبير عـن الايجاب، فيصح التعبير عنه بأية طريقة سواء كانت باللفظ او غيره، وهذا ما تؤكد عليه غالبية التشريـعات والاتفاقيات ذات العلاقة واكده المشرع العراقي نفسه في المادة (۷۹) من القانون المدني العراقي[2].

هذا فيما يتعلق بالايجاب عموما، امـا الايجـاب الالكترونـي فنجـد أن معظـم القـوانين المنظمة للتجارة الالكترونية لا تتضمن تعريفا له على الرغم من تأكيد هذه القوانين على جواز التعبير عن الايجاب بوسـائل الكترونية ومنها رسالة البيانـات عـبر شبكة الانترنيت، ولكـن ورد في مشـروع اتفاقيـة الاونسترال للتعاقد الالكتروني تعريف لمقدم العرض ومتلقيه، حيث نصت الفقرة (ز) من المادة الخامسة من المشروع على انـه يقصد بتعبير "مقدم العرض" أي شخص طبيعي او كيان قانوني يعرض سلعا او خدمات.

{"Offeror" means a natural person or legal entity that offers goods or services.}.

ونصت الفقرة (ح) من نفس المادة على انه يقصد بتعبير "متلقي العرض" أي شخص طبيعـي او كيـان قانوني يتسلم او يسترجع عرضا لسلع او خدمات.

{"Offeree" means a natural person or legal entity that receives or retrieves an offer of goods or services.}.

وفي اطار العقود المبرمة عن بعد، ورد في التوجيه الاوروبي الرقم (۹۷/۷/EC) الخاص بحماية المسـتهلكين في العقود المبرمة عن بعد[3] تعريف للايجاب بانه (كل اتصال عن

---

(۱) في هذا الرأي ينظر د. منذر الفضل، المصدر السابق، ص۱۰۰.
(۲) تنص المادة (۷۹) من القانون المدني العراقي على انه (كما يكون الايجاب والقبـول بالمشافهة يكون بالمكاتبة، والاشارة الشـائعة الاستعمال ولو من غير الاخرس، وبالمبادلة الفعلية الدالة على التراضي، وباتخاذ أي مسلك آخر لا تدع ظروف الحال شكا في دلالتـه على التراضي).
(۳)"Directive ۹۷/۷/EC on the protection of consumers respect of distance contracts"

بعد يتضمن كل العناصر اللازمة بحيث يستطيع المرسل اليه ان يقبل التعاقد مباشرة، ويستبعد من هذا النطاق مجرد الاعلان).

خلاصة القول : ليس للايجاب الالكتروني تعريف خاص يختلف في مضمونه عن تعريف الايجاب في العالم المادي (Offline) الا في الوسيلة المستخدمة للتعبير عنه، حيث يتم عادة بوسائل الكترونية بدلا من الوسائل التقليدية، وخصوصا اذا عرفنا ان التشريعات المدنية المنظمة لأحكام العقد عموما وكذلك الاتفاقيات ذات العلاقة لا تشترط للتعبير عن الايجاب شكلية معينة، بل اجازت التعبير عنه بأية وسيلة تروق للموجب لا تثير شكا في دلالتها على التراضي، سواء كانت هذه الوسيلة هي اللفظ او الاشارة او الكتابة في صيغتها الرقمية او رسالة البيانات وغيرها، ولكن شبكة الانترنيت وما توفره من خدمات متنوعة والتي ترسل وتستقبل في نفس الوقت عبر وسائل مسموعة ومرئية تكون اكثر ملاءمة للتعبير عن الايجاب وبيان عناصره الاساسية وشروطه، مقارنة بالوسائل التقليدية.

ويشترط في التعبير عن الارادة عبر شبكة الانترنيت لكي يعتبر ايجابا الكترونيا ينعقد به العقد اذا اقترن به قبول مطابق، توافر ثلاثة شروط اساسية[1]، وهي اولا ان يكون الايجاب جازما وباتا وذلك بان تتوافر لدى الموجب النية القاطعة لأحداث الاثر القانوني (ابرام العقد) وهذا ما يميز بين الايجاب والمراحل التي تسبقه كالمفاوضات[2].

صدر هذا التوجيه عن المجلس الاوروبي في ٢٠ ايار ١٩٩٧ ودخل حيز التنفيذ اعتبارا م ن ٤/حزيران١٩٩٧ كي يتم تطبيق ه م ن خلال ادخال بنوده الى التشريعات الوطنية للدول الاعضاء في المجلس الاوروبي خلال ثلاث سنوات من تاريخ تنفيذه أي الى ٤/حزيران/٢٠٠٠. للمزيد من التفاصيل حول اهم الاحكام التي جاءت في هذا التوجيه بصدد حماية حقوق المستهلكين في العقود التي تبرم عن بعد ينظر :

FORMATION AND VALIDITY OF ON-LINE CONTRACTS, op. cit, pp.٣٦-٤٣.

وكذلك :

Thomas Wilhelmsson and other, Consumer Law in the Information society kluwer Law International, printed in Netherlands, ٢٠٠١.

(١) ينظر في هذا المعنى د. حسام الدين كامل الاهواني، المصدر السابق، ص ص١٠٨-١١٥.

(٢) المفاوضات هي تبادل الاقتراحات والمساومات والمكاتبات والتقارير والدراسات الفنية والاستشارات القانونية التي يتبادلها اطراف التفاوض ليكون كل منهما على بينة من افضل الاشكال القانونية التي تحقق مصلحة الاطراف وللتعرف على ما يسفر عنه الاتفاق من حقوق والتزامات طرفيه، ولم تعد

وثانيا ان يكون الايجاب كاملا ومحددا تحديدا كافيا وذلك بان يحتوي على الشروط الاساسية للتعاقد والتي تشمل العناصر الجوهرية للعقد، واخيرا ان يكون الايجاب موجها الى شخص معين او عدة اشخاص معينين.

٢-٢-١-٢ المعلومات الواجب توافرها في الايجاب الالكتروني

يجب ان يحتوي الايجاب الالكتروني على العناصر التي تجعله صالحا لان ينعقد به العقد الكترونيا حين يقترن به قبول مطابق له، وهذه العناصر هي في الاقل العناصر الجوهرية[1] او الاركان الاساسية التي لابد من توافرها لانعقاد العقد، وان يكون ذلك بشكل يستطيع من وجه اليه الايجاب الاحاطة بها، ويضاف الى هذه الاركان كل شرط آخر يرقى في نظر من وجه اليه الايجاب الى مرتبة العناصر الجوهرية حتى ولو كان في ذاته امرا ثانويا لا اهمية له[2]، فاذا تخلف في الايجاب احد العناصر الجوهرية للعقد فلا يعد ذلك ايجابا وانما يعد مجرد دعوة الى التعاقد[3]، فعلى سبيل المثال اذا اعلن عبر احد المتاجر الافتراضية على شبكة الانترنيت عن بيع بضاعة معينة وبسعر

المفاوضات مجرد عمل مادي به يتم تبادل وجهات النظر وانما تحولت الى مرحلة مهمة لها نظامها القانوني يتقرر فيها وجود العقد ومصيره، وقد يتم التفاوض بين الطرفين اللذين يرومان التعاقد وليس هناك ما يمنع من اجراء المفاوضات عبر الانترنيت، في هذا المعنى ينظر : د. احمد عبدالكريم سلامة، قانون العقد الدولي، الطبعة الاولى، دار النهضة العربية، القاهرة، ٢٠٠٠-٢٠٠١، ص٦٢ وما بعدها. وكذلك صابر محمد عمار، المصدر السابق،ص٤.

(١) يتنازع تحديد العناصر الجوهرية في العقد معياران : معيار موضوعي ومعيار شخصي، وحسب المعيار الموضوعي تعتبر الاركان العامة اللازمة لانعقاد العقد من العناصر الجوهرية وهي التراضي والمحل والسبب، فضلا عن الاركان الخاصة المحددة لكل عقد من العقود المسماة، اما حسب المعيار الشخصي تتوقف المسألة على ارادة الاطراف وحدها سواء كانت صريحة ام ضمنية ما دامت روعيت فيها الاركان العامة لتكوين العقد.

ينظر : د. محمود السيد عبدالمعطي خيال، المصدر السابق، ص٤٩.
(٢) د. عبدالمجيد الحكيم وآخرون، المصدر السابق، ص٣٨.
(٣) نص المادة (٣١٨) من مشروع القانون المدني العراقي الجديد ١٩٨٤ (الملغي) صراحة على ذلك، حيث جاء بانه (يشترط في الايجاب ان يشتمل على جميع العناصر الجوهرية للعقد المراد ابرامه، فاذا تخلف احد هذه العناصر، اعتبر التعبير مجرد دعوة للتعاقد).

محدد فيعد ذلك ايجابا الكترونيا ويكون الموجب ملزما به وينعقد به العقد اذا اقترن به قبول مطابق مبدئيا.

وبما ان معظم التشريعات لم تحدد طريقة معينة او اسلوبا معينا لبيان العناصر الجوهرية للعقد المراد ابرامه[١]، لذلك يجوز ان يتم ذلك بأية وسيلة متاحة سواء عن طريق قيام البائع بارسال نموذج ورقي الى الموجه اليه الايجاب متضمنا العناصر الجوهرية او من خلال رسالة البيانات عبر شبكة الانترنيت، ويفترض ان يتم ذلك في العقود الالكترونية عادة عن طريق الخدمات التي توفرها الشبكة والتي تستخدم في عرض البضائع والخدمات سواء على المواقع والمتاجر الافتراضية او على صفحات الشبكة او من خلال البريد الالكتروني.

وتفرض بعض التشريعات الحديثة التزامات اضافية في هذا المجال على الموجب التاجر اذا كان من وجه اليه الايجاب - طالب السلعة او الخدمة - مستهلكا[٢] وذلك حماية للمستهلك، حيث تقرر هذه التشريعات وجوب ان يتضمن الايجاب الالكتروني الموجه الى المستهلك مجموعة من البيانات والمعلومات الضرورية اضافة الى العناصر الجوهرية - المار ذكرها -، وهذه المعلومات الاضافية تتعلق بعضها بمرحلة التعاقد

---

[١] يلاحظ انه يشترط في بعض الاحيان ان يكون الايجاب الالكتروني بلغة معينة، وانه لن يكون له أي اثر قانوني ما لم يحرر بها، هذا ما تتضمنه الفقرة الرابعة من الشروط العامة الواردة في العقد النموذجي الفرنسي للتجارة الالكترونية بين التجار والمستهلكين الذي اعتمد في سنة ١٩٩٨ من جانب كل من (غرفة التجارة والصناعة في باريس) و(اللجنة القانونية للجمعية الفرنسية للتجارة والمبادلات الالكترونية)، وقد جاءت الفقرة بأنه يجب ان (يقدم الايجاب باللغة الفرنسية، ويجوز ان تصاحبها ترجمة باللغة الانكليزية... "مع ملاحظة ان بعض المصطلحات ليست قابلة للترجمة فيجوز ذكرها بلغتها الاصلية"). اشار الى ذلك صابر محمد عمار، المصدر السابق، ص ص٦-٧.

[٢] تسمى العقود التي يبرمها المستهلك بعقود المستهلك وهي تلك العقود التي يكون موضوعها توريد او تقديم اشياء منقولة مادية او خدمات لفرد، هو المستهلك، وذلك من اجل استخدامه الشخصي او العائلي، والذي لا صلة له بنشاطه التجاري او المهني، علما بانه ليست هنالك طائفة معينة من الاشخاص يمكن تسميتهم بمستهلكين، لان جميع الافراد في المجتمع وبدرجات متفاوتة مستهلكون حتى من كان منهم يمارس نشاطا تجاريا. ينظر د. احمد عبدالكريم سلامة، المصدر السابق، ص ص٢٠٦-٢٠٧.

والبعض الآخر بالمرحلة التالية لها والمتمثلة في تنفيذ بنود العقد، ومن التشريعات التي تعرضت الى هذه المسألة قانون المبادلات والتجارة الالكترونية التونسي والذي اكد في المادة (٢٥) منه انه (يجب على البائع في معاملات التجارة الالكترونية ان يوفر للمستهلك بطريقة واضحة ومفهومة قبل ابرام العقد المعلومات التالية :

- هوية وعنوان وهاتف البائع او مزودي الخدمات.
- وصفا كاملا لمختلف مراحل انجاز المعاملة.
- طبيعة وخاصيات وسعر المنتج.
- كلفة تسليم المنتج ومبلغ تأمينه والادعاءات المستوجبة.
- الفترة التي يكون خلالها المنتج معروضا بالاسعار المحددة.
- شروط الضمانات التجارية والخدمة بعد البيع.
- طرق اجراءات التطلع وعند الاقتضاء شروط القروض المقترحة.
- طرق وآجال التسليم وتنفيذ العقد ونتائج عدم انجاز الالتزامات.
- امكانية العدول عن الشراء واجله.
- كيفية اقرار الطلبية.
- طرق ارجاع المنتج او الابدال وارجاع المبلغ.
- كلفة استعمال تقنيات الاتصالات حين يتم احتسابها على اساس مختلف عن التعريفات الجاري بها العمل.
- شروط فسخ العقد اذا كان لمدة غير محدودة او تفوق السنة.
- المدة الدنيا للعقد، فيما يخص العقود المتعلقة بتزويد المستهلك بمنتج او خدمة خلال مدة طويلة او بصفة دورية.

وتعيين توفير هذه المعلومات الكترونيا ووضعها على ذمة المستهلك للاطلاع عليها في جميع مراحل المعاملة).

وقد عالج مشروع اتفاقية الاونسترال للتعاقد الالكتروني هذا الامر ايضا تحت عنوان (المعلومات العامة الواجب تقديمها من الاطراف)، حيث جاء في الفقرة الاولى من المادة (١٤) من المشروع بأنه على أي طرف يعرض سلعا او خدمات عن طريق نظام

معلومات يمكن عامة وصول الجمهور اليه ان يوفر للاطراف المتاح لها الوصول الى نظام المعلومات هذا، المعلومات التالية :

أ- اسمه وكذلك، حيث يكون مقيدا في سجل تجاري او سجل عـام مماثـل، السجل التجـاري المقيـد بـه الطرف ورقمه، او وسائل مناظرة تتيح التعرف عليه في ذلك السجل.

ب- الموقع الجغرافي والعنوان الذي يوجد به مكان عمل ذلك الطرف.

جـ- بيانات مفصلة، بما فيها عنوان بريده الالكتروني، تسمح بالاتصال بسرعة والتخاطب معـه بطريقـة مباشرة وفعالة.

{A party offering goods or services through an information system that is generally accessing

such information system:

(a) Its name and, where the party is registered in a trade or similar public register, the trade

register in which the party is entered and its registration number, or equivalent means of

identification in that register.

(b) The geographic location and address at which the party has its place of business.

(c) Details, including its electronic mail address which allow the party to be contacted rapidly

and communicated with in a direct and effective manner.}

وأكدت نفس المادة من المشروع في فقرتها الثانية انه على أي طرف يعرض سلعا او خدمات عـن طريـق نظام معلومات عامة يمكن وصول الجمهور اليها ان يكفل حصول الاطراف الذين يمكنهم الوصول الى نظام المعلومات هذا على المعلومات الواجب تقـديمها بمقتضى الفقـرة الاولى، بسـهولة وبشـكل مبـاشر وبصفة دائمة.

{A party offering goods or services through an information system that is generally accessible

to the public shall ensure that the information required to be provided under paragraph (١) is

easily, directly and permanently accessible to parties accessing the information system.}

يلاحظ على هذه النصوص انها جاءت بصيغة قواعد قانونية آمرة تفرض على كل طرف يعـرض سـلعا او خدمات عبر شبكة الانترنيت ان يقدم قبل ابرام العقد

الالكتروني جملة من المعلومات تتعلق بالعقد وشروطه خصوصا اذا كان الطرف الآخر مستهلكا، وهذه المعلومات تدخل ضمن ما يسمى في العالم المادي بالشروط الواجب توافرها في محل العقد، ولكن نجد أن الالتزام الذي تقرره هذه النصوص اكثر شدة من الالتزام الذي تقرره القواعد العامة[١] في هذا المجال حيث لا يكفي لتعيين محل العقد الالكتروني مجرد الاشارة اليه او الى مكانه الخاص بل لابد من تقديم جميع المعلومات التي تحددها تلك النصوص، والغرض الاساسي من ذلك هو حماية المستهلك عندما يكون طرفا ضعيفا في العقود الالكترونية ويحتاج الى الحماية القانونية.

من ناحية اخرى، يلاحظ أنه بفضل الخدمات المتنوعة التي تقدمها شبكة الانترنيت، يكون بيان هذه المعلومات في الايجاب الالكتروني مصحوبا بصور فوتوغرافية ومتحركة، والتي يجب ان تعكس حقيقة المنتج خالية من أي غموض يتعلق بالنوعية او الاوزان او دولة المنشأ وغيرها...[٢]، وإلا عد ذلك من قبيل تضليل الجمهور وتشويه الحقيقة لديهم، وهذا ما تؤكده معظم التشريعات الحديثة التي توجب على التاجر بأن يبين تلك المعلومات بصورة دقيقة وموافقة للحقيقة دون لبس وغموض والا فقد يتعرض التاجر الى المساءلة الجزائية اضافة الى قيام مسؤوليته المدنية عن الاضرار التي تصيب الطرف المستهلك نتيجة ذلك التضليل، وهذا ما اكدت عليه المادة

---

(١) تقضي القواعد العامة فيما يتعلق بالشروط اللازم توافرها في محل العقد، بأن يكون محل الالتزام العقدي موجودا او ممكن الوجود، ومعينا او قابلا للتعيين واخيرا ان يكون مشروعا، تنظر على سبيل المثال الفقرة الاولى من المادة (١٢٨) من القانون المدني العراقي التي تنص على انه (يلزم ان يكون محل الالتزام معينا تعيينا نافيا للجهالة الفاحشة سواء كان تعيينه بالاشارة اليه او الى مكانه الخاص ان كان موجودا وقت العقد او بيان الاوصاف المميزة له مع ذكر مقداره ان كان من المقدرات، او بنحو ذلك مما تنتفي به الجهالة الفاحشة، ولا يكتفي بذكر الجنس عند ذكر القدر والوصف.)، للمزيد من التفاصيل بهذا الصدد ينظر د. منذر الفضل، المصدر السابق، ص١٧٨ وما بعدها .

(٢) تنظر الفقرة الثانية من شروط العقد النموذجي الفرنسي للتجارة الالكترونية - المشار اليه سابقا - والتي نصت على انه (يجب تطبيقا لاحكام القانون ان تكون العروض مفصلة بحيث تعرض بأمانة صفات المنتجات المعروضة من حيث الكم والكيف، وبحيث تحيط العميل علما بصفة خاصة بابعاد المنتجات ووزنها وتسميتها وطبيعتها ودرجة جودتها كلما كان ذلك ممكنا، ويجب ان تكون الصور الفوتوغرافية الايضاحية امينة ومتفقة مع حقيقة المنتج).

(٥٠) من قانون المبادلات والتجارة الالكترونية التونسي، حيث نصت على انه (يعاقب كـل مـن استغل ضعف او جهل شخص في اطار عمليات البيع الالكتروني بدفعه للالتزام حاضرا او آجلا بـأي شكل من الاشكال بخطية تتراوح بين ١٠٠٠ و٢٠٠٠٠ دينار، وذلك اذا ثبت من ظروف الواقعة ان هذا الشخص غير قادر على تمييز ابعاد تعهداته او كشف الحيل والخدع المعتمدة بالالتزام او اذا ثبت انه كان تحت الضغط مع مراعاة احكام المجلة الجنائية).

٢-٢-١-٣ العروض الالكترونية الموجهة للجمهور عبر الانترنيت

الايجاب كمبدأ عام هو تعبير واجب التسلم، يقصد به حمل الشخص الموجه اليه التعبير على الرد عليـه بالقبول او بالرفض، لذلك يجب ان يكون موجها للشخص المقصود به، فاذا تم توجيهه الى شخص آخر فـلا يعد ذلك ايجابا ولا يرتب عليه القانون أي أثر[1]. وهذا النوع من الايجاب يتعلق غالبا بالعقود القائمة على الاعتبارات الشخصية[2] كعقد الوكالة، وهنا لا تظهر الصعوبة فيما اذا كان التعبير عن الارادة يعد ايجابا ام لا فيما يتعلق بتحقيق شرط وجوب توجيه الايجاب الى شخص معين.

ولكن الصعوبة تظهر اذا كان الايجاب موجها الى اشخاص غير محددين والذي يسمى بـ(الايجاب الموجه الى الجمهور)[3]، وهناك الكثير من الوسائل التي تتيح عـرض السـلع والخدمات الى الجمهور كالصحف والاذاعة والتلفزيون والنشرات وواجهات المحال التجارية وغيرها....، ويوجد بصدد هـذه المسـألة فـي العالـم المادي (Offline) اختلاف في المواقف التشريعية والفقهية فيما اذا كانت العروض الموجهـة للجمهور تعد ايجابا باتا ام مجرد دعوة الى التفاوض، فهناك من يرى بأن العروض الموجهة للجمهور هي مجرد دعـوة الى التفاوض لعدم تعيين الشخص المقصود بالعرض[4]، إلا اذا كان

---

(١) عباس زبون عبيد العبودي، المصدر السابق، ص٨٣.
(٢) د. عبدالمنعم فرج الصدة، المصدر السابق، ص١٢٠.
(٣) عباس زبون عبيد العبودي، المصدر السابق، ص٨٣.
(٤) ينظر في تفاصيل هذا الرأي د. عبدالمجيد الحكيم، الموجز، المصدر السابق، ص١٠٤.

هذا العرض يحتوي على ارادة جازمة وقاطعة للتعاقد مع مـن يقبلـه، وهـذا مـا اكـدت عليـه الفقـرة الثانية من المادة (١٤) من اتفاقية الامم المتحدة للبيع الدولي للبضائع سنة ١٩٨٠ حيث نصت على انه (ولا يعد العرض الذي يوجه الى شخص او اشخاص غير معينين الا دعوة الى الايجاب، ما لم يكن الشـخص الـذي صدر عنه الايجاب قد ابان بوضوح عن اتجاه قصده الى خلاف ذلك) [١].

وهناك من يعد العرض الموجه للجمهور ايجابا صحيحا ،وفي هذا المعنى تقضي الفقرة الثانية مـن المـادة (٩٤) من القانون المدني الاردني بان الاصل هو اعتبار العـروض الموجهـة للجمهور ايجابا ولكـن اذا حصـل الشك فيها فتعتبر مجرد دعوة الى التفاوض استثناءً.

وقد حسم المشرع العراقي هذا الخلاف واورد تكييفا معينا للعروض والطلبات الموجهة للجمهـور التـي تتم من خلال الوسائل التقليدية – المشار اليها -، وذلك فيما نص عليـه المـادة (٨٠) مـن القـانون المـدني العراقي بأنه :

١- يعتبر عرض البضائع مع بيان ثمنها ايجابا.

٢- اما النشر والاعلان وبيان الاسعار الجاري التعامـل بهـا وكـل بيـان آخـر متعلـق بعـروض او بطلبـات موجهة للجمهور او للافراد فلا يعتبر عند الشك ايجابا وانما يكون دعوة الى التفاوض.)

ان هذه الحلول القانونية التي جاءت بها القواعد العامة تخص العروض والطلبات المقدمة الى الجمهـور من خلال الوسائل التقليدية كالصحف والاذاعة والتلفزيون وقوائم الاسعار والكاتلوجات وواجهـات المحـال التجارية وغيرها...، ولكن هذه العروض التقليدية تختلف عـن العـروض الالكترونيـة الموجهـة للجمهـور او عدد غير معين من الاشخاص من خـلال الانترنيـت، وخصوصـا عـبر المواقـع الالكترونيـة للتجـار او المتـاجر الافتراضية، وهذا الاختلاف يعود الى الطبيعة الخاصة للخدمـات التـي توفرهـا الانترنيـت التـي يمكـن مـن خلالها توجيه الايجاب الالكتروني البات واقترانه بالقبول وابرام العقد

---

(١) مشار اليه عند عباس زبون عبيد العبودي، المصدر السابق، ص٨٣.

فورا وبالتالي تنفيذه من خلال هذه الخدمات، مما ادى الى خلق نوع من الاختلاط[1] بين ما يعد من هذه العروض ايجابا قاطعا ينعقد به العقد الالكتروني اذا اقترن به قبول مطابق، وما يعد منها مجرد دعوة الى التفاوض.

لم تضع التشريعات المنظمة للتجارة الالكترونية احكاما خاصة للتمييز بين الايجاب الالكتروني البات وما يلابسه من حالات اخرى تسبقه في التكوين كالدعوة الى التفاوض، ولكن مشروع اتفاقية الاونسترال للتعاقد الالكتروني عالج هذا الامر تحت عنوان (الدعوات الى تقديم العروض) ووضع معيارا بخصوصه، اذ نصت الفقرة الاولى من المادة (٩) منه على انه (أي رسالة بيانات تتضمن عرضا لابرام عقد ولا تكون موجهة الى شخص او اشخاص معينين، بل تكون عامة في متناول الاشخاص الذين يستخدمون نظم المعلومات، مثل عرض سلع او خدمات من خلال موقع على شبكة الانترنيت، تعتبر مجرد دعوة الى تقديم عروض، ما لم يتبين اتجاه قصد مقدم العرض الى الالتزام به في حالة قبوله).

(A proposal for concluding a contract which is not addressed to one or more specific persons, but is generally accessible to persons making use of information systems, such as the offer of goods and services through an Internet website, is to be considered merely as an invitation to make offers, unless it indicates the intention of the offeror to be bound in case of acceptance) [2].

يلاحظ على هذا النص أنه وضع قاعدة عامة بهذا الشأن، وهي ان الاصل في العروض الالكترونية الموجهة الى شخص او اشخاص غير معينين (عبر المتاجر الافتراضية على الشبكة مثلا) انها دعوة الى التعاقد، والاستثناء على هذا الاصل هو اعتبار مثل هذه العروض ايجابا باتا اذا كان مقدم العرض يقصد بها ذلك ،كما

(١) Legal aspects of electronic commerce, electronic contracting: provision for a draft convention, op.cit. p.١٣ also Jens Werner, op.cit. p.٥ .

(٢) ان حكم هذه الفقرة يستند بالاصل الى الفقرة الثانية من المادة (١٤) من اتفاقية الامم المتحدة للبيع الدولي للبضائع – المشار اليها سابقا -. ينظر :

Report of the Working Group on Electronic Commerce on its thirty – ninth session, op.cit. p.١٤.

يستنبط من مفهوم مخالفة النص المذكور بانه اذا كانت هـذه العروض موجهـة الى شـخص معـين او اشخاص معينين فتعد ايجابا باتا، الا اذا اتجه قصد مقدم هذه العروض الى اعتبارها مجرد دعوة الى التعاقد لذلك فان عرض السلع والخدمات عبر المتاجر الافتراضية على الشبكة يعد مجرد دعوة الى التعاقد توجه الى الذين يصلون الى هذه المتاجر ولا يشكل هذا العرض ايجابا، ما لم يبين مقدم العرض اتجاه قصده الى اعتبار ذلك ايجابا[١]، ولكن اذا قام البائع عبر احد المتاجر الافتراضية بتوجيه عـرض الى شـخص معـين او اشخاص معينين فيعد ذلك ايجابا ما لم يدل قصد البائع على اعتباره مجرد دعوة الى التفاوض.

اما فيما يتعلق بالمعايير التـي يمكـن الاعتماد عليها لغـرض الوصول الى حقيقـة ارادة مقـدم العروض الالكترونية لتحديد ما اذا كان يقصد من عرضه مجرد دعوة الى التعاقد او ايجابا ينعقد به العقد الالكتروني اذا اقترن به قبول مطابق له، فقد حاولت الفقرة الثانية من المادة (٩) من مشروع الاونسترال الاجابـة علـى هذا التساؤل حيث نصت على (انه في تعيين قصد طرف الالتـزام في حالـة القبول، يـولي الاعتبار لجميع الظروف المتصلة بالحالة، ويفترض في عـرض سـلع او خـدمات عـن طريـق نظـم حاسـوبية مؤتمتة تـسمح بانعقاد العقد اوتوماتيكيا وبدون تدخل بشري انه يبين اتجاه قصد مقدم العرض الى الالتـزام بـه في حالـة قبوله، ما لم يبين مقدم العرض خلاف ذلك.)

{In determining the intent of a party to be bound in case of acceptance, due consideration is to be given to all relevant circumstances of the case, Unless otherwise indicated by the offeror, the offer of goods or services through automated computer systems allowing the contract to be concluded automatically and without human intervention is presumed to indicate the intention of the offeror to be bound in case of acceptance.}

تعرضت هذه الفقرة الى مسألة المعايير التي يمكن الاعتماد عليها لتكييف العروض الالكترونيـة الموجهـة الى الجمهور اذا حصل نزاع بهذا الخصوص، حيث تستطيع الجهة

---

(١) د. سمير برهان، المصدر السابق، ص٢.

القائمة بالفصل من خلال سلطتها التقديرية ان تبت في النزاع من خلال استنباط معايير معينة من الظروف المحيطة بالحالة وملابساتها المختلفة، ومن المعايير التي يمكن الاعتماد عليها في هذا المجال طبيعة الوسيلة الالكترونية المستخدمة في عرض السلع والخدمات، فاذا استخدم في العرض اسلوبا حواريا يمكن الشخص الذي يصل اليه العرض من التفاوض والابرام الفوري للعقد وحتى التنفيذ الفوري له في بعض الاحيان، مثلا اذا كان محل العقد من (المنتجات الالكترونية)، فيعتبر العرض المقدم عبر مثل هذه الوسائل ايجابا[1]، كاستخدام الوسيط الالكتروني (الاجهزة المؤتمتة) في العرض، لان الوسيط الالكتروني يسمح بانعقاد العقد تلقائيا دون الحاجة الى تدخل بشري مباشر.

لذلك فان استخدام الوسيط الالكتروني كوسيلة لعرض السلع او الخدمات الى الجمهور عبر الانترنيت، يبين اتجاه مقدم العرض الى اعتباره ايجابا ملزما ويلتزم به في حالة اقترانه بقبول مطابق له، اما اذا كان مقدم العرض يستخدم اسلوبا غير حواري كأن يعرض التاجر في موقعه الالكتروني مجرد معلومات عن شركته ومنتجاته بشكل لا يكون بامكان الطرف الذي يصل اليه العرض ان يتفاوض معه ويبرم العقد تلقائيا، فان مثل هذا العرض يعد مجرد دعوة الى التعاقد ولا يتخلف في جوهره عن الاعلان التقليدي للسلع او الخدمات من خلال الوسائل التقليدية[2] – المشار اليها سابقا-.

ولكن هذا الافتراض القائم على اساس اعتبار العرض الالكتروني المقدم من خلال الوسيط الالكتروني ايجابا، ليس بافتراض قطعي بل يمكن اثبات عكسه اذا تضمن العرض الالكتروني بوضوح ان هذا العرض ليس ايجابا من خلال استخدام عبارات تدل على عدم الزاميه، وهذا يشجع الشركات والمؤسسات التجارية على ان تتضمن عروضها الالكترونية للسلع او الخدمات عبر الانترنيت عبارات تفيد فيما اذا كانت

(١) Jens Werner, op.cit, p.٥.

(٢) Legal aspects of electronic commerce. Electronic Contracting, provisions for a draft convention, op.cit, p.١٣.

هذه العروض تعد ايجابا ام لا[1]. ومن الضروري هنا الاشارة الى انه لا يكون سهلا للشخص الذي يصله عرض من خلال وسيط الكتروني ان يتأكد دائما فيما اذا كان هو يتعامل مع وسيط الكتروني ينعقد به العقد تلقائيا ام ان ابرام العقد يحتاج الى تدخل بشري مباشر[2].

٢-٢-١-٤ الطابع العالمي للايجاب الالكتروني وضرورة تحديد نطاق نفاذه من الناحية المكانية (الجغرافية) والكمية

على الرغم من ان نشأة تكنولوجيا الانترنيت وتطورها تعود بشكل اساسي الى الولايات المتحدة الامريكية، لكن مع ذلك ليس لأمريكا او اية دولة او شركة او مؤسسة حق الملكية عليها وبالتالي لا تخضع بشكل عام لأية رقابة مركزية او اي اشراف رسمي مركزي[3]، ويرى البعض ان عدم امتلاك احد للانترنيت يعد من اهم الاسباب التي ادت الى توسع انتشارها والانفتاح العالمي بوجهها وتنوعها وتطورها بشكل اصبحت ظاهرة عالمية في الوقت الحاضر تتجاوز الحدود السياسية والجغرافية للبلدان[4]، ونتيجة لذلك نجد أن من احدى الخصائص المميزة للانترنيت هي طابعها الاقتصادي والعالمي، بشكل لا توجد حدود معينة لها كما لا تقتصر على دولة معينة او على اقليم معين، وان هذه الخصيصة جعلت من الانترنيت ان تكون سوقا دولية واسعة ووسيلة تسويقية ذات كفاءة عالية يستفيد منها البائع والمشتري على المستويين الداخلي والدولي[5].

---

(١) Report of the Working Group on Electronic Commerce on its thirty-ninth session, op.cit, p.١٤.

(٢) Ibid, p.١٤.

(٣) جيرمي هونيكوت، مبادئ الانترنيت، ترجمة : عمر الايوبي، دار الكتاب العربي، الطبعة الاولى، لبنان، ١٩٩٧، ص١٩.

(٤) د. سمير برهان، المصدر السابق، ص١.

(٥) د. عبدالقادر بن عبدالله الفنتوخ، الانترنت (مهارات وحلول)، مكتبة الشقري، الطبعة الاولى، الرياض، ٢٠٠١، ص٢٤.

وبما ان الايجاب الالكتروني يختلف عن غيره في وسيلة التعبير عنه وهي الخدمات المتنوعة التي توفرها الشبكة، لذلك من الطبيعي ان يتأثر الايجاب الالكتروني بالصبغة العالمية للانترنيت ويتميز هو ايضا بالعالمية حيث يستطيع البائع ان يعرض بضائعه وخدماته على سوق اوسع من خلال انشاء موقع الكتروني له، وتكون للمشتري امكانيات وفرص هائلة لاختيار الافضل من البضائع من الناحية النوعية والكفاءة والثمن[١].

نتيجة لما ذكر نجد أن العروض الالكترونية الموجهة الى الجمهور قد يقترن بها القبول من عدد كبير من الذين تصل اليهم هذه العروض عبر الشبكة على المستويين الداخلي والدولي، وهذا ما قد يسبب للتاجر مشاكل ومن اهمها مشكلة نفاذ المخزون من البضاعة لانه لا يستطيع ان يحدد مسبقا عدد الذين يقبلون العروض او فيما اذا كان المخزون الذي لديه يكفي لجميع طلباته المحتملة. وليست في مقدور مقدم العرض الاستجابة لجميع الطلبات والقبولات التي تصله بسبب محدودية الكمية المتوفرة لديه من البضائع المعروضة عبر الشبكة[٢].

تفاديا لهذه المشكلة قد يقوم مقدم العرض عادة بصياغة عروضه الالكترونية بطريقة واضحة ودقيقة حتى لا تعد ايجابا ملزما ويصبح مقدم العرض مسؤولا عن الاخلال بالعقد اذا تلاقى القبول بالايجاب[٣]، اما في حالة اتجاه ارادة مقدم العرض الى اعتبار هذه العروض ايجابا ينعقد به العقد اذا اقترن به قبول مطابق، فهنا يمكن ايضا تفادي هذه المشكلة من خلال ايراد عبارات صريحة في الايجاب تفيد بأن نفاذ الايجاب يكون محددا بنطاق مكاني (جغرافي) معين كدولة معينة او اقليم معين او جزء منه، او ان يشترط في الايجاب تسليم البضاعة المتعاقد عليها في اقليم معين، ومن ذلك ما

---

(١) Christina Hultmarli, op.cit, p.١٦.

(٢) د. سمير برهان، المصدر السابق، ص٢.

(٣) نفس المصدر، نفس الصفحة.

نص عليه بيان احد المتاجر الفرنسية الافتراضية على (ان هذه العروض تكون سارية المفعول في الاقليم الفرنسي) [١].

وقد يربط مقدم العرض ايجابه بتحفظ صريح وهو انه يكون ملزما بايجابه في حدود توفر البضائع المعروضة عبر الشبكة وعدم نفاذها لدى المخازن، وهذا التحفظ يكون بمثابة شرط يعلق عليه الايجاب بحيث اذا ورد القبول بعد نفاذ البضاعة فان الايجاب يعد كأن لم يكن [٢]، وتتم المفاضلة بين الطلبات العديدة التي تقدم بهذا الخصوص على اساس الاسبقية في تقديم القبول من حيث الزمان، ويجب ان يكون هذا التحفظ صريحا لكي يكون الطرف المقابل على بينة من ذلك كأن يستخدم مقدم العرض في عرضه عبارة (لغاية نفاذ المخزون) وهذا ما جاء في شروط احد المتاجر الافتراضية على الشبكة حيث جاء أنه يفترض على كل مشترك في المركز التجاري الالتزام بأن (تكون المنتجات متاحة بناءً على طلب العميل وذلك في الظروف المعتادة للمخزون) [٣].

ويثار بصدد هذا التحفظ المقترن بالايجاب الالكتروني الموجه للجمهور تساؤل فيما اذا كان مثل هذا التحفظ يتعارض مع ضرورة كون الايجاب الالكتروني جازما وباتا؟ وهل ينعقد العقد مع وجود مثل هذه التحفظات ؟

يذهب الفقه للاجابة على هذا التساؤل في العالم المادي الى آراء مختلفة [٤]، فهناك من يرى [٥] أن الصفة الجازمة للايجاب تستبعد بالضرورة وجود أي نوع من التحفظات صريحة كانت او ضمنية، وبموجب هذا الرأي متى تضمن الايجاب تحفظا فانه يفقد

---

(١) اشار الى ذلك د. اسامة ابوالحسن مجاهد، المصدر السابق، ص٧٦.
(٢) د. سمير برهان، المصدر السابق، ص٢.
(٣) اشار الى هذه التطبيقات د. اسامة ابوالحسن مجاهد، المصدر السابق، ص ص٧٢-٧٣.
(٤) للمزيد من التفاصيل حول هذه الآراء المختلفة ينظر د. نوري حمد خاطر، عقود المعلوماتية، دراسة في المبادئ العامة في القانون المدني، دراسة موازنة، الطبعة الاولى، الدار العلمية الدولية ودار الثقافة للنشر والتوزيع، عمان، ٢٠٠١، ص ١٠ وما بعدها.
(٥) مارتي ورينو جـ١- المصادر رقم ١٠٩ ص١٠٢، مالوري واينيس رقم ٢٤٧، ص١٧٩ مشار اليهما عند د. حسام الدين كامل الاهواني، المصدر السابق، ص١١٠.

صفته كايجاب ويبقى مجرد دعوة الى التفاوض، وهناك من يرى[1] انه يجب التحري عما اذا كان التحفظ يعطي الحق لمقدم العرض الحرية في اختيار الشخص الذي يتعاقد معه من بين الذين استجابوا للعروض الالكترونية بالقبول، فهنا لا يعد ذلك ايجابا باتا وانما مجرد دعوة الى التفاوض، اما اذا كان التحفظ المقترن بالايجاب لا يسمح لمقدم العرض بان يختار بالحرية الشخص الذي يتعاقد معه كما رأينا في (العروض الالكترونية الموجهة للجمهور مع تحفظ حتى نفاذ البضاعة)، فان مثل هذا التحفظ لا يجرد الايجاب من صفته القاطعة، وذلك لان كل قبول يقترن بذلك الايجاب الالكتروني ينعقد به العقد حتى نفاذ المخزون من البضائع لدى مقدم العرض، وهنا التحفظ لا يمنع الايجاب الالكتروني وانما يحدد نطاقه فقط، ومتى انتهت الكمية المخزونة من البضائع المعروضة ينتهي بالتالي الايجاب، ونحن نتفق مع الرأي الأخير الذي يرى ان تعليق الايجاب الالكتروني على شرط عدم نفاذ المخزون لا يتعارض مع النية الجازمة للموجب، فاذا توفرت النية القاطعة لدى مقدم العرض فلا يمنع وجود التحفظ من ان يعد ذلك العرض ايجابا باتا[2].

وأخيرا من الضروري الاشارة الى انه اذا كان طالب السلعة او الخدمة مستهلكا ووصل قبوله الى مقدم العرض الالكتروني بعد نفاذ المخزون من البضائع المعروضة على الشبكة، نجد أن بعض التشريعات المنظمة للتجارة الالكترونية تفرض التزامات اضافية على البائع مقدم العرض حماية للمستهلك، ومنها ما نصت عليه المادة (35) من قانون المبادلات والتجارة الالكترونية التونسي بانه (يتعين على البائع في صورة عدم نوفر المنتج او الخدمة المطلوبة اعلام المستهلك بذلك في اجل اقصاه 14 ساعة قبل تاريخ التسليم المنصوص عليه في العقد وارجاع كامل المبلغ المدفوع الى صاحبه، وباستثناء حالات القوة القاهرة، يفسخ العقد اذا اخل البائع بالتزاماته، ويسترجع المستهلك المبلغ المدفوع بقطع النظر عن جبر الضرر اللاحق به).

(1) فلور واوربير رقم 142 ص99 وانظر رأيهما في التحفظ النسبي والتحفظ المطلق ومناقشة جستان لهذا الرأي رقم 203 ص221، مشار اليهم عند د. حسام الدين كامل الاهواني، المصدر السابق، ص111.
(2) د. عاطف النقيب، نظرية العقد، منشورات عويدات، بيروت - باريس، الطبعة الاولى، 1988، ص116.

٢-٢-٢ القبول في العقود الالكترونية

يعرف القبول عموما[١] بانه تعبير بات عن الارادة يصدر ممن وجه اليه الايجاب برضاه بابرام العقد بالشروط الواردة في الايجاب[٢]، ويشترط في القبول توافر الشروط المتعلقة بوجود الارادة واتجاهها الى احداث اثر قانوني والتعبير عنها، كما يجب ان يصدر القبول والايجاب لايزال قائما وان يكون مطابقا للايجاب مطابقة تامة ايضا[٣].

وكما هو الحال بالنسبة للايجاب ليست هنالك طريقة معينة يتم بها التعبير عن القبول، وهذا ما تؤكده القواعد العامة الواردة بهذا الصدد[٤]، حيث اجازت للمتعاقد ان يعبر عن ارادته بالقبول بأية وسيلة لا تدع شكا في دلالتها على التراضي.

وعلى الرغم من تأكيد التشريعات المنظمة للتجارة الالكترونية على جواز التعبير عن القبول من خلال رسالة البيانات، لكن اغلبيتها لم تحدد مفهوم القبول الالكتروني وكيفية التعبير عنه، ومع ذلك فاننا نجد في قانون امارة دبي للمعاملات والتجارة الالكترونية في الفقرة الاولى من المادة (٦) ما نصه (ليس في هذا القانون ما يتطلب من شخص ان يستخدم او يقبل معلومات بشكل الكتروني، الا انه يجوز استنتاج موافقة الشخص من سلوكه الايجابي) والمفهوم من هذه الفقرة، ان الاصل هو جواز التعبير عن القبول الالكتروني صراحة او ضمنا، فبعد ان اكدت الفقرة على امكانية التعبير عن القبول الالكتروني صراحة، كأن يقوم المشتري بارسال رسالة بيانات الى البائع يرد فيها صراحة انه قبل الايجاب، اجازت تلك الفقرة في نفس الوقت ان يتم

---

(١) للمزيد من التفاصيل حول مفهوم القبول واحكامه في القواعد العامة ينظر كل من :
د. عبدالرزاق السنهوري، نظرية العقد، المصدر السابق، ص٢١٩ وما بعدها. د. عبدالمجيد الحكيم وآخرون، المصدر السابق، ص٤٢ وما بعدها. د. مجيد حميد العنبكي، المصدر السابق، ص١٥ وما بعدها. وكذلك عباس زبون عبيد العبودي، المصدر السابق، ص١٠٧ وما بعدها.
(٢) عباس زبون العبودي، المصدر السابق، ص١٠٧.
(٣) د. عبدالمجيد الحكيم وآخرون، الوجيز، المصدر السابق، ص٤٢.
(٤) هذا ما اكدته المادة (٧٩) من القانون المدني العراقي – المشار اليها سابقا –، وعلى المستوى الدولي اكدته الفقرة الاولى من المادة (١٨) من اتفاقية الامم المتحدة للبيع الدولي للبضائع والتي تنص على انه (يعد قبولا أي بيان او أي تصرف آخر صادر من المخاطب يفيد الموافقة).

التعبير عن القبول الالكتروني ضمنيا وذلك من خلال استنتاجه من أي سلوك ايجابي يقوم المتعاقد بادائه ويفيد ذلك، كأن يقوم المشتري بارسال رقم بطاقة الائتمان الخاصة به الى البائع ،و ورد في الفقرة الثالثة من نفس المادة انه (استثناء من احكام الفقرة الاولى السابقة، يجب ان يكون صريحا قبول الحكومة بالتعامل الالكتروني في المعاملات التي تكون طرفا فيها.) ما يفهم منه انه اذا كانت الحكومة طرفا في العقود الالكترونية المبرمة عبر الشبكة، فعليها ان تعبر عن قبولها صراحة.

نؤكد هنا ان اختلاف الوسيلة المستخدمة في التعبير عن القبول لا يؤدي الى استبعاد تطبيق القواعد العامة عليه، لذلك نركز في مجال البحث عن القبول في العقود الالكترونية على نقطتين اولاهما في الطرق الحديثة المبتكرة من خلال تقنيات التجارة الالكترونية للتعبير عن القبول الالكتروني وذلك في ضوء التشريعات ذات العلاقة، وثانيتهما في مدى صلاحية السكوت للتعبير عن القبول في اطار العقود الالكترونية المبرمة عبر الانترنيت.

٢-٢-١   الطرق الحديثة للتعبير عن القبول في العقود الالكترونية

هناك طرق حديثة ومبتكرة للتعبير عن القبول في العقود الالكترونية استحدثتها تقنيات التجارة الالكترونية، وهذه الطرق لم تكن مألوفة من قبل في العالم المادي، ومنها التعبير عن القبول من خلال قيام القابل بارسال معلومات بطاقة الائتمان الخاصة به الى الموجب، او ان يقوم بتنزيل او تحميل (Downloading) المنتجات الالكترونية (Digital Products) عبر الشبكة ¿¿ ¿¿ ¿¿ في عة و¿ شراء اقراص (CD) او برامج الحاسوب الآلي او الكتب او الجرائد او الافلام...[١] ، ويتم ذلك عادة بتحميل ما تحتويه هذه المنتجات ونقله من مصدره الى الحاسوب الشخصي للمشتري، ومن الطرق الحديثة للتعبير عن القبول ايضا النقر (Click) بواسطة (فأرة التأشير) (Mouse) على شاشة الحاسوب او ملامسة مفاتيح لوحة الحاسوب الآلي او ملامسة ايكونة القبول (Ok) وتعد هذه الطريقة الاخيرة والتي تسمى (Click-warp

(١) The Center for Research in Electronic Commerce, op.cit, p.١.

(Agreement) [1] من اكثر الطرق التي اثيرت بشأنها مناقشـات حـول مـدى صـلاحيتها لاعتبارها طريقـة معترفا بها قانونا للتعبير عن القبول وبالتالي مدى صحة العقود الالكترونية التي تبرم من خلالها، فضلا عـما يمكن ان ينشأ من اشكالات عملية تتعلق باثبات تحقق القبول من عدمه واثبات ما اذا كانت اللمسـة قـد صدرت عن الشخص المعني ام لا [2]، لذلك من الضروري ان نتناول هذه الطريقة بشيء مـن التفصيل مـن حيث مدى اعتبارها طريقة مقبولة قانونا للتعبير عن القبول، وما يثار بشأنها من اشكاليات الاثبات وذلك في ضوء النصوص القانونية الواردة في التشريعات ذات العلاقة.

عندما كانت ممارسة التجارة الالكترونية في بدايتها، في أغلب الاحـوال كـان التـاجر يتخـذ لنفسـه موقعـا الكترونيا على الانترنيت ويعرض من خلاله السلع أو الخدمات، وعندما كان المشتري يريد شراء بضاعة أو الحصول على خدمة معينة كان يبحث مـن خـلال ماكنـات البحـث عنهـا، ولكـن بعـد أن شاعت ممارسـة التجارة الالكترونية ودخلت في مرحلة اكثر تطورا بـدأ التجـار يستخدمون طرقـا اخرى لعـرض البضائع او الخدمات على الشبكة من خلال الخدمات المتنوعة التي استحدثتها تقنيات التجارة الالكترونية، ومنها قيـام التاجر بارسال عروض خاصة تظهر بشكل مفاجئ على شاشة الحاسوب دون ان ينتظر الشخص المستخدم للحاسوب المرتبط بالشبكة مثل هـذه العروض [3] واغلبيـة هـذه العروض تكون في صـورة عقد نمـوذجي يحتوي على مربع تكتب فيه عبارة (I Agree) او (I Accept)، وعنـدما يقـوم الشخص المـوجه اليه هـذا العرض بالنقر (click) فوق هذا المربع او من خلال ملامسة مفاتيح لوحة الحاسوب بما يفيد القبـول، فـان هذا النقر او اللمسة الواحدة على الجهاز يؤدي الى انعقاد العقد دون

---

(١) Janine S. Hiller, J.D. & Ronnie Cohen, J.D., LL.M., Internet Law & Policy, Upper Saddle River, New Jersey ٠٧٤٥٨, Prentice Hall, ٢٠٠٢, p.٨٠.

(٢) د. حسن عبدالباسط جميعي، المصدر السابق، ص٣٩. وكذلك

Christina Hultmarli, op.cit pp ٧٢-٧٥.

(٣) Ibid, p.٧٩.

ان يتصور هذا الشخص في بعض الاحوال بأن سلوكه هذا قد يعد قبولا ويرتب عليه القانون اثرا وتنشأ في ذمته التزامات قانونية[1].

ان معظم التشريعات الخاصة بالتجارة الالكترونية لم تورد حكما خاصا بهـذه الطريقـة في التعبيـر عـن القبول، ولكن نص قانون كندا الموحد للتجارة الالكترونية (UECA) سنة ١٩٩٩ وفي الفقرة الاولى من المـادة (٢٠) منه على ان اللمس او النقر لزر او مكان معين بشكل ملائم على شاشة الحاسوب يعد طريقة للتعبير عن القبول ونصت الفقرة على ما يلي:

{Unless the parties agree otherwise, an offer or acceptance or any other matter that is material to the formation or operation of a contract may be expressed by means of an electronic document or by an action in electronic form, including touching or clicking an appropriately designated icon or place on a computer screen, or otherwise communicating electronically in a manner that it intended to express the offer, acceptance or other matter.}[2]

واستنادا الى هذا النص، اكدت ايضا الفقرة الاولى من المادة (١٠) من مشروع اتفاقية الاونسترال للتعاقد الالكتروني جواز التعبير عن الايجاب وعن قبول الايجاب باستخدام رسائل البيانات او تدابير اخرى تبلغ الكترونيا بطريقة يقصد بها التعبير عن الايجاب او عـن قبـول الايجـاب، بمـا في ذلك عـلى سـبيل المثال لا الحصر، لمس او ضغط زر او مكان معين على شاشة الحاسوب ما لم يتفق الطرفان على خلاف ذلك.

{Unless otherwise agreed by the parties, an offer and the acceptance of an offer may be expressed by means of data message (or other actions communicated electronically in a manner that is intended to express the offer or acceptance, including, but not limited

(١) د. حسن عبدالباسط جميعي، المصدر السابق، ص ص٣٧-٣٨، وكذلك :
Christina Hultmarli, op.cit, p.V٢.
(٢) Canadian Uniform Electronic Commerce Act, UECA, available at :
<http://www.law.ualberta.ca> ٢٠٠٢ .

to, touching or clicking on a designated icon or place on a computer screen.)}[1]

اذا كانت هذه المسألة تعد امرا محسوما في ظل التشريعات التي تتضمن مثل هذه النصوص، فما هو حكمها في ظل التشريعات الاخرى الساكتة عن صحة التعبير عن القبول من خلال النقر او اللمسة الواحدة على جهاز الحاسوب (Click-warp Agreement).

برأينا لا يوجد هنالك ما يمنع استخدام هذه الطريقة الحديثة للتعبير عن القبول حتى في ظل التشريعات المنظمة للمعاملات الالكترونية والتي لا تتضمن نصوصا قانونية صريحة على جواز التعبير عن القبول من خلال (Click-warp Agreement)، وذلك للأسباب الآتية :-

١- ان التعبير عن القبول من خلال هذه الطريقة لا يخالف مبدئيا القواعد العامة الواردة في هذا المجال والتي لا تحدد طريقة معينة بذاتها للتعبير عن القبول، وانما قد يتحقق ذلك بأية طريقة لا تدع مجالا للشك في كونها تعبيرا عن ارادة من وجه اليه الايجاب بالقبول والالتزام وفق الشروط الواردة في الايجاب[2].

٢- تؤكد معظم التشريعات المنظمة للتجارة الالكترونية[3] بنصوص قانونية صريحة على صلاحية رسالة البيانات للتعبير عن القبول، وعدم انكار صحة العقد او نفاذه لمجرد استخدام رسالة البيانات في ابرامه، وقد اوردت هذه التشريعات امثلة على الوسائل التي تدخل ضمن مفهوم (رسالة البيانات) ومنها تبادل البيانات الالكترونية EDI والذي يراد به نقل المعلومات الكترونيا من حاسوب الى حاسوب آخر باستخدام

---

(١)Legal aspects of electronic commerce, electronic contracting: provisions for a draft convention, op.cit, p.٣٠.

(٢) تنظر المادة (٧٩) من القانون المدني العراقي وعلى المستوى الدولي الفقرة الاولى من المادة (١٨) من اتفاقية الامم المتحدة للبيع الدولي للبضائع – المشار اليهما سابقا -.

(٣) من هذه التشريعات، التشريع الاردني والتونسي والبحريني وقانون امارة دبي وجميعها تشريعات تنظيم التجارة الالكترونية فضلا عن قانون الاونسترال النموذجي.

معيار متفق عليه لتكوين المعلومات[1]، فمن الممكن ان يندرج مفهوم (نقل المعلومات من حاسوب الى حاسوب آخر من خلال النقر او الضغط على زر معين او ملامسة على جهاز الحاسوب) في مفهوم (تبادل البيانات الالكترونية).

٣- هناك من يرى عدم ضرورة النص صراحة على جواز التعبير عن القبول من خلال تلك الطريقة، لان وجود مثل هذه النصوص لا يتفق مع عمومية القاعدة القانونية و ضرورة اعتماد اسلوب محايد من ناحية تحديد الوسائل والتكنولوجيا المستخدمة في التعبير عن الارادة وابرام العقود، خصوصا اذا علمنا ان (نهج الحياد من حيث الوسائط) يشكل مبدأ اساسيا من المبادئ التي تقوم عليها التشريعات المنظمة للتجارة الالكترونية وفي مقدمتها قانون الاونسترال النموذجي[2]، وذلك لكي يستوعب القانون ما يستحدثه التقدم التكنولوجي في مجال الاتصالات من وسائل جديدة مستقبلا.

٤- تبنت معظم المحاكم الامريكية هذا النمط من التعبير عن القبول وايدته في اكثر من قضية[3] في الوقت الذي لا يتضمن قانون المبادلات الالكترونية الموحد للولايات المتحدة الامريكية سنة ١٩٩٩ نصاً قانونياً صريحاً تجيز التعبير عن القبول من خلال النقر او اللمسة الواحدة على جهاز الحاسوب وحتى في القوانين التي سبقته.

يظهر من هذه الاسباب بان مجرد النقر او اللمسة الواحدة على جهاز الحاسوب يكفي للتعبير عن القبول في اطار العقود الالكترونية، الا اذا كان القانون يطلب في هذه العقود شكلية معينة، وفي هذه الحالة يجب استيفاء الشكلية التي يرد بها النص من خلال السجلات والمستندات الالكترونية والتوقيع عليها الكترونيا حسب ما ينص عليه القانون.

---

(١) تنظر المادة (٢) من قانون المعاملات الالكتروني الاردني.

(٢) UNCITRAL Model Law on Electronic Commerce with Guide to Enactment, op.cit, pp.١٧-١٨.

(٣) من امثلة على هذه القضايا :

Gaspi v. The Microsoft Network.

Groff v. America Online Inc. ١٩٩٨ WL ٣٠٧٠٠١ (R.I.Superior CT.١٩٩٨)

Jessup-Morgan v. America Online Inc.٢٠f.Supp.٢b١١٠٥ (E.D.Mich-١٩٩٨).

اشار الى هذه القضايا وتفاصيلها :

BRADLEY J. FREEDMAN, op.cit, pp.٢٧-٢٨.

وهناك من يرى انه هذه الطريقة للتعبير عن القبول وان كانت كافية من الناحية النظرية، لكـن في اغلب الاحوال تظهر الصعوبة في اثبات تحقق القبول من عدمه وكون القبول صادرا عن الشخص المقصود ام لا[1]، ففي هذه الحالة لابد من التمييز بين التعبير عن القبول واثباته، وان صعوبة الاثبات لا تؤثر في صلاحية الطريقة للتعبير عن القبول على الرغم من ان صعوبة الاثبات تعد من الناحية العملية قيدا على الحرية في التعبير عن القبول بهذه الوسيلة[2]، ولا يمكن ان يعد مجرد النقر او اللمسة الواحدة على جهاز الحاسوب في حد ذاته توقيعا الكترونيا يستكمل به التعبير عن القبول لاعتباره دليلا كتابيا كاملا لانه ينقصه بعض المتطلبات الشكلية لاتمام التوقيع[3].

لهذه الاسباب ولما تستلزمه العقود الالكترونية من متطلبات الثقة والامان وبغية منع ظهور اشكالات تتعلق بالاثبات مستقبلا، يفضل في التعبير عن القبول الذي يتم من خلال النقر او اللمسة الواحدة على جهاز الحاسوب، ان يكون بأكثر من مجرد لمسة (Return-ok)[4]، وان يجبر القابل في هذه الحالة ان يقوم بملء استمارة نموذجية بمعلومات اضافية منها كتابة عبارات تفيد (القبول) صراحة كأن يلزم بكتابة عبارة (I Agree) او (I Accept) او ان يكتب الرقم السري الخاص ببطاقته الائتمانية او ان يستخدم المفتاح الخاص (Private Key) الذي يصادق عليه طرف ثالث من غير المتعاقدين[5] لكي يسهل اثبات صدور التعبير من خلال تلك المعلومات المحررة على شاشة الحاسوب.

في ضوء ما ذكر، نرى ان من الضروري ان يتدخل المشرع في هذا المجال وينص صراحة على صحة التعبير عن القبول من خلال النقر او اللمسة الواحدة، وذلك بغية توفير المزيد من اليقين القانوني لدى مستخدمي هذه الطريقة للتعبير عن القبول ويطمئن

---

(١) د. حسن عبدالباسط جميعي، المصدر السابق، ص٣٩.

(٢) في هذا المعنى ينظر د. حسن علي الذنون، المصدر السابق، ص٦٤.

(٣) د. حسن عبدالباسط جميعي، المصدر السابق، ص ص٣٩-٤٠.

(٤) نفس المصدر، ص٣٨.

(٥) نفس المصدر، ص٣٩.

المتعاقد بان هذه المسائل محسومة بنصوص قانونية صريحة ولا تكون خاضعة كليا للسلطة التقديرية للقاضي.

٢-٢-٢-٢ صلاحية السكوت للتعبير عن القبول في العقود الالكترونية

ان السكوت باعتباره وضعا سلبيا لا يصلح للتعبير عن الايجاب مطلقا سواء كان في العقود الالكترونية او غيرها، لان الايجاب هو عرض جازم لمبادرة التعاقد لذا لابد من التعبير عنه بصورة ايجابية[1]، اما فيما يتعلق بالقبول، فالاصل هو ان السكوت لا يصلح للتعبير عن القبول ايضا[2]، لأن السكوت المجرد البسيط ما هو الا موقف سلبي لا يستنبط منه اي دلالة على القبول وهذا ما يميز عادة السكوت عن التعبير الضمني للارادة الذي يحتوي على موقف ايجابي[3] كقيام المشتري بتحميل منتجات الكترونية عبر احد المتاجر الافتراضية بعد اداء المقابل، حيث يستنتج من هذا السلوك الايجابي قبول المشتري ضمنا، على الرغم من انه لم يعبر عنه صراحة من خلال البريد الالكتروني مثلا.

واذا كانت القاعدة العامة في هذا المجال هي ان السكوت في حد ذاته لا يصلح ان يكون تعبيرا عن القبول، ولكن هذه القاعدة العامة يرد عليها استثناء وهو حالة (السكوت الملابس)، والذي يقصد به ان تصاحب السكوت ظروف معينة ترجح دلالته على القبول[4]، فقد نصت الفقرة الاولى من المادة (٨١) من القانون المدني العراقي على انه (لا ينسب لساكت قول، ولكن السكوت في معرض الحاجة الى البيان يعتبر قبولا)، اما في الفقرة الثانية من نفس المادة فقد اورد القانون امثلة تطبيقية على الحالات الاستثنائية التي يعد السكوت فيها قبولا بوجه خاص حيث تنص الفقرة على

---

(١) د. حسام الدين كامل الاهواني، المصدر السابق، ص١٢٥.
(٢) نصت الفقرة الاولى من المادة (١٨) من اتفاقية الامم المتحدة للبيع الدولي للبضائع عام ١٩٨٠ صراحة على ان (السكوت او عدم القيام بأي تصرف لا يعد أي منهما في ذاته قبولا).
(٣) تنظر الفقرة الاولى من المادة (٦) من قانون امارة دبي للمعاملات والتجارة الالكترونية والتي تنص على (...يجوز استنتاج موافقة الشخص من سلوكه الايجابي).
(٤) د. منذر الفضل، المصدر السابق، ص٩٠.

انه (ويعتبر السكوت قبولا بوجه خاص اذا كان هناك تعامل سابق بين المتعاقدين واتصل الايجاب بهذا التعامل او اذا تمخض الايجاب لمنفعة لمن وجه اليه، وكذلك يكون سكوت المشتري بعد ان يتسلم البضائع التي اشتراها قبولا لما ورد في قائمة الثمن من شروط).

اما فيما يتعلق بمدى صلاحية السكوت للتعبير عن القبول في العقود الالكترونية المبرمة عبر شبكة الانترنيت، نجد أنه على خلاف القواعد العامة لم تأت معظم التشريعات المنظمة للتجارة الالكترونية بنصوص قانونية صريحة بهذا الخصوص لذلك نحاول هنا التحري عن مدى امكانية تطبيق الامثلة التي اشارت اليها الفقرة الثانية من المادة (٨١) من القانون المدني العراقي في مجال العقود الالكترونية المبرمة عبر الشبكة.

فيما يتعلق بوجود تعامل سابق بين المتعاقدين، له تطبيقات كثيرة في مجال العقود الالكترونية، لان الفرض في هذا المثال التطبيقي هو وجود معاملات سابقة متعددة بين المتعاقدين في نفس المجال الذي صدر بشأنه الايجاب، ولا ينتظر الموجب تصريحا بالقبول في كل معاملة متماثلة ومتكررة بين الطرفين[١] وهذا يستجيب مع ما تقتضيه المعاملات الالكترونية من السرعة في انجازها، حيث تعد السرعة في انجاز المعاملات من اهم الخصائص التي تختلف فيها التجارة الالكترونية وتتميز بها عن التجارة التقليدية التي غالبا ما تكون الحواجز المكانية والزمانية عائقة امامها[٢].

مثلا تاجر الجملة الذي اعتاد على ابرام عقود البيع مع تاجر التجزئة من خلال احد المتاجر الافتراضية على الشبكة، اعتاد معه على ان يرفض تاجر التجزئة صراحة ما لا يريده من خلال البريد الالكتروني مثلا ويسكت عما يريده، فهنا سبق التعامل بينهما ينشئ فرضا يبرر افتراض القبول في حالة السكوت، وقد يقصد من سبق التعامل في

---

(١) ينظر في نفس المعنى د. حسام الدين كامل الاهواني، المصدر السابق، ص١٣٠.

(٢) د. سمير برهان، المصدر السابق، ص١.

مجال العقود الالكترونية سبق ابرام عقود الكترونية مماثلة بين الطرفين مـن خـلال الخـدمات المتعـددة المتوفرة على الشبكة[1].

اما فيما يتعلق بتمخض الايجاب لمنفعة من وجه اليه، نجد ان اغلبية العقود الالكترونية التي تبرم عبر الانترنيت في الغالب هي عقود تجارية يقصد من ورائها الارباح، في الاقل من جانب البائع (مقدم السـلعة او الخدمة) وأحيانا من كلا الجانبين، لذلك لا يتمخض الايجاب الالكتروني لمصلحة من وجـه اليـه في جميـع الاحوال[2].

اما بخصوص عدّ سكوت المشتري بعد ان يتسلم البضائع التي اشتراها قبولا لما ورد في قائمـة الثمن مـن الشروط، فنجد له تطبيقات على الشبكة منها قيام المشتري بتحميل منتج الكتروني كبرامج الحاسوب الآلي (Soft ware) مباشرة عبر احد المتاجر الافتراضية، اذا كـان هـذا السـلوك الايجـابي يعـد قبـولا ضـمنيا لابرام العقد، فيعد في نفس الوقت قبولا للشروط الواجب اتباعها عند استخدام البرنامج لاسيما ما يتعلق بمراعـاة قواعد حماية الملكية الفكرية حتى ولو سكت المشتري عن قبول الالتزام بهذه الشروط[3].

---

(١) لا تعد المفاوضات العقدية من قبيل التعامل السابق، كما يجب ان يكون هذا التعامل في نفس المجال الذي صدر بشأنه الايجـاب، مثلا لو عرض المتعهد برنامجا للمستفيد لغرض شرائه وسكت الاخير، فلا يعد سكوته قبولا اذا وجد تعامل سابق في عقود استئجار البرامج، اما اذا عرض عليه شراء برنامج جديد متطور عن الذي اشتراه مسبقا وسكت فهنا يعد سكوته قبولا. ينظر: د. نوري حمد خاطر، المصدر السابق، ص١٦.

(٢) يجب ان يكون الموجه اليه الايجاب الالكتروني حذرا في العقود المعلوماتية التي تبرم عبر الشبكة، لان من الشائع ان يعرض المتعهـد على احد زبائنه برنامجا اكثر كفاءة مجانا، واذا لم يجب الزبون على عرض المتعهد يكون سكوته قبولا طبقا للقواعد العامـة، وفي حقيقة الامر ان المصلحة التي يحصل عليها المستفيد تعد ظاهرية لان المتعهد يسعى في عرضه هـذا الى احتكـار تجهيـز عميلـه فيما بعد، ببرنامج جديد مرتبط بالبرنامج المعروض مجانا، مما يعرض المستفيد الى خسارة اذا كانت هذه البرامج لا تعمل في ظل نظام المعلوماتية الذي لديه.
ينظر: د. نوري حمد خاطر، نفس المصدر، ص ص١٧-١٨.

(٣) في هذا المعنى ينظر: د. مصطفى محمد عرجاوي، الحماية المدنية لبرامج الكومبيوتر في القوانين الوضعية، بحـث مقـدم الى مـؤتمر (القانون والكومبيوتر والانترنت) الذي نظمته كلية الشريعة والقانون بجامعة الامارات العربية المتحدة، مـن ١ الى ٣ مايو ٢٠٠٠، ص ص١٣-١٤.

لكن نرى عموما ان السكوت قد لا يكفي للتعبير عن القبول في العقود الالكترونية، لان شبكة الانترنيت وفرت وسائل متعددة ومتنوعة للتعبير عن الارادة بصورة صريحة وسهلة، ومن ناحية اخرى ان القضاء في اغلب الاحوال يعتمد في هذا المجال على الاعراف المتبعة في ابرام العقود الالكترونية عبر الشبكة[1]، في الوقت الذي لم تستكمل الاعراف في هذا المجال جوانبها بعد، وفي هذا الاتجاه اكدت المادة (٢٦) من قانون المبادلات والتجارة الالكترونية التونسي في اطار العلاقة بين البائع والمستهلك على انه (يحجر على البائع تسليم منتج مشروط بطلب دفع لم تصدر بشأنه طلبية من قبل المستهلك وفي حالة تسليم منتج الى المستهلك لم تصدر بشأنه طلبية لا يمكن مطالبة هذا الاخير بسعره او كلفة تسليمه).

.

---

(١) تنص الفقرة الاولى من المادة (٩٨) من القانون المدني المصري على انه (اذا كانت طبيعة المعاملة او العرف او غير ذلك من الظروف تدل على ان الموجب لم يكن لينتظر تصريحا بالقبول، فان العقد يعتبر قد تم، اذا لم يرفض الايجاب في وقت مناسب).

الفصل الثالث

زمان ومكان انعقاد العقود الالكترونية عبـــر الانترنيت

٣- زمان ومكان انعقاد العقود الالكترونية عبر الانترنيت

ينعقد العقد عموما سواء كان الكترونيا ام تقليديا في اللحظة الزمنية التي يقترن فيها القبول بالايجاب، وان هذا الاقتران اما ان يكون حقيقيا فهنا يسمى بالتعاقد بين حاضرين او يكون الاقتران حكميا يسمى آنذاك بالتعاقد بين غائبين[١].

تظهر الصعوبة في تحديد زمان ومكان انعقاد العقد عادة في التعاقد بين غائبين وذلك لوجود فاصل زمني بين صدور القبول وعلم الموجب به في اغلب الاحوال، وبما ان العقود الالكترونية المبرمة عبر الانترنيت تدخل ضمن طائفة العقود المبرمة عن بعد (عقود المسافات) Distance Contracts-[٢] والتي تنعقد دون الحضور والوجود المادي للطرفين في مجلس عقد واحد[٣]، فان مسألة تحديد زمان انعقاد العقد الالكتروني ومكانه تعد من اهم المسائل القانونية التي يثيرها التعاقد

_____

(١) ان المعيار الاساسي الذي يعتمد عليه للتمييز بين التعاقد بين حاضرين والتعاقد بين غائبين هو وجود فترة زمنية تفصل بين صدور القبول وعلم الموجب به ويسمى هذا المعيار بمعيار (التزمن)، وهناك من يرى ان هذا المعيار لا يصلح اعتماده في هذا المجال ويفضلون معيار العناصر الثلاثة (عنصر المكان، عنصر الزمان، عنصر الانشغال بشؤون التعاقد) وذلك لامكانية تصور تعاقد ما بين غائبين لا يفصل فيه زمن بين صدور القبول والعلم به كالتعاقد بالهاتف، كما يتصور التعاقد بين حاضرين يفصل فيه الزمن بينهما، في تفاصيل هذه الآراء ينظر :

عباس زبون عبيد العبودي، المصدر السابق، ص١٢٧. وكذلك سعيد شيخو مراد المضوي، المصدر السابق، ص٣٢٣.

(٢) FORMATION AND VALIDITY OF ON-LINE CONTRACTS, op.cit, p.٣٧.

(٣) يقصد بـ(مجلس العقد) المكان الذي يضم طرفي العقد ولا يقصد به المعنى المباشر للمكان وانما الوقت الذي يبقى فيه الطرفان منشغلين بالتعاقد دون ان يصرفهما عن ذلك شاغل آخر، وقد استخدم المشرع العراقي مصطلح (مجلس العقد) لمواجهة صورة التعاقد بين حاضرين حيث نص في المادة (٨٢) من القانون المدني العراقي بان (المتعاقدان بالخيار بعد الايجاب الى آخر المجلس، ...). لتفاصيل ذلك ينظر :

د. منذر الفضل، المصدر السابق، ص١٢٠.

الالكتروني عبر الانترنيت والتي تستوجب معالجة قانونية تتماشى مع طبيعة هذا النمط من التعاقد[1].

وتظهر اهمية معالجة هذه المسألة في النتائج القانونية التي تترتب عليها[2]، من اهمها من حيث الزمان معرفة الوقت الذي يمكن فيه العدول عن ارادة التعاقد ووقت انتاج العقد لآثاره، اما من حيث المكان فتظهر الاهمية في معرفة القانون الواجب التطبيق على العقود الالكترونية التي يتم ابرامها بين اطراف قد ينتمون الى دول مختلفة وبالتالي يخضعون الى انظمة قانونية متباينة، كما تظهر اهميتها في معرفة المحكمة المختصة بالنظر في منازعات العقود الالكترونية، التي اتجه التفكير الى تسويتها باستخدام الامكانات التي تتيحها الانترنيت، بمعنى ان تجري الاجراءات من خلالها الكترونيا دون حاجة لتواجد اطراف العملية التحكيمية في مكان واحد، الامر الذي يستبعد معه صلاحية القواعد التقليدية للاختصاص التشريعي والقضائي وكذلك قواعد واجراءات الاتفاقيات الدولية المتعلقة بتسوية المنازعات لحكم منازعات العقود الالكترونية بل يستوجب تطويرها[3].

---

(1) د. حسن عبدالباسط جميعي، المصدر السابق، ص12، هامش رقم (1)، وكذلك عباس زبون عبد العبودي، المصدر السابق، ص138.

(2) لمزيد من التفاصيل حول النتائج القانونية المترتبة على تحديد زمان انعقاد العقد ومكانه، ينظر : عباس زبون عبيد العبودي، المصدر السابق، ص ص157-168.

(3) صدر في هذا الاطار من الاتحاد الاوروبي توجيه ورد النص فيه على ان تسمح الدول الاعضاء في حالة نزاع بين موردي خدمات الاتصال والمتعاملين معهم بتسوية خلافاتهم خارج المحاكم باستخدام الآليات والوسائل الالكترونية بما يسمح حسمها سريعا وبأقل النفقات مع مراعاة الضمانات الاساسية للتقاضي. كما بادرت اطراف معاملات التجارة الالكترونية الى التنظيم الذاتي بخصوص تسوية هذه المنازعات الكترونيا ومن اهم التنظيمات الذاتية هي (نظام المحكمة القضائية) الذي يعتمد على قانون الاونسترال النموذجي لقواعد التحكيم التجاري الدولي 1985 وقواعد التحكيم لدى غرفة التجارة الدولية.

لمزيد من التفاصيل حول تسوية منازعات العقود الالكترونية والتحكيم الالكتروني ينظر كل من :

د. فاروق سعد، مدخل الى اصول المحاكمات والتحكيم عن بعد، الطبعة الاولى، (اصدار ثان)، بيروت، 2000.

بغية تسليط الضوء على الاحكام القانونية التي تخص مسألة زمان انعقاد العقد الالكتروني ومكانه، نقسم هذا الفصل الى فقرتين، اولاهما لزمان انعقاد العقد الالكتروني والاخرى لمكان انعقاده وذلك في ضوء الاحكام الواردة بهذا الصدد في بعض تشريعات التجارة الالكترونية مع الاشارة الى القواعد العامة حسب مقتضى الاحوال ودون الخوض في تفاصيلها.

٣-١ زمان انعقاد العقود الالكترونية

يكون التعاقد بين حاضرين من حيث الزمان والمكان اذا توفرت عناصر ثلاثة وهي (عنصر ـ وحدة المكان، عنصر وحدة الزمان، وعنصر الانشغال بشؤون التعاقد)، فاذا افتقد التعاقد عنصر التزامن بين لحظة صدور القبول وعلم الموجب به، فانه يتحول الى التعاقد بين غائبين من حيث الزمان، أما اذا افتقد عنصر ـ وحدة المكان اصبح تعاقدا بين غائبين من حيث المكان، ولكن اذا افتقد العنصرين معا يصبح تعاقدا بين غائبين من حيث الزمان والمكان معا[١].

وبما ان العقود الالكترونية المبرمة عبر الانترنيت تتم عادة بين اطراف لا يجمعهم مكان واحد، لذلك فهي تدخل في وصف التعاقد بين غائبين من حيث المكان دائما، ولكن بفضل الخدمات المتنوعة والمتعددة الاغراض التي تتيحها الانترنيت، قد توفر للطرفين المتعاقدين عبر الشبكة امكانية ابرام العقد بشكل تحاوري وآني دون ان تفصل فترة زمنية بين صدور القبول الالكتروني وعلم الموجب به[٢]، لذلك يمكن القول بان التعاقد عبر الشبكة قد يوصف احيانا بانه تعاقد بين حاضرين من حيث الزمان ،

وكذلك : تسوية منازعات التجارة الالكترونية، مقال منشور في نشرة (ضمان الاستثمار)، نشرة شهرية تصدرها المؤسسة العربية لضمان الاستثمار، العدد ١٧١ تشرين الثاني ٢٠٠٢/ السنة العشرون. متاح على موقع المؤسسة العربية لضمان الاستثمار على العنوان الالكتروني الآتي :

<http://www.iaigc.org/publications/Nashra/٢٠٠٢/nashra-١٧٢.pdf> (*Last visited* ١٥ Apr. ٢٠٠٣)

(١) ينظر في نفس المعنى، سعيد شيخو مراد المجولي، المصدر السابق، ص٣٢٣.

(٢) UNCITRAL Model Law on Electronic Commerce with Guide to Enactment, ١٩٩٦, op.cit, p.٥١.

وتعد برامج (Chat) من اهم الانظمة المتوفرة على الشبكة التي تمكن الطرفين المتعاقدين من التحدث معا وان يرى ويسمع كل منهما الآخر في ذات الوقت[1]، ويكون وقت ارسال رسالة البيانات من قبل المنشئ ووقت تسلمها من قبل المرسل اليه الموجود على الخط (Online) متزامنا[2]، اذ تصل الرسالة المتضمنة للقبول الى نظام المعلومات للطرف الآخر في لحظة ارسالها من قبل القابل وفي هذه الحالات يشبه التعاقد الالكتروني عبر الانترنيت التعاقد عن طريق جهاز الهاتف (التليفون)[3] الذي اعتبره المشرع العراقي في المادة (88) من القانون المدني العراقي تعاقدا بين حاضرين من حيث الزمان وبين غائبين من حيث المكان، اذ جاء فيها انه (يعتبر التعاقد "بالتلفون" او بأية طريقة مماثلة كأنه تم بين حاضرين فيما يتعلق بالزمان وبين غائبين فيما يتعلق بالمكان)، وفي هذه الحالات لا تثار صعوبة في تحديد زمان انعقاد العقد الالكتروني لعدم وجود فاصل زمني بين صدور القبول الالكتروني وعلم الموجب به[4].

وهناك حالات اخرى لا يتحقق فيها (التزامن) في التبادل الالكتروني للتعابير الارادية، كأن يتأخر المرسل اليه في فتح صندوق بريده الالكتروني على الرغم من وصول رسالة البيانات المتضمنة للقبول الالكتروني الى صندوق بريده الالكتروني، في نفس الوقت الذي ارسلت فيه من جانب المنشئ[5]، ففي هذه الحالة يوجد فاصل زمني بين لحظة ارسال المنشئ للرسالة ولحظة قبول المرسل اليه وعلم المنشئ بهذا القبول، وهنا يكون تبادل رسائل البيانات عبر الانترنيت اقرب الى استخدام البريد التقليدي (التعاقد بالمراسلة التقليدية)[6] ويوصف التعاقد بأنه بين غائبين، وتظهر بالتالي

(1) د. حسن عبدالباسط جميعي، المصدر السابق، ص8. وكذلك عبدالله احمد، المصدر السابق، ص75.

(2) UNCITRAL Model Law on Electronic Commerce with Guide to Enactment, 1996, op.cit, p.51.

(3) Legal aspects of electronic commerce, Electronic contracting; provisions for a draft convention, op.cit, p.15 also :
Jeff C. Dodd and James A. Hernandez, op.cit, p.12.

(4) في هذا المعنى ينظر د. حسام الدين كامل الاهواني، المصدر السابق، ص152.

(5) BRADLEY J. FREEDMAN, op.cit, pp. 15-16.

(6) Legal aspects of electronic commerce, op.cit, p.15.

الصعوبة في تحديد زمان انعقاد العقد الالكتروني والتي تستوجب معالجة قانونية تتماشى مع الطبيعة الخاصة لهذه العقود.

في ضوء ما ذكر سنحاول تسليط الضوء على مسألة زمان انعقاد العقد الالكتروني عندما يعد تعاقدا بين غائبين من خلال فقرتين، نخصص اولاهما للنظريات التقليدية التي وضعت لمعالجة هذه المسألة في العالم المادي (Offline) ومدى تطبيقها على العقود المبرمة عبر الشبكة، اما الفقرة الثانية فستكون مخصصة لمعالجة المسألة في ضوء النصوص القانونية الواردة في بعض القوانين المنظمة للتجارة الالكترونية.

٣-١-١ النظريات التقليدية لتحديد زمان انعقاد العقود وتطبيقاتها على العقود الالكترونية

اذا افترض بان التعاقد الالكتروني عبر الانترنيت قد يعد تعاقدا بين غائبين من حيث الزمان، فانه يكون خاضعا للحلول التشريعية والفقهية التي وجدت في العالم المادي (Offline) لانطباقها على هذا النمط من التعاقد.

تتمثل هذه الحلول في النظريات (الاحادية) و(الثنائية). ويقصد بالنظريات التقليدية الاحادية تلك التي لا تفصل بين مسألة زمان انعقاد العقد ومكانه[١]، وتتلخص في اربع نظريات (اعلان القبول، تصدير القبول، تسلم القبول واخيرا العلم بالقبول)[٢]، اما النظريات الثنائية فهي التي لا ترى تلازما بين زمان انعقاد العقد ومكان ذلك، وتتلخص في اثنتين تبناهما الفقيهان مالوري وشيفاليه[٣]. ولا نرى من الضروري البحث في النظريات الثنائية ضمن موضوع زمان انعقاد العقد لانها لم تأت بحل جديد لهذا الموضوع، اذ تحدد زمان الانعقاد باللحظة التي يعلم فيها الموجب بالقبول وهو الحل الوارد في (نظرية العلم بالقبول) - كما سنراه لاحقا -.

(١) عباس زبون عبيد العبودي، المصدر السابق، ص١٤٨.

(٢) د. حسن علي الذنون، المصدر السابق، ص٦٨.

(٣) المشار اليهم عند عباس زبون عبيد العبودي، المصدر السابق، ص١٤٨.

سنتناول النظريات التقليدية الاربع التي عالجت مسألة تحديد زمان انعقاد العقد في العالم المادي وذلك من خلال استعراض موجز لكل نظرية من هذه النظريات مع تطبيقاتها على التعاقد الالكتروني عبر الانترنيت وبيان مدى ملاءمتها لطبيعة هذا النمط من التعاقد.

أولا : نظرية اعلان القبول

يرى انصار هذه النظرية[1] أن العقد يتم بمجرد اعلان القبول وقبل ان يصل الى علم الموجب، وفي هذه اللحظة يقترن الايجاب بالقبول[2]، ويعود اساس هذه النظرية الى القاعدة العامة التي تقضي بان العقد ما هو الا تطابق ارادتين، فالعقد ينعقد بتوافق ارادتين ومتى اعلن الطرف القابل قبوله لما وجه اليه من الايجاب ينعقد العقد ولا اهمية لان يعلم الموجب بالقبول ام لا[3]، ومن مزايا هذه النظرية توافقها مع ما تقتضيه الحياة التجارية من السرعة في التعامل[4] ولكن يؤخذ عليها انه من الصعب اثبات وقت اعلان القبول، لان اعلان القبول هو تصرف يختص به القابل وحده وبالتالي يكون من السهل عليه ان اراد ان يعدل عن قبوله، او ان ينكره هذا من جهة، ومن جهة اخرى فان مجرد اعلان القبول لا يكفي لتوافق الارادتين، لان اعلان الارادة لا ينتج اثره الا اذا وصل الى علم من وجه اليه القبول[5].

بموجب هذه النظرية ينعقد العقد الالكتروني عبر الانترنيت من حيث الزمان في اللحظة التي يعلن فيها القبول، مثلا اذا كانت الوسيلة المستخدمة للتعبير عن القبول الالكتروني هي خدمة البريد الالكتروني (email)، فان زمان انعقاد العقد هو اللحظة التي ينتهي فيها القابل من كتابة رسالة البيانات المتضمنة للقبول حتى وان لم يقم بعد

---

(١) من القوانين التي تأخذ بهذه النظرية، القانون المدني الاردني و القانون المدني السوري في المادة (٩٨) منه، حيث تقول بانه (يعتبر التعاقد ما بين الغائبين قد تم في المكان وفي الزمان اللذين صدر فيهما القبول، ما لم يوجد اتفاق او نص قانوني يقضي ـ بغير ذلك) اشار اليها د. مالك دوهان، المصدر السابق، ص١٩٠.

(٢) د. عبدالمجيد الحكيم وآخرون، المصدر السابق، ص٤٧.

(٣) د. عبدالمنعم فرج الصدة، المصدر السابق، ص١٥٦.

(٤) د. مالك دوهان، المصدر السابق، ص١٨٧. وكذلك السنهوري، الوسيط، المصدر السابق، ص٢٤١.

(٥) د. حسن علي الذنون، المصدر السابق، ص٦٩.

بالنقر (Click) فوق زر ارسل (Send)، او بمجرد ان يكتب عبارة تفيد القبول (I Accept) دون ارسالها فعلا.

وبالتحري عن مدى امكانية تطبيق الحل الذي اوردته هذه النظرية على التعاقد عبر الانترنيت من خلال رسائل البيانات المتبادلة الكترونيا والذي تجري فيه عمليات الادخال والتخزين والاسترجاع الكترونيا، نجد أن الاخذ بهذه النظرية يؤدي من الناحية العملية الى زيادة وتعقيد المشاكل الخاصة باثبات التعاقد عبر الانترنيت والتي تعد من اهم المشاكل القانونية الناجمة عن استخدام الانترنيت في ابرام العقود، حيث غالبا ما يلجأ القابل الى انكار صدور القبول منه خصوصا اذا علمنا بان هذا النمط من التعاقد يتم دون الحضور المادي لطرفيه في مجلس واحد، لذا يكون من الصعب للموجب من جانبه ان يثبت ان القابل قد كتب رسالة بيانات تتضمن قبولا في الوقت الذي بقي القبول في صندوق البريد الالكتروني دون ان يتم ارساله فعلا الى الموجب، هذا من جهة، ومن جهة اخرى لا يمكن اعتبار مجرد كتابة الرسالة قرينة على علم الموجب بها، فضلا عن الانتقادات التقليدية الموجهة الى هذه النظرية في العالم المادي خارج نطاق شبكات الانترنيت[1].

لهذه الاسباب لا يمكن الاعتماد على الحل الوارد في نظرية اعلان القبول لتحديد زمان انعقاد العقد الالكتروني، ولم نجد بين التشريعات المنظمة للمعاملات الالكترونية تشريعا يأخذ بهذه النظرية.

ثانيا : نظرية تصدير القبول

بمقتضى هذه النظرية[2] لا ينعقد العقد بمجرد اعلان القبول، بل بعد تصديره، كأن يضع القابل مثلا رسالته المتضمنة للقبول في صندوق البريد او تسليم البرقية الى

---

(١) د. السنهوري، الوسيط، المصدر السابق، ص٢٥٧.

(٢) من القوانين التي تأخذ بهذه النظرية، قانون الالتزامات السويسري في المادة (١٠) منه، مشار اليه عند د. عبدالحميد محمود البعلي، المصدر السابق، ص١٥٣.

مكتب الارسال[١]. وهناك من يرى ان هذا الامر يسهل اثبات تصدير القبول ولكن قد يكون هذا الرأي محل نظر، لان القبول المعتبر قانونا هو القبول الـذي يتضمـن الارادة النهائيـة والباتـة للقابـل، في حيـن يستطيع القابل الرجوع عن قبوله[٢] سواء عن طريق استرداد الرسالة من صندوق البريد او ان يرسل رسالة لاحقة تتضمن العدول عن القبول الذي عبر عنه من خلال رسالته السابقة على ان تصل رسالة العدول قبل وصول القبول الى الموجب[٣].

ينعقد العقد الالكتروني بموجب هذه النظرية في لحظة ارسال رسالة البيانات المتضمنة للقبول الى نظام المعلومات الخارج عن سيطرة القابل بشكل لا يستطيع استرجاعه، وهذه النظرية تختلف عن نظرية اعلان القبول في انها تضيف (واقعة الارسال)، مثلا اذا استخدمت خدمـة البريـد الالكتروني للتعبيـر عـن القبـول الالكتروني، فينعقد العقد بعد ارسال رسالة البيانات عن طريق النقـر (Click) علـى زر او ايكونـة (Send)، وهنا قد تصل الرسالة الى الموجب اما عن طريق النظام المعلوماتي الخاص به اذا كان لديه خـادم (Server) خاص به او تصله عن طريق مورد خدمة الاتصال على الشبكة.

لا يمكن الاخذ بهذه النظرية في مجال التعاقد عبر الانترنيت، لان مجرد صدور رسالة البيانات المتضمنة لارادة القبول لا يعني فعلا وصولها الى نظام المعلومات للمرسل اليه او لمورد خدمة الاتصال وذلك لانه من الممكن ان تتعرض رسالة البيانات الى مخاطر في طريق ارسالها الى المرسل اليه مـما قد يـؤدي الى تلفها او عدم تسلمها من قبل نظام المعلومات التابع للشخص المعني، اضافة الى ذلك يتصور ايضا ان لا يعمل النظام المعلوساتي المعني على الاطلاق او يعمل بصورة غير صحيحة[٤]، وبالنتيجة تؤدي هذه

---

(١) د. عاطف النقيب، المصدر السابق، ص١٤٢.
(٢) جاء في المادة (١٥) من قانون البريد العراقي الرقم ٩٧ لسنة ١٩٧٣ بأنه (لمرسل اية مادة بريدية ان يطلب استردادها وان يصحح عنوانها طالما لم تسلم الى المرسل اليه).
(٣) د. محمود السيد عبدالمعطي خيال، المصدر السابق، ص٨٢.
(٤) UNCITRAL Model Law on Electronic Commerce with Guide to Enactment, ١٩٩٦, op.cit, p.٥٢.

الاعتبارات الى عدم تحقق (واقعة الارسال) وبقاء الرسالة في صندوق البريد الالكتروني للقابل وبالتالي عدم انعقاد العقد[1]، هذا من جهة، ومن جهة اخرى لا يملك الموجب دائما نظاما خاصا به للمعلومات، مما يدفعه الى الاستعانة بمورد خدمة الاتصال الذي يتسلم رسالة البيانات نيابة عن المرسل اليه ويقوم مورد الخدمة بدوره بارسالها الى صندوق البريد الالكتروني للمرسل اليه، مما يثير تساؤلا جديدا هنا وهو هل يعتبر العقد منعقدا في لحظة ارسال رسالة البيانات من القابل الى مورد خدمة الاتصال، او ينعقد في لحظة ارسالها من قبل مورد خدمة الاتصال الى الموجب، فالجواب الذي يكون اكثر منطقيا وعدالة هو تحديد زمان انعقاد العقد الالكتروني في لحظة ارسال القبول الالكتروني من مورد خدمة الاتصال الى الموجب وذلك في حالة اعتماد نظرية تصدير القبول في تلك الفرضية[2].

ثالثا : نظرية وصول القبول وتسلمه

يرى اصحاب هذه النظرية[3] بأن العقد يتم بوصول القبول الى الموجب وتسلمه سواء علم بمحتواه او لا، لانه حينئذ يصبح القبول نهائيا ولا يمكن استرداده او الرجوع عنه، وهنا ينعقد العقد بصرف النظر عن علم الموجب بالقبول من عدمه[4]، وبموجب هذه النظرية فان وصول القبول الى الموجب يعد قرينة على علمه به[5].

من مزايا هذه النظرية، ان الحل الوارد فيها يسهل اثبات صدور القبول، كما يوزع المسؤولية القانونية الناشئة عن عدم انعقاد العقد بين الموجب والقابل، اذ يتحمل الموجب

---

(١) في هذا المعنى ينظر : د. سمير برهان، المصدر السابق، ص٤.

(٢) د. طوني ميشال عيسى، المصدر السابق، ص٢٧٤.

(٣) من القوانين التي تأخذ بهذه النظرية، القانون الالماني وفي المادة (١٣٠) منه والتي جاءت فيها بانه (اذا وجه التعبير عن الارادة الى شخص آخر في غيابه، انتج هذا التعبير اثره من وقت وصوله اليه). مشار اليها عند د. مالك دوهان، المصدر السابق، ص٢٠٢.

(٤) د. عاطف النقيب، المصدر السابق، ص١٤٢.

(٥) د. عبدالمجيد الحكيم وآخرون، المصدر السابق، ص٤٨.

المسؤولية سواء علم ام لم يعلم بالقبول لان العقد ينعقد بوصول القبول ويعد ذلك قرينة على العلم به[1].

واضح من ذلك ان نظرية تسلم القبول تتأرجح بين نظريتي التصدير والعلم، فهي تأخذ بنظرية التصدير مستأنية حتى يصل القبول الى الموجب، وتأخذ بنظرية العلم متعجلة اذ تجعل وصول القبول قرينة على العلم به[2].

يؤخذ على هذه النظرية بانها غير كافية لحماية الطرفين (الموجب والقابل)[3]، لان القابل هو الذي يتحمل عبء اثبات وصول القبول وتسلمه من قبل الموجب في حالة تعرض الرسالة التي تحمل القبول الى مخاطر اثناء تصديرها، هذا بالنسبة للقابل، اما الموجب فان هذه النظرية تفترض علمه بالقبول لمجرد تسلمه من قبله بصرف النظر عن العلم الفعلي للموجب بالقبول حتى ولو كان عدم علمه هذا يرجع الى اسباب خارجة عن ارادته[4].

ينعقد العقد الالكتروني عبر الانترنيت بمقتضى هذه النظرية اعتبارا من وقت دخول رسالة البيانات التي تتضمن القبول الى نظام المعلومات للمرسل اليه الخاص باستقبال رسائل البيانات او نظام المعلومات الذي تم تعيينه من قبل المرسل اليه لهذا الغرض، حتى ولو لم يطلع الموجب على محتوى تلك الرسالة، فينعقد العقد مثلا من الوقت الذي تدخل الرسالة الى حقل الوارد (Inbox) في صندوق البريد الالكتروني دون ان يأخذ بنظر الاعتبار العلم الفعلي للموجب بمحتوى القبول الالكتروني ام لا.

واذا كان الموجب لا يملك نظاما خاصا به للمعلومات ويستعين بمورد خدمة الاتصال، فلا يكفي هنا لانعقاد العقد مجرد دخول رسالة البيانات المتضمنة للقبول الى نظام معالجة

(١) عباس زبون عبيد العبودي، المصدر السابق، ص١٤٤.

(٢) د. السنهوري، الوسيط، المصدر السابق، ص٢٢٤.

(٣) عباس زبون عبيد العبودي، المصدر السابق، ص١٤٥.

(٤) لمزيد من التفاصيل ينظر: د. عبدالحي حجازي، النظرية العامة للالتزام، الجزء الاول، مصادر الالتزام، مطبعة دار النهضة، مصر ١٩٥٤، ص٦٦٥.

المعلومات الخاص بمورد الخدمة، بل لابد من دخولها الى نظام معالجة المعلومات الخاص بالموجب وعلى ان تكون الرسالة متوفرة للمعالجة داخل النظام وليس فقط دخول الرسالة مثلا الى حقل الـوارد (Inbox) في صندوق البريد الالكتروني للموجب والذي يتم فيه عـادة تخزين الرسائل المستلمة مـن قبـل البريد[1].

واذا كان كلا الطرفين يملك نظاما معلوماتيا خاصا به واستخدم ذلك النظام، فهنا نجد أن وقت الارسال ووقت التسلم يتزامنان، مما يؤدي بنا الى القول بعـدم بقـاء الاختـلاف بـين الحـل الـوارد في هـذه النظريـة ونظرية تصدير القبول.

اما فيما يتعلق بمدى امكانية تطبيق هذه النظرية على التعاقد عبر الانترنيت، فـنرى انه يمكن الاخـذ بالحل الوارد فيها، لانه من شأنه ان يسهل اثبات وصول القبـول الالكـتروني الى الموجـب مـادام لا يستطيع القابل ان يسترد الرسالة من صندوق البريد الالكتروني للموجب قبل ان يطلع عليها.

رابعا : نظرية العلم بالقبول

لا ينعقد العقد بموجب هذه النظرية الا بالعلم الفعلي للموجب بالقبول لان التعاقد يقوم على اسـاس يقضي بأن التعبير عن الارادة لا ينتج اثره القانوني الا في الوقت الذي يعلم فيه الموجب بهذا التعبير[2]، فـاذا وصل القبول الى علم الموجب فحينئذ يصح قانونا القول بتوافق الارادتين، وان هذا العلـم الفعـلي بـالقبول هو الذي يجعل القبول مقترنا بالايجاب[3].

اهم ما يؤخذ على هذه النظرية هو صعوبة اثبات علـم الموجب بـالقبول الصـادر عـن القابـل[4]، لأن العلم بالقبول يعد امرا شخصيا متعلقا بالموجب ويصعب على القابل اثباته. فقـد يـدعي الموجـب بانه لم يعلم بالقبول او وصل اليه متأخرا، لذلك يتخذ انصار هذه النظرية من وصول القبول وتسـلمه مـن قبـل الموجب قرينة على علم الموجب به، لكن هذه

---

(١) Report of the Working Group on Electronic Commerce on its thirty-ninth session, op.cit, pp.١٧-١٨.

(٢) د. عبدالمجيد الحكيم وآخرون، المصدر السابق، ص٤٨.

(٣) د. عبدالمنعم فرج الصدة، المصدر السابق، ص١٥٧.

(٤) د. محمود السيد عبدالمعطي خيال، المصدر السابق، ص٨٣.

القرينة ليست قرينة قاطعة لا يجوز اثبات عكسها، وانما هي قرينة بسيطة يجوز اثبات عكسها[(١)].

واخذت معظم التشريعات المدنية[(٢)] في العالم المادي (Offline) بهذه النظرية، ومنها القانون المدني العراقي، حيث جاء في الفقرة الاولى من المادة (٨٧) منه بانه (يعتبر التعاقد ما بين الغائبين قد تم في المكان والزمان اللذين يعلم فيهما الموجب بالقبول ما لم يوجد اتفاق صريح او ضمني او نص قانوني يقضي- بغير ذلك.)، اما في الفقرة الثانية من نفس المادة، فقد اكد القانون على ان تسلم القبول يعد دليلا على علم الموجب به، وذلك بنصه على انه (يكون مفروضا ان الموجب قد علم بالقبول في المكان والزمان اللذين وصل فيهما)[(٣)].

يلاحظ هنا بان المشرع العراقي حسم مسألة تحديد زمان ومكان انعقاد العقد في التعاقد بالمراسلة من خلال هذا النص الذي ليس بنص آمر لا يجوز الاتفاق على خلافه، وانما هو نص تفسيري لارادة الطرفين المفترضة وعليه يجوز لاطراف العقد بالمراسلة الاتفاق على خلاف ما نصت عليه الفقرة الاولى من المادة (٨٧).

وينعقد العقد الالكتروني بموجب هذه النظرية من الوقت الذي يعلم فيه الموجب فعليا بقبول المرسل من القابل، أي لا يكفي هنا مجرد دخول رسالة البيانات المتضمنة للقبول الى نظام معالجة المعلومات للمرسل اليه لانعقاد العقد، وانما يحتاج الى قيام الموجب باسترجاع المعلومات والبيانات الواردة فيها واطلاعه عليها فعلا، كأن يفتح

---

(١) د. مالك دوهان الحسن، المصدر السابق، ص١٩٠.

(٢) من هذه التشريعات، القانون المدني المصري في المادة (٩١) منه حيث نصت على انه (ينتج التعبير عن الارادة اثره في الوقت الذي يتصل فيه بعلم من وجه اليه، ويعتبر وصول التعبير قرينة على العلم به ما لم يقم الدليل على عكس ذلك).

(٣) يلاحظ أن المشرع العراقي لم ينص صراحة في هذه الفقرة على جواز اثبات عكس ما جاء في الفقرة الاولى من المادة (٨٧) من القانون المدني العراقي مثل ما نص عليه المشرع المصري في المادة (٩١) من القانون المدني المصري – المشار اليها سابقا -، لكن يمكن استنتاج ذلك من خلال القواعد العامة الواردة في قانون الاثبات، اذ جاء في المادة (١٠٠) من قانون الاثبات العراقي الرقم ١٠٧ لسنة ١٩٧٩ بانه (يجوز نقض القرينة القانونية بالدليل العكسي ما لم ينص القانون على غير ذلك). ينظر : عباس زبون عبيد العبودي، المصدر السابق، ص ص١٤٦-١٤٧ وكذلك د. آدم وهيب النداوي، المصدر السابق، ص١٦٤.

الموجب مثلا صندوق بريده الالكتروني وان يقوم بالنقر (click) على ايكونة حقـل الـوارد (Inbox) في الصندوق لتظهر رسائل البيانات التي وصلته، فهنا ينعقد العقد اعتبارا من اللحظة التي يطلع فيها الموجب على معلومات الرسالة، وينسجم الحل الوارد في هذه النظرية مع الاساس الذي يقوم عليه العقـد اذ ينتج التعبير عن الارادة اثره من لحظة وصوله الى علم الموجه اليه التعبير الارادي.

ومما هو جدير بالملاحظة في هذا المجال الصلة الوثيقة بين هذه النظرية ونظرية وصول القبول، اذ قـد لا تبقى التفرقة بينهما في بعض الاحيان خصوصا اذا كان كل من الموجب والقابل في العقد الالكتروني يملك نظاما معلوماتيا خاصا به، ويقوم القابل بارسال قبوله من خلال رسالة البيانات الى ذلك النظام المعلومـاتي، فهنا يطلع الموجب على الرسالة التي تتضمن القبول لحظة تسلمها، وهـذا يمكـن تصوره في التعاقد مـن خلال التخاطب في فضاء الانترنيت (Chatting) حيث لا يوجد فاصل زمني بين صدور القبـول مـن القابـل وتسلمه من قبل الموجب، هذا من جهة، ومن جهة اخرى نجد بـأن معظم التشريعات المدنيـة تجعـل في هذا المجال (واقعة وصول القبول) قرينة على علم الموجب به.

اما بخصوص مدى امكانية تطبيق هذه النظرية في مجال التعاقد عبر الانترنيت، فاننا نجد الى حـد مـا بأن هذه النظرية يمكن تطبيقها في بعض الحالات على هـذا النـمط مـن التعاقد، خصوصا اذا عرفنا بانـه هنالك من التشريعات المنظمة للمعاملات الالكترونية تأخذ بالحل الوارد في هذه النظرية.

٣-١-٢ موقف قوانين المعاملات والتجارة الالكترونية من مسألة تحديد زمان انعقاد العقود الالكترونية

نظرا للأهمية المتزايدة لمسألة تحديد زمان انعقاد العقـد الالكتروني عـبر الانترنيـت، وخصوصيتها مـن حيث ابرام هذا النمط من العقود دون الحضور المادي للطرفين المتعاقدين في مكان واحد، نجد أن معظم التشريعات المنظمة للمعاملات والتجارة الالكترونية وضعت   احكاما وقواعد لتحديـد وقت ارسال رسالة البيانات من المنشئ

ووقت تسلمها من المرسل اليه، كما وضع البعض الآخر من هذه التشريعات حلولا خاصة بتحديد زمان انعقاد العقود الالكترونية بذاته.

في ضوء ذلك نتناول اولا الاحكام القانونية الخاصة بتحديد زمان ارسال رسالة البيانات وتسلمها في ضوء قانون الاونسترال النموذجي للتجارة الالكترونية والتشريعات الاخرى ذات الصلة التي وضعت حلولا قانونية متقاربة بهذا الصدد ، ثم نتطرق الى الحلول القانونية الخاصة التي جاء بها كل من مشروع اتفاقية الاونسترال للتعاقد الالكتروني ومشروع قانون التجارة الالكترونية المصري، ونختم هذه الفقرة بخلاصة رأينا في مسألة تحديد زمان انعقاد العقد الالكتروني عبر شبكة الانترنيت.

٣-١-٢-١ زمان ارسال وتسلم رسالة البيانات

ان لموضوع تحديد زمان ارسال وتسلم رسالة البيانات باعتبارها طريقة معترفا بها قانونا للتعبير عن الارادة ايجابا كانت او قبولا، صلة وثيقة بمسألة تحديد زمان انعقاد العقد الالكتروني عبر الانترنيت.

ونظرا لخصوصية رسائل البيانات وآلية تبادلها بين اطرافها، نجد أن معظم التشريعات ذات الصلة تناولت مسألة تحديد زمان ارسال وتسلم رسالة البيانات بأحكام قانونية خاصة نستعرضها في الفقرات الآتية.

أولا : زمان ارسال رسالة البيانات

تقضي الفقرة الاولى من المادة (١٥) من القانون النموذجي بانه ما لم يتفق المنشئ والمرسل اليه على خلاف ذلك، يقع ارسال رسالة البيانات عندما تدخل الرسالة نظام معلومات[1] لا يخضع لسيطرة المنشئ او الشخص الذي ارسل رسالة البيانات نيابة عن المنشئ.

---

(١) نص قانون مملكة البحرين للمعاملات الالكترونية في المادة الاولى منه، على ان (نظام المعلومات يقصد به النظام الالكتروني لاستحداث واستخراج وتوصيل وارسال واستقبال وتخزين او بث او تقديم المعلومات.) كما عرفت نفس المادة المعلومات انه (يقصد بها البيانات والنصوص والصور والاصوات والرموز وبرامج

{Unless otherwise agreed between the originator and the addressee, the dispatch of a data message occurs when it enters an information system outside the control of the originator or of the person who sent the data message on behalf of the originator.}[1]

وفي هذا الاطار ايضا، نصت (الفقرة الاولى/أ) من المادة (١٤) من قانون مملكة البحرين للمعاملات الالكترونية على انه (ما لم يتم الاتفاق على غير ذلك ما بين المنشئ والمرسل اليه فان ارسال سجل الكتروني يقع :

أ- عندما يدخل نظام للمعلومات خارج عن سيطرة المنشئ او الشخص الذي ارسل السجل الالكتروني نيابة عن المنشئ)[2].

يلاحظ على هذه النصوص القانونية بانها تحدد (واقعة الارسال) لرسالة البيانات فانها تحدث متى دخلت الرسالة الى نظام معلومات الحاسوب الآلي او ارسلت على شبكة الانترنيت بحيث تخرج رسالة البيانات عن سيطرة المنشئ او الشخص النائب عنه، وتكون الرسالة قد خرجت عن سيطرة المنشئ لها اذا لم يمكن المنشئ استرجاعها مرة اخرى من جهاز معالجة المعلومات، اما اذا امكن بوسيلة فنية استرجاع الرسالة قبل وصولها الى المرسل اليه وهي في طريق الارسال فان الرسالة لا تكون قد خرجت عن سيطرة المنشئ، هذا ما لم يتفق المنشئ والمرسل اليه على تحقيق واقعة الارسال بطريقة اخرى[3].

الحاسوب والبرمجيات ويمكن ان تكون "قواعد" البيانات والكلام.)، كما نصت الفقرة (و) من المادة (٢) من قانون الاونسترال النموذجي على انه (يراد بمصطلح "نظام معلومات" النظام الذي يستخدم لانشاء رسائل البيانات او ارسالها او استلامها او تخزينها او تجهيزها على أي وجه آخر).

(١) UNCITRAL Model Law on Electronic Commerce with Guide to Enactment, ١٩٩٦, op.cit, p.١١.

(٢) يوافق هذا النص الفقرة (أ) من المادة (١٧) من قانون المعاملات الالكترونية الاردني، وكذلك الفقرة الثانية من المادة (١٧) من قانون امارة دبي للمعاملات والتجارة الالكترونية. وايضا بنفس الحكم نصت (الفقرة الاولى/أ) من المادة (٢٣) من قانون كندا الموحد للتجارة الالكترونية والتي جاء فيها :

{Unless the parties agree otherwise, an electronic document is sent :
(a) when it enters an information system outside the control of the originator.}

(٣) د. سمير برهان، المصدر السابق، ص٤.

مع ملاحظة ما نصت عليه (الفقرة الاولى/ب) من المادة (١٤) من قانون مملكة البحرين للمعاملات الالكترونية بانه يقع ارسال رسالة البيانات (اذا استعمل المنشئ والمرسل اليه نفس نظام المعلومات عندما يصبح على علم بذلك ويصبح من الممكن للمرسل اليه استخراجه والاطلاع عليه) [١]، ويفهم من هذا النص بانه اذا كان كل من المنشئ والمرسل اليه يستعملان نفس نظام المعلومات، فهنا يقع ارسال رسالة البيانات وكذلك تسلمها – في ذات الوقت – أي متزامنا، وذلك عندما يصبح المرسل اليه على علم بذلك وتكون الرسالة قابلة لاستخراجها ومعالجتها والاطلاع عليها من جانب المرسل اليه، وذلك ما لم يتفق المنشئ والمرسل اليه على خلاف ذلك.

ثانيا : زمان تسلم رسالة البيانات

تقضي الفقرة الثانية من المادة (١٥) من قانون الاونسترال النموذجي، بانه ما لم يتفق المنشئ والمرسل اليه على غير ذلك، يتحدد وقت تسلم رسالة البيانات وفق الفرضيتين الآتيتين :

{*Unless otherwise agreed between the originator and the addressees the time of receipt of a data message is determined as follows :*}[٢]

---

(١) لم يشر كل من قانون المعاملات الالكترونية الاردني وقانون امارة دبي للمعاملات والتجارة الالكترونية الى تلك الفرضية، في حين نصت (الفقرة الاولى/ب) من المادة (٢٣) من قانون كندا الموحد للتجارة الالكترونية على هذه الفرضية وجاء فيها بما يلي :
{... *an electronic document is sent ... (b) if the originator and the addressee are using the same information system, when it becomes capable of being retrieved and processed by the addressee.*}
كما نصت على تلك الفرضية ايضا الفقرة الرابعة من المادة (١١) من مشروع اتفاقية الاونسترال للتعاقد الالكتروني وبنفس الحكم المشار اليه اعلاه.

(٢) UNCITRAL Model Law on Electronic Commerce, op.cit, p.١١.

الفرضية الاولى : حالة تعيين نظام معلومات لتسلم الرسالة

اذا كان المرسل اليه قد حدد نظام معالجة المعلومات لتسلم رسائل البيانات، فتعتبر الرسالة قـد تـم

تسلمها وقت دخولها الى ذلك النظام حتى ولو لم يطلع عليها المرسل اليه.

{(A) if the addressee has designated an information system for the purpose of receiving

data message, receipt occurs:

(i) at the time when the data message enters the designated information system.}[1]

أما اذا ارسلت الرسالة الى نظام معالجة المعلومات تابع للمرسل اليـه غيـر الـذي تـم تحديـده، فيعتبـر

ارسالها قد تم وقت استرجاع المرسل اليه لرسالة البيانات والاطلاع عليها، لأن وقت استرجاع المعلومات هـو

الوقت الفعلي الذي يعلم فيه المرسل اليه برسالة المنشئ[2].

{(ii) If the data message is sent to information system of the addressee that is not the

designated information system, at the data message is retrieved by the addressee.}[3]

الفرضية الثانية : حالة عدم تعيين المرسل اليه نظام معلومات لتسلم الرسالة

اذا لم يحدد المرسل اليه نظام معالجة معلومات لتسلم رسائل البيانات، فيعتبر وقت تسلم الرسالة عند

دخولها الى أي نظام معالجة معلومات تابع للمرسل اليه، حتى ولو لم يطلع المرسل اليه على الرسالة بعد[4]

.

{... if the addressee has not designated an information system, receipt occurs when the

data message enters an information system of the addressee.}[5]

---

(١) Ibid, p.١١.

(٢) د. سمير برهان، المصدر السابق، ص٤.

(٣) UNCITRAL Model Law on Electronic Commerce, op.cit, p.١١.

(٤) د. سمير برهان، المصدر السابق، ص٤.

(٥) UNCITRAL Model Law on Electronic Commerce, op.cit, p.١١.

وفي نفس الاطار، نصت الفقرة الثانية من المادة (١٤) من قانون مملكة البحرين للمعاملات الالكترونية على انه (ما لم يتم الاتفاق على غير ذلك ما بين المنشئ والمرسل اليه فان وقت تسلم السجل الالكتروني يحدد كما يلي :

أ- في الحالة التي يقوم فيها المرسل اليه بتحديد نظام معلومات بغرض تسلم سجلات الكترونية فان التسلم يحدث :

١- في الوقت الذي يدخل فيه السجل الالكتروني نظام المعلومات المحدد.

٢- اذا ارسل السجل الالكتروني الى نظام معلومات تابع للمرسل اليه لا يكون هو نظام المعلومات المحدد، فوقت تسلم السجل الالكتروني هو عندما يصبح المرسل اليه على علم بالسجل الالكتروني ويصبح قادرا على استخراجه.

ب- اذا لم يقم المرسل اليه بتحديد نظام معلومات معين، فان التسلم يتم عندما يدخل سجل الالكتروني نظام معلومات تابع للمرسل اليه.) [١]

بعد استعراض الاحكام القانونية الواردة في قوانين المعاملات والتجارة الالكترونية التي وضعت حلولا متقاربة بخصوص تحديد زمان ارسال وتسلم رسائل البيانات، يمكن ابداء الملاحظات الآتية:

١- لم نجد بين القواعد العامة التي تنظم مسألة زمان انعقاد العقد في العالم المادي، قواعد تحدد زمان ارسال وتسلم الوسائط التي تستخدم في التعبير عن الارادة عند التعاقد بين غائبين عموما [٢]، وبرأينا السبب في ذلك يعود الى خصوصية رسائل البيانات الالكترونية وآلية تبادلها بين اطرافها والتي تتم عادة عبر الخدمات التي توفرها شبكة الانترنيت العالمية ذات الطابع العابر للحدود السياسية والجغرافية للبلدان.

(١) يوافق هذا النص الفقرة (ب) من المادة (١٧) من قانون المعاملات الالكترونية الاردني، وكذلك الفقرة الثانية/ب من المادة (١٧) من قانون امارة دبي للمعاملات والتجارة الالكترونية، كما يوافق ايضا ما نصت عليه الفقرة الثانية من المادة (٢٣) من قانون كندا الموحد للتجارة الالكترونية سنة ١٩٩٩.

(٢) تنظر على سبيل المثال المادة (٨٧) من القانون المدني العراقي.

٢- يمكن الاعتماد على تلك النصوص التشريعية - المار ذكرها - والتي تحدد زمان ارسال وتسلم رسائل البيانات، لمعالجة مسألة تحديد زمان انعقاد العقد الالكتروني عبر الانترنيت[١]، خصوصا اذا عرفنا ان رسالة البيانات تعتبر الصورة الشائعة للتعبير عن الايجاب والقبول في العالم الافتراضي (Online)، فضلا عن اعتراف معظم القوانين المنظمة للمعاملات الالكترونية[٢] بنصوص قانونية صريحة بصلاحية رسالة البيانات للتعبير عن الايجاب والقبول وصحة العقود الالكترونية المبرمة عبرها.

٣- اخذت تلك النصوص التشريعية بالحل الوارد في (نظرية وصول القبول) مبدئيا، وتحدد هذه النظرية زمان انعقاد العقد بوصول القبول الى الموجب ، اذ اكدت هذه النصوص على ان العقود الالكترونية المبرمة بواسطة رسالة البيانات لا تنعقد الا بوصول الرسالة المتضمنة للقبول الى الموجب، وهي تصل اليه عندما تدخل الرسالة في نظام معالجة المعلومات المعين من قبل المرسل اليه لهذا الغرض[٣]، ولو لم يطلع عليها المرسل اليه، وهنا لا تحقق (واقعة الوصول) بمجرد وصول رسالة البيانات المتضمنة للقبول الى مورد خدمة الاتصال (ISP) وانما يجب ان تدخل الرسالة الى نظام معالجة المعلومات للموجب وهذا ما اكد عليه القانون النموذجي باستخدامه لفظ (enters)[٤].

---

(١) Report of the Working Group on Electronic Commerce on its thirty-ninth session, op.cit, and p.١٢.

(٢) تنظر على سبيل المثال ما تنص عليه المادة (١٣) من قانون المعاملات الالكترونية الاردني على انه (تعتبر رسالة البيانات وسيلة من وسائل التعبير عن الارادة المقبولة قانونا لابداء الايجاب او القبول بقصد انشاء التزام تعاقدي).

(٣) تنظر الفقرة الثانية من المادة (١٤) من قانون مملكة البحرين للمعاملات الالكترونية - المشار اليها سابقا.

(٤) UNCITRAL Model Law on Electronic Commerce with Guide to Enactment, ١٩٩٦, op.cit, p.٥١.

ولكن اذا كان كل من المنشئ والمرسل اليه يستعمل نفس نظام معالجة المعلومات[1]، فهنا يقع ارسال رسالة البيانات وتسلمها في نفس الوقت أي - متزامنا -، ففي هذه الفرضية لا يبقى الاختلاف بين الحل الوارد في (نظرية وصول القبول) والحل الذي نادت به (نظرية تصدير القبول)، حيث لا يبقى فاصل زمني بين الارسال والتسلم.

٤- استثناءً على المبدأ الوارد في الملاحظة السابقة، نجد أن تلك التشريعات تأخذ بالحل الوارد في (نظرية العلم بالقبول) بدلا من (نظرية وصول القبول)، وذلك في الحالة التي ترسل فيها رسالة البيانات المتضمنة للقبول الى نظام معالجة المعلومات تابع للمرسل اليه غير الذي تم تعيينه لهذا الغرض، فهنا يعتبر ارسالها قد تم وقت استرجاع المرسل اليه للرسالة واستخراجها للاطلاع عليها، لأن وقت استرجاع المعلومات هو الوقت الفعلي الذي يعلم فيه المرسل اليه برسالة المنشئ (القابل)[2]، أي أخذ المشرع في تلك التشريعات بمعيار مزدوج.

٥- لم تتعرض النصوص التشريعية - المار ذكرها - الى موضوع المسؤولية القانونية الناتجة عن وجود خلل في نظام المعلومات المستخدم لغرض استقبال رسائل البيانات، كأن لا يعمل النظام المعلوماتي التابع للمرسل اليه على الاطلاق او يعمل النظام لكن بصورة غير صحيحة، بل تركت هذه المسائل الموضوعية الى القوانين الوطنية ذات الصلة، وقد اشارت الى ذلك مقدمة القانون النموذجي[3] بأنه لا يقصد من هذا القانون ان يلقي على عاتق المرسل اليه التزاما قانونيا مرهقا باجباره على ان يجعل من النظام المعلوماتي التابع له مفتوحا وفعالا في كل الاحوال، او ان يضع القانون شروطا ومعايير اكثر شدة مما هو موجود في العالم المادي (Offline) بهذا الخصوص.

---

(١) تنظر (الفقرة الاولى/ب) من المادة (١٤) من قانون مملكة البحرين للمعاملات الالكترونية - المشار اليها سابقا -.

(٢) تنظر (الفقرة الفرعية أ/٢) من الفقرة الثانية من المادة (١٤) من قانون مملكة البحرين للمعاملات الالكترونية - المشار اليها سابقا.

(٣) UNCITRAL Model Law on Electronic Commerce with Guide to Enactment, ١٩٩٦, op.cit, p.٥٢.

أما فيما يتعلق بموقف مشروع اتفاقية الاونسترال للتعاقد الالكتروني من زمان انعقاد العقود الالكترونية عبر الانترنيت ، فان هذا المشروع قد نظم مسألة زمان ارسال وتسلم رسائل البيانات بأحكام قانونية خاصة في اطار المادة (١١) منه[١]، والتي اعتمدت في مضمونها وصياغتها على نصوص الفقرتين الاولى والثانية من المادة (١٥) من القانون النموذجي، والخاصة بتحديد زمان ارسال وتسلم رسائل البيانات - المار ذكرها -.

فضلا عن ذلك، فقد عالج المشروع ايضا مسألة زمان انعقاد العقد الالكتروني المبرم عبر الانترنيت بنصوص قانونية خاصة وصريحة تحت عنوان (وقت انعقاد العقد - Time of Contract Formation)، اذ اكدت الفقرة الاولى من المادة (٨) من المشروع على انه ينعقد العقد في اللحظة التي يصبح فيها قبول العرض نافذ المفعول طبقا لأحكام هذه الاتفاقية.

{A contract is concluded at the moment when the acceptance of an offer becomes effective in accordance with the provisions of this Convention.}[٢]

وقد حددت الفقرة الثالثة من - نفس المادة - الوقت الذي يصبح فيه القبول نافذ المفعول باللحظة التي يتسلم فيها الموجب ما يفيد الموافقة عليه.

{An acceptance of an offer becomes effective at the moment the indication of assent is received by the offeror.}[٣] .

---

(١) تنص الفقرة الاولى من المادة (١١) من المشروع على انه (يقع ارسال رسالة البيانات عندما تدخل في نظام معلومات لا يخضع لسيطرة المنشئ او الشخص الذي ارسل رسالة البيانات نيابة عن المنشئ، ما لم يتفق الطرفان على خلاف ذلك.) اما الفقرة الثانية منها فقد نصت على انه (اذا عين المرسل اليه نظام معلومات لغرض تسلم رسائل البيانات تعتبر رسالة البيانات قد تم تسلمها في الوقت الذي تدخل فيه نظام المعلومات المعين، فاذا ارسلت رسالة البيانات الى نظام معلومات تابع للمرسل اليه غير نظام المعلومات الذي عينه، ففي الوقت الذي يسترجع فيه المرسل اليه تلك الرسالة، ما لم يتفق الطرفان على خلاف ذلك، واذا لم يعين المرسل اليه نظام معلومات بذاته، يقع التسلم عندما تدخل رسالة البيانات نظام معلومات تابعا للمرسل اليه.).

(٢) Legal aspects of electronic commerce, op.cit, p.٢٩.

(٣) Ibid, p.٢٩.

في ضوء هذه المادة من المشروع، يمكن ابداء الملاحظات الآتية :

١- اعتمــد المشـــروع في هـــذه المـــادة عـلـى احكـــام القواعـــد الخاصـــة بانعقـــاد العقـــود الواردة في اتفاقية الامم المتحدة للبيع الدولي للبضائع – اتفاقية فيينا عام ١٩٨٠ – [١]، وخاصة الفقرة الثانية من المادة (١٨) من الاتفاقية والتي تقضي بان قبول الايجاب يحدث اثره من اللحظة التي يصل فيها الى الموجب ما يفيد الموافقة.

{*An acceptance of an offer become effective at the moment the indication of assent reaches the offer.*}[٢] .

مع ملاحظة ان المشروع استخدم كلمة تسلم (received) بـدلا مـن كلمـة يصـل (reaches) التي استخدمتها اتفاقية الامم المتحدة، وذلك تأكيدا على ما جاء في المادة (١١) من المشروع ومعظم التشريعات ذات الصلة بخصوص تحديد زمـان اسـتلام رسـالة البيانـات بـدخول الرسـالة الى نظام معالجـة المعلومـات للمرسل اليه وليس بمجرد وصولها دون دخولها فعلا الى النظام[٣].

---

(١) دخلت هذه الاتفاقية حيز التنفيذ في ١/كانون الثاني/١٩٨٨، وشارك في وضعها (٦١) طرفا وبـ(١٨) توقيعـا عليهـا، وان الغـرض مـن هذه الاتفاقية هو اعتماد مجموعة من القواعد الموحدة بشأن عقود بيع البضائع بين اطراف قد تقـع امـاكن عملهـم في دول مختلفـة، وذلك بغية ازالة العـقـبـات القانونية والترويج لتطوير التجارة الدولية، علـما ان الاتفاقيـة تشـمل اساسـا (البضائـع الملموسـة المنقولـة) وتستبعد من نطاق تطبيقها الموجودات غير الملموسة   كحقوق براءة الاختراع والعلامات التجارية واسهم الشركات، وقـد درسـت لجنـة الاونسترال مشروع وضع اتفاقية بشأن التعاقد الالكتروني دراسة تحليلية موسعة في ضوء احكام هذه الاتفاقية، لمزيد مـن التفاصيل حول ذلك ينظر :

Legal aspects of electronic commerce, electronic contracting: provisions for a draft convention, op.cit, p.٢٩.

وكذلك تنظر:

مذكرة الفريق العامل المعني بالتجارة الالكترونية للاونسترال في الـدورة التاسعة والثلاثين، ١١-١٥ آذار/ مارس ٢٠٠٢، نيويـورك، بخصوص الجوانب القانونية من التجارة الالكترونية، العقبات القانونية امام تطوير التجارة الالكترونية في النصوص الدوليـة ذات الصلـة بالتجارة الدولية، ص ص٩-١١، هذه المذكرة متاحة على موقع الاونسترال على الشبكة بالعنوان الالكتروني الآتي :

<http://www.uncitral.org> (*Last visited* ٢١ Apr. ٢٠٠٣)

(٢) اشار الى هذه المادة من الاتفاقية عباس زبون عبيد العبودي، المصدر السابق، ص١٤٤.

(٣) Legal aspects of electronic commerce, op.cit, p.٢٩.

٢- يفهم من الفقرة الثالثة من المادة (٨) من المشروع، انها تأخذ بالحل الوارد في (نظرية وصول القبول) لتحديد زمان انعقاد العقد الالكتروني عبر الانترنيت، اذ تحدد زمان الانعقاد باللحظة التي يتسلم فيها الموجب ما يفيد الموافقة، حتى ولو لم يطلع المرسل اليه على الرسالة المتضمنة للقبول الالكتروني بعد.

٣-١-٢-٢ زمان انعقاد العقود الالكترونية في ضوء مشروع القانون المصري للتجارة الالكترونية

عالج مشروع قانون التجارة الالكترونية المصري مسألة زمان انعقاد العقد الالكتروني المبرم عبر شبكة الانترنيت في الشق الاخير من المادة الثانية منه، والتي جاء فيها بانه (يسري على الالتزامات التعاقدية في مفهوم احكام هذا القانون، قانون الدولة التي يوجد فيها الموطن المشترك للمتعاقدين، اذا اتحدا موطنا، فان اختلفا موطنا يسري قانون الدولة التي تم فيها العقد ما لم يتفق المتعاقدان على غير ذلك، ويعتبر العقد قد تم بمجرد تأكيد وصول القبول).

على ضوء ذلك، يمكن ابداء الملاحظات الآتية :

١- عالج المشروع مسألة تحديد زمان انعقاد العقد الالكتروني ضمن القواعد المتعلقة بتنازع القوانين من حيث المكان، وقد نقل المشروع احكام هذا النص باستثناء شقه الاخير، من الفقرة الاولى من المادة (١٩) من القانون المدني المصري[1]، وكان من الاوفق للمشرع المصري ان يتعرض لهذه المسألة بنص قانوني خاص[2].

٢- تبنى مشروع قانون التجارة الالكترونية المصري حلا يختلف عن الحلول المعروفة الواردة في النظريات الخاصة بمعالجة زمان انعقاد العقد، ويتمثل هذا الحل في (نهج تأكيد وصول القبول) والذي بموجبه ينعقد العقد الالكتروني في اللحظة التي

---

(١) تنص الفقرة الاولى من المادة (١٩) من القانون المدني المصري على انه (يسري على الالتزامات قانون الدولة التي يوجد فيها الموطن المشترك للمتعاقدين اذا اتحدا موطنا، فاذا اختلفا يسري قانون الدولة التي تم فيها العقد. هذا ما لم يتفق المتعاقدان او يتبين من الظروف ان قانونا آخر يراد تطبيقه) وتطابق هذه الفقرة ما نصت عليه الفقرة الاولى من المادة (٢٥) من القانون المدني العراقي.

(٢) د. سمير برهان، المصدر السابق، ص٤.

يتسلم فيها القابل تأكيدا من الموجب بوصول القبول اليه، ويتحقق ذلك بأن يقوم الموجب باشعار القابل بتسلمه لرسالة البيانات المتضمنة للقبول، ويجوز ان يكون الاشعار بالتسلم باية طريقة او اجراء من جانب الموجب، ما لم يتفق المتعاقدان على غير ذلك، فاذا استخدم الموجب رسالة البيانات للتأكيد على وصول القبول اليه، فهنا ينعقد العقد الالكتروني في اللحظة التي تدخل فيها الرسالة التأكيدية الى نظام معالجة المعلومات للقابل، حتى ولو لم يطلع القابل على مضمونها بعد ، وهكذا وبموجب نص المادة الثانية من المشروع المصري لا ينعقد العقد الالكتروني اذا لم يقم الموجب بارسال هذا التأكيد الى القابل واشعاره بتسلم القبول من جانبه، ومن حق القابل هنا ان يعامل قبوله كأنه لم يرسل اصلا، وذلك ما لم يتفق المتعاقدان على خلاف ما ذكر ، وان هذا الحل يشكل نظرية خامسة لانه يحتاج الى اعلان القبول وتصديره ووصوله الى الموجب وعلم الموجب به واعلام القابل بوصول القبول.

ويلاحظ هنا ايضا بان المشروع قد خالف القانون المدني المصري الذي اخذ بنظرية العلم بالقبول في هذا الجانب[(١)].

٣- لا يعد هذا الحل الذي اخذ به مشروع القانون المصري غير مسبوق بدليل ما دعا اليه التوجيه الاوروبي رقم (Directive ٢٠٠٠/٣١/EC) الصادر من المجلس الاوروبي بخصوص التجارة الالكترونية[(٢)]، من حل يقترب من هذا الحل، وذلك في الفقرة الاولى من المادة (١١) منه والتي تقضي- بأنه في الحالات التي يقدم فيها - طالب الخدمة - عرضه من خلال الوسائل الالكترونية يجب على الطرف الذي يقدم الخدمة ان يقوم باشعار - طالب الخدمة - بتسلمه للطلب، على ان يتم ذلك الاشعار من خلال الوسائل الالكترونية ايضا ودون تأخير غير مبرر.

{Member States shall ensure, except when otherwise agreed by parties who are not consumers, that in cases where the recipient of the service place his order through technological means, the following principles apply:

---

(١) تنظر المادة (٩١) من القانون المدني المصري - المشار اليها سابقا -.

(٢) Jens Werner. op.cit, p.٦.

- the service provider has to acknowledge the receipt of the recipient's order without undue delay and by electronic means,}.

مع الاشارة الى ان الفقه قد اخذ بهذا الحل ايضا في اطار بعض العقود التجارية ذات القيمة الكبيرة والتي يكون محلها المنتجات الصناعية ذات الوضع الخاص، كالطائرات والمصانع، ففي هذه الحالات يتطلب الامر الحصول على تأكيد القبول وهو ما يطلق عليه (Confirmation) في العالم المادي، حيث تستطيع الاطراف المتعاقدة الاتفاق على ان العقد لا يعد تاما الا بعد ارسال هذا التأكيد[1].

خلاصة رأينا في مسألة تحديد زمان انعقاد العقد الالكتروني عبر الانترنيت :

بعد استعراض الحلول القانونية التي وردت بصدد معالجة مسألة تحديد زمان انعقاد العقد الالكتروني عبر الانترنيت، سواء في اطار النظريات التقليدية الاربع التي اوجدها الفقه لمواجهة هذه المسألة في العالم المادي (Offline)، او تلك الحلول التي جاءت بها الاحكام القانونية الواردة في القوانين الحديثة المنظمة للمعاملات والتجارة الالكترونية، وبعد تقييمنا لهذه الحلول في ضوء الطبيعة الخاصة للتعاقد الالكتروني عبر شبكة الانترنيت ذات الطابع العالمي العابر للحدود، وما يتطلبه هذا النمط من التعاقد من توفير بيئة قانونية وتكنولوجية آمنة تطمئن فيها الاطراف المتعاقدة من حماية حقوقهم، نرى ان الحل الذي وضعه مشروع قانون التجارة الالكترونية المصري في المادة الثانية منه - المشار اليه سابقا -، يكون اكثر انسجاما من غيره لتحديد زمان انعقاد العقد الالكتروني عبر الانترنيت، ويتلخص هذا الحل في ان العقد الالكتروني ينعقد في اللحظة التي يتسلم فيها القابل تأكيدا من الموجب بوصول القبول اليه، لان هذا يوفر للطرفين المتعاقدين ثقة واطمئنانا اكثر، اذ يتأكد كل منهما بانه يتعاقد فعلا مع الشخص المقصود، على الرغم من عدم وجود مواجهة حقيقية ومعرفة

---

(١) د. رضا عبيد، القانون التجاري، موسوعة القضاء والفقه، الجزء ٢٨٦، ص١٤٣، مشار اليه عند عباس زبون عبيد العبودي، المصدر السابق، ص١٥١.

سابقة بينهما. فضلا عن ان معظم القوانين المنظمة للتجارة الالكترونية[1] نظمت احكام الاشعار بالاستلام وبينت المعايير التي تعتمد عليها في هذا المجال.

ومن الملاحظ ايضا في هذا المجال، ان اهمية هذا الحل الذي اورده المشرع المصري تظهر بشكل متزايد في المجتمعات التي لا تزال ممارستها للتجارة الالكترونية في بدايتها، ولم تكتمل فيها بعد مستلزماتها القانونية والتكنولوجية، ولا تتوافر الثقافة الخاصة لدى افرادها لاستخدام الخدمات المتوفرة على الشبكة في مجال التفاوض على العقود وابرامها.

ونرى من الضروري الاشارة الى انه على الرغم من تأييدنا للحلول الواردة في مشروع قانون التجارة الالكترونية المصري، لابد ان نأخذ بنظر الاعتبار في هذا المجال نقطتين اساسيتين هما :

اولا : اختلاف المواقف التشريعية والفقهية وتباين الحلول الواردة امر يستوجب ايجاد قواعد قانونية مقبولة دوليا تأخذ بها معظم الدول لتحديد زمان انعقاد العقد الالكتروني[2]، ومن شأنها ان تقلل من مخاطر اختلاف الحلول القانونية، خصوصا اذا عرفنا ان خدمات شبكة الانترنيت العابرة للحدود توفر امكانية التعاقد بين اطراف ينتمون الى دول مختلفة وقد يخضعون الى انظمة قانونية تتضمن معالجات متباينة، مما يقلل من شأن معالجة مسألة زمان انعقاد العقد الالكتروني في التشريعات الوطنية فقط ويعد مشروع اتفاقية الاونسترال للتعاقد الالكتروني[3] من اهم الجهود الدولية التي

---

(١) من هذه القوانين، قانون مملكة البحرين للمعاملات الالكترونية في المادة (١٣) منه، وقانون امارة دبي للمعاملات والتجارة الالكترونية في المادة (١٦) منه وكذلك قانون المعاملات الالكترونية الاردني في المادة (١٦) منه ايضا. فضلا عن القانون النموذجي في المادة (١٤) منه.

(٢) هادي مسلم يونس قاسم، المصدر السابق، ص ١٥٥ .

(٣) يتكون هذا المشروع من (١٤) مادة تتعلق بجوانب مختلفة للتعاقد الالكتروني، وقدم المشروع من قبل الفريق العامل المعني بشؤون التجارة الالكترونية التابع للجنة الاونسترال في الدورة الخامسة والثلاثين عام ٢٠٠١، الى لجنة الاونسترال. والنص الكامل للمشروع الاولي للاتفاقية متاح على موقع لجنة الاونسترال على الشبكة بالعنوان الالكتروني الآتي :

<http://www.uncitral.org> (*Last visited* ١٧ Aug. ٢٠٠٢)

بذلت على مستوى الامم المتحدة، والذي تضمن قواعد واحكاما خاصة بصدد تحديد زمان انعقاد العقد الالكتروني [1].

ثانيا : ان جميع القواعد القانونية التي جاءت بهذه الحلول سواء في التشريعات الوطنية او الاتفاقيات الدولية، هي قواعد قانونية مكملة تكمل ارادة الطرفين المتعاقدين، وتجيز للاطراف المتعاقدة ان يتفقوا على خلاف احكامها، بشكل تستطيع اطراف العقد الالكتروني ان يضعوا حلولا مناسبة لتحديد زمان انعقاد العقد باتفاقهم [2] وخصوصا من خلال ما يسمى باتفاقات التبادل الالكتروني للبيانات [3] (Electronic Data Interchange Agreements).

٣-٢ مكان انعقاد العقود الالكترونية

سبق ان بينا ان العقود الالكترونية المبرمة عبر شبكة الانترنيت تدخل ضمن نطاق العقود المبرمة عن بعد (Distance Contracts)، وتتم عادة بين طرفين لا يجمعهما مكان واحد ولا توجد مواجهة فعلية (Face to face) بينهما، مما يجعل من التعاقد الالكتروني عبر الانترنيت تعاقدا بين غائبين من حيث المكان دائما، الامر الذي يستوجب معالجة قانونية خاصة تتلاءم وبيئة التجارة الالكترونية ومتطلبات العقود المبرمة في اطارها.

---

(١) تنظر المادة (٨) من مشروع اتفاقية الاونسترال للتعاقد الالكتروني.

(٢) ينظر بهذا المعنى عمرو زكي عبدالمتعال، المصدر السابق، ص ص٩-١٠.

(٣) يعرف هذا الاتفاق بانه (عبارة عن ترتيبات تعاقدية بين اشخاص تتناول الاتفاق على عدد من القضايا القانونية والتقنية المرتبطة باستخدام التبادل الالكتروني للبيانات بين الاطراف المتعاملة، بما في ذلك دور ومسؤوليات الاطراف المعنية). وقد جرى استحداث اتفاقات التبادل الالكتروني بغية التغلب على اوجه عدم التيقن الناشئة عن استخدام التشريعات القائمة. ينظر : نادر الفرد قاحوش، المصدر السابق، ص٦٢.

وقد عرفت المادة الثانية من قانون المعاملات الالكترونية الاردني التبادل الالكتروني للبيانات (E.D.I) بانه (نقل المعلومات الكترونيا من شخص الى آخر باستخدام نظام معالجة المعلومات).

ونظرا للأهمية المتزايدة لتحديد مكان انعقاد العقد الالكتروني، نجد أن معظم القوانين المنظمة للمعاملات والتجارة الالكترونية[١] وضعت قواعد واحكاما خاصة بتحديد مكان ارسال وتسلم رسائل البيانات باعتبارها وسيلة من وسائل التعبير عن الارادة المقبولة قانونا لابداء الايجاب او القبول بقصد انشاء التزام تعاقدي[٢].

في ضوء ذلك، نتناول مسألة تحديد مكان انعقاد العقد الالكتروني من خلال فقرتين، نخصص اولاهما الى الحلول القانونية الواردة بهذا الصدد في العالم المادي وذلك في اطار النظريات الثنائية (Theories Duelists) التي ايدها الاستاذان (مالوري وشيفاليه) ولا ترى تلازما حتميا بين مسألة زمان انعقاد العقد ومسألة مكان انعقاده، ودون تكرار الكلام عن النظريات التقليدية الاربع (النظريات الاحادية) التي تقدم حلا واحدا للمسألتين، اما الفقرة الثانية فتخصص الى موقف قوانين المعاملات والتجارة الالكترونية من مسألة مكان انعقاد العقد الالكتروني عبر شبكة الانترنيت.

٣-٢-١ النظريات الثنائية لتحديد مكان انعقاد العقود التقليدية وتطبيقاتها على العقود الالكترونية

تمثل هذه النظريات الاتجاه الحديث في معالجة مسألة تحديد مكان انعقاد العقد في العالم المادي، ومن اشد مؤيدي هذه النظريات الاستاذان (مالوري وشيفاليه)، ويعتمد هذا الاتجاه الحديث بدرجة اساسية على احكام القضاء الفرنسي الذي يوصف بانه قضاء ذو طابع واقعي ويفصل بين مسألة زمان انعقاد العقد ومسألة مكان انعقاده ويقدم لكل منهما حلا يختلف عن الآخر[٣]، ويقول الاستاذ (شيفاليه) تأكيدا على ذلك بانه (اذا كان تطابق الارادتين المنشئ للتراضي يتحقق في وقت معين، غير انه لا

---

(١) من هذه القوانين، قانون مملكة البحرين للمعاملات الالكترونية في المادة (١٤) منه، وقانون امارة دبي للمعاملات والتجارة الالكترونية في المادة (١٧) منه، فضلا عن قانون الاونسترال النموذجي في المادة (١٥) منه.
(٢) تنظر المادة (١٣) من قانون المعاملات الالكترونية الاردني.
(٣) نقلا عن عباس زبون عبيد العبودي، المصدر السابق، ص١٤٨.

يتحقق في مكان معين، فالايجاب والقبول لا يمكن ان يتواجدا في مكان معين وفي وقت معين.)[1].

فيما يتعلق بتحديد زمان انعقاد العقد، لم تأت النظريات الثنائية بمعالجة تختلف عن المعالجة التي نادت بها نظرية العلم بالقبول، اذ يحدد كل من الاستاذين مالوري وشيفاليه زمان انعقاد العقد بالوقت الذي يعلم فيه الموجب بالقبول وتأكيدا على ذلك يقول الاستاذ (مالوري) ان (الموجب ليس مجبرا بان يلتزم تجاه الموجب له قبل ان يعلم بقبوله.)[2]، كما يقول ايضا بانه (لما كانت الارادة التي يعبر عنها الموجب في ايجابه يترتب عليها، انه اذا قبل الايجاب فانه لا يجوز الرجوع عنه، تحتم انه يجوز للموجب ان يرجع عن ايجابه الى الوقت الذي يعلم فيه بقبول القابل.)[3]، وفي نفس الاتجاه يفضل الاستاذ (شيفاليه) نظرية العلم بالقبول على غيرها من النظريات في معالجة مسألة زمان انعقاد العقد، لاسيما اذا كان الايجاب مقترنا بمدة معينة.[4].

أما فيما يتعلق بمكان انعقاد العقد، فيرى كل من الاستاذين ان مكان انعقاد العقد ليس هو المكان الذي يعلم فيه الموجب بالقبول كما جاء في (نظرية العلم بالقبول)، بل توصل الاستاذ (مالوري) الى ان احكام القضاء الفرنسي استقرت على الاخذ بنظرية (تصدير القبول) والتي تقضي بأن مكان انعقاد العقد هو المكان الذي يصدر فيه القبول، ويبرر استنتاجه هذا على اساس انه لا يجوز اجبار المتعاقد الذي لم يصدر عنه الايجاب الى التقاضي بعيدا عن محل اقامته[5]، بل ان الذي يجب ان يقاضى

(١) د. عبدالحي حجازي، المصدر السابق، ص٦٧٥.
(٢) نقلا عن عباس زبون العبيدي، المصدر السابق، ص١٤٨.
(٣) نقلا عن نفس المصدر، نفس الصفحة.
(٤) نفس المصدر، ص١٤٩.
(٥) د. عبدالحي حجازي، المصدر السابق، ص٦٧٤.

بعيدا عن محل اقامته هو من صدرت عنه المبادرة التعاقدية، وفي نفس الاتجاه يرى الاستاذ (شيفاليه) بان مكان انعقاد العقد هو المكان الذي يصدر فيه القبول[1].

في ضوء ذلك ينعقد العقد الالكتروني عبر شبكة الانترنيت في المكان الذي يصدر فيه القبول الالكتروني، فاذا استخدم القابل رسالة البيانات للتعبير عن قبوله، فهنا ينعقد العقد في المكان الذي ارسلت منه الرسالة المتضمنة للقبول وهو مكان القابل، وقد يتفق هذا مع ما اخذ به قانون المبادلات والتجارة الالكترونية التونسي في اطار العلاقة بين البائع والمستهلك، وذلك في المادة (28) منه والتي جاء بانه (ينشأ العقد الالكتروني بعنوان البائع وفي تاريخ موافقة هذا الاخير على الطلبية بواسطة وثيقة الكترونية ممضاة وموجهة للمستهلك، ما لم يتفق الطرفان على خلاف ذلك).

3-2-2 موقف قوانين المعاملات والتجارة الالكترونية من مسألة تحديد مكان انعقاد العقود الالكترونية

على الرغم من ان معظم قوانين المعاملات والتجارة الالكترونية لا تتضمن احكاما وقواعد خاصة بتحديد مكان انعقاد العقد الالكتروني بذاته، لكنها وضعت قواعد خاصة بتحديد مكان ارسال واستلام رسالة البيانات باعتبارها وسيلة معترفا بها قانونا للتعبير عن الايجاب والقبول، وقد تعرض مشروع اتفاقية الاونسترال للتعاقد الالكتروني الى مسألة مهمة من خلال احكام تفصيلية لم تتعرض لها التشريعات الاخرى ذات الصلة بهذا التفصيل وهي مسألة تحديد مكان الاطراف (Location of the parties).

عليه سنتناول مسألة تحديد مكان انعقاد العقد الالكتروني في فقرتين، نخصص اولاهما لاستعراض الاحكام القانونية الخاصة بمكان ارسال وتسلم رسالة البيانات في القانون النموذجي وبعض تشريعات المعاملات الالكترونية، والفقرة الثانية تخصص

---

(1) ويضيف الاستاذ (شيفاليه) هنا بانه اذا كان المراد هنا معرفة القواعد التي تطبق على صحة التعاقد او تفسيره، فعند سكوت الطرفين يجب الرجوع الى مكان الارسال الذي انطلقت منه المبادرة التعاقدية، عباس زبون العبودي، المصدر السابق، ص150.

لمسألة تحديد مكان الاطراف ومكان انعقاد العقد الالكتروني في ضوء مشروع اتفاقية الاونسترال للتعاقد الالكتروني.

٣-٢-٢-١ مكان ارسال وتسلم رسالة البيانات

تقضي الفقرة الرابعة من المادة (١٥) من قانون الاونسترال النموذجي بشأن التجارة الالكترونية، بانه ما لم يتفق المنشئ والمرسل اليه على غير ذلك، يعتبر ان رسالة البيانات ارسلت من المكان الذي يقع فيه مقر عمل المنشئ، ويعتبر انها استلمت في المكان الذي يقع فيه مقر عمل المرسل اليه.

{Unless otherwise agreed between the originator and the addressee, a data message is deemed to be dispatched at the place where the originator has its place of business , and is deemed to be received at the place where the addressee has its place of business..}[1] .

وبنفس الاتجاه نصت الفقرة الرابعة من المادة (١٤) من قانون مملكة البحرين للمعاملات الالكترونية بانه (ما لم يتم الاتفاق على خلاف ذلك فيما بين المنشئ والمرسل اليه فان السجل الالكتروني يعد مرسلا الى المكان الذي يوجد فيه مقر عمل المنشئ ويعد انه قد تسلم في المكان الـذي يوجـد بـه مقر عمل المرسل اليه،...)[2].

وضعت هذه النصوص قاعدة عامة في هذا المجال، مفادها ان (مقر عمل المنشئ) يعد المكـان الـذي ارسلت منه رسالة البيانات، كما يعد (مقر عمل المرسل اليه) المكان الذي استلمت فيه الرسالة مـا لم يتفق الطرفان على خلاف ذلك، وما اقرته هذه القاعدة هو بمثابة قرينة قانونية قاطعة لا يجوز لاطراف المعاملـة الالكترونية اثبات

---

(١) UNCITRAL Model Law on Electronic Commerce with Guide to Enactment, ١٩٩٦, op.cit, p.١١.

(٢) يوافق هذا النص الفقرة الثالثة من المادة (١٧) من قانون امارة دبي للمعاملات والتجارة الالكترونية وكـذلك الفقـرة (أ) مـن المـادة (١٨) من قانون المعاملات الالكترونية الاردني.

عكسها، وذلك لان امكانية اثبات عكسها قد تزيد من المنازعات القضائية في هذا المجال[١].

وقد يكون للمنشئ او المرسل اليه اكثر من مقر عمل واحد، كالتاجر الـذي يمـارس انشـطة واعمـالا تجارية متعددة، او الشركة التجارية قد تكون ذات فروع تمارس انشطة مختلفة[٢]، فهنا تظهـر الصعوبة في تحديد مقر عمل المرسل اليه من بين هذه الاماكن التي يعد كل واحد منها في نفس الوقت مقرا للعمـل، فبغية معالجة ذلك، اورد قانون الاونسترال النموذجي معيارا بهذا الشأن في (الفقـرة الرابعـة/أ) مـن المـادة (١٥) منه، والتي تقضي بانه اذا كان للمنشئ او المرسل اليه اكثر من مقر عمل واحد، فان مقر العمـل هـو المقر الذي له العلاقة الاوثق بالمعاملة المرتبطة بالرسالة المعنية، كالمتجر او الفرع الذي صدرت منه الرسالة مثلا، وفي حالة عدم وجود مثل تلك المعاملة فيعد مقر العمل الرئيسي مقرا لعمل المنشئ او المرسل اليـه حسب الاحوال، كالمركز الرئيسي لادارة الشركة مثلا، ما لم يتفقا على خلاف ذلك.

{if the originator or the addressee has more than one place of business, the place of business is that which has the closest relationship to the underlying transaction or, where there is no underlying transaction, the principal place of business}[٣].

وفي نفس الاطار نصت (الفقـرة الرابعـة/أ) مـن المـادة (١٤) مـن قـانون مملكـة البحـرين للمعـاملات الالكترونية بانه (اذا كان لدى المنشئ او المرسل اليه اكثر من مقر عمل واحد يكون مقر العمل هـو المكـان ذا العلاقة الاوثق بالمعاملة المرتبطة بالسجل

---

(١) UNCITRAL Model Law on Electronic Commerce with Guide to Enactment, ١٩٩٦, op.cit, p.٥٣.

(٢) سمير برهان، المصدر السابق، ص٤.

(٣) UNCITRAL Model Law on Electronic Commerce, op.cit p.١١.

الالكتروني او في حالة عدم وجود اية معاملة يكون ذلك المقر هو المقر الرئيسي للعمل)^(١).

أما اذا لم يكن للمنشئ او المرسل اليه مقر عمل اصلا، يشار من ثم الى محل اقامته المعتاد، وهذا ما قضت به (الفقرة الرابعة/ب) من المادة (١٥) من القانون النموذجي ما لم يتفق المنشئ والمرسل اليه على غير ذلك.

{If the originator or the addressee does not have a place of business, reference is to be made to its habitual residence}^(٢).

كما نصت على ذلك ايضا (الفقرة الرابعة/ب) من المادة (١٤) من قانون مملكة البحرين للمعاملات الالكترونية، بأنه (اذا لم يكن لدى المنشئ او المرسل اليه مقر عمل يعتبر مقر العمل هو المكان الذي جعل منه المنشئ محل سكنه المعتاد)^(٣).

وفي هذه الفرضية الاخيرة، لابد من الرجوع الى القواعد العامة المنظمة للموطن سواء بالنسبة للشخص الطبيعي او الشخص الاعتباري^(٤)، وقد يكون الموطن عاما او خاصا، والموطن العام يتحدد كقاعدة عامة بالاقامة المعتادة مع قصد الاستقرار بصورة دائمة او مؤقتة^(٥)، اما الموطن الخاص يتحدد بالمكان الذي يباشر فيه الشخص تجارته او

---

(١) يوافق هذا النص ما تنص عليه الفقرة (ب) من المادة (١٨) من قانون المعاملات الالكترونية الاردني، وكذلك الفقرة (أ) من المادة (٤) من قانون امارة دبي للمعاملات والتجارة الالكترونية. وان هذه الاحكام تعتمد اساسا على المادة (١٠) من اتفاقية الامم المتحدة للبيع الدولي للبضائع، ينظر:
الجوانب القانونية للتجارة الالكترونية، الاعمال الممكن الاضطلاع بها مستقبلا في مجال التعاقد الالكتروني: تحليل لاتفاقية الامم المتحدة بشأن عقود البيع الدولي للبضائع، مذكرة من اعداد الامانة العامة للجنة الاونسترال والتي اعدت من قبل الفريق العامل المعني بالتجارة الالكترونية في الدورة الثامنة والثلاثون، نيويورك، ٢٣-١٢ آذار/ مارس ٢٠٠١، ص٤. متاح على موقع لجنة الاونسترال على شبكة الانترنيت بالعنوان الالكتروني التالي:
<http://www.uncitral.org> (Last visited ٨ Mar. ٢٠٠٢)

(2) UNCITRAL Model Law on Electronic Commerce, op.cit, p.١٢.

(٣) يوافق هذا النص ما تنص عليه الفقرة الرابعة/ب من المادة (١٧) من قانون امارة دبي للمعاملات والتجارة الالكترونية.

(٤) د. سمير برهان، المصدر السابق، ص٤.

(٥) تنظر المادة (٤٢) من القانون المدني العراقي.

حرفته ويعتد به بالنسبة لشؤون هذه الحرفة او التجارة[١]، كما يجوز ان يختار الشخص موطنا لتنفيذ عمل او تصرف قانوني معين[٢]، كاختيار شخص مكتب محاميه موطنا مختارا بالنسبة لتنفيذ عقد معين كاجارة عقار، وقد يشترط اثبات وجوب الاتفاق على الموطن المختار بالكتابة ضمانا لاستقرار المعاملات وحسن تنفيذ الاعمال[٣].

ويكون للشخص المعنوي موطن مستقل عن موطن الاشخاص المكونين له، وقد حددت الفقرة الخامسة من المادة (١٤) من قانون مملكة البحرين للمعاملات الالكترونية موطن الشخص الاعتباري، بما نصه انه (لأغراض الفقرة الرابعة/ب عالية فان "محل السكن المعتاد" فيما يتعلق بأية جهة اعتبارية هو المكان الذي اسست فيه.)[٤]، في حين حدد القانون المدني العراقي موطن الشخص الاعتباري بالمكان الذي يوجد فيه مركز ادارته، والذي يقصد منه مركز النشاط القانوني والمالي والاداري، اما بالنسبة للشركات التي يكون مركزها الرئيس في الخارج ولها اعمال في العراق، فان القانون العراقي[٥] ينص على ان مركز ادارتها بالنسبة للقانون الداخلي هو المكان الذي توجد فيه الادارة المحلية.

على الرغم من ان هذه النصوص خاصة بمسألة تحديد مكان ارسال رسالة البيانات ومكان استلامها، ولكن يمكن الاعتماد على الاحكام القانونية الواردة فيها لغرض تحديد مكان انعقاد العقد الالكتروني المبرم عبر شبكة الانترنيت، مادامت رسالة البيانات تعد وسيلة مقبولة قانونا للتعبير عن الايجاب والقبول بقصد انشاء عقد الكتروني.

---

(١) تنظر المادة (٤٤) من نفس القانون.
(٢) تنظر المادة (٤٥) من نفس القانون.
(٣) تنظر الفقرة الثالثة من المادة (٤٥) من نفس القانون.
(٤) تنص الفقرة الرابعة/ ج من المادة (١٧) من قانون امارة دبي للمعاملات والتجارة الالكترونية على انه (مقر الاقامة المعتاد، فيما يتعلق بالشخص الاعتباري، يعني مقره الرئيسي او المقر الذي تأسس فيه).
(٥) تنظر الفقرة السادسة من المادة (٤٨) من القانون المدني العراقي.

في ضوء ذلك نستنتج ان العقد الالكتروني الذي يعبر فيه القابل عن قبوله مـن خـلال رسالة البيانات، يعد منعقدا في المكان الذي يستلم فيه الموجب تلك الرسالة المتضمنة للقبول، ومكان تسلم هنا هـو (مقر عمل الموجب)، ولا يشترط هنا ان يكون مقر عمل الموجب دائما هو المكان الذي يوجد فيه نظام معالجـة المعلومات المستخدم من جانب المرسل اليه لاستلام رسائل البيانات واسـترجاعها، فقـد يكـون هـذا النظام المعلوماتي موجودا في مكان جغرافي مختلف عن الذي يوجد في مقر عمل المرسل اليه فعلا، وهذا يعـود الى الطبيعة الخاصة لبيئة التجارة الالكترونية[1].

أما اذا كان المرسل اليه له اكثر من مقر عمـل واحـد، فهنـا يعـد المقر الـذي لـه اوثـق علاقـة بالعقـد الالكتروني المعني مقرا للعمل لهذا الغرض، كالمكان الذي توجد فيه البضاعة محل العقد الالكتروني مـثلا، او المكان الذي يقع فيه العقار اذا كان العقد الالكتروني متعلقا بهذا العقار، اما اذا كان المرسل اليه (الموجب) لا يكون له مقر عمل، او عنـد تعـذر الترجيـح بـين مقـرات العمـل المتعـددة[2]، فهنـا يعـد (محـل الاقامـة الاعتيادية للمرسل اليه) مقرا للعمل وبالتالي مكانا لانعقاد العقد الالكتروني وذلك اذا كان المرسـل اليـه شخصا طبيعيا، اما اذا كان شخصا اعتباريا (كشركة تجاريـة)، فهنـا يعـد المكـان الـذي اسـس فيـه الشخص الاعتباري مقرا للعمل ومكانا لانعقاد العقد الالكتروني.

---

(١) تستوجب مقتضيات التجارة الالكترونية بان لا يكون لمكان وجود نظام معالجة المعلومات دور فعال في العلاقة بين المنشئ والمرسل اليه، بل يكفي ان توجد صلة معقولة بين المرسل اليه ومكان وجود النظام بشكل يتسنى له معرفة مكان المنشئ بسهولة، وهذا ما اكدته الفقرة الثالثة من المادة (١٥) من القانون النموذجي حيث صرحت بانه (تنطبق الفقرة الثانية ولو كان المكان الـذي يوجد فيه نظام المعلومات مختلفا عن المكان الذي يعتبر ان رسالة البيانات استلمت فيه بموجب الفقرة الرابعة.)، وكذلك الفقرة الثانية من المادة (١٣) من قانون امارة دبي للمعاملات والتجارة الالكترونية، لمزيد من التفاصيل، ينظر :
UNCITRAL Model Law on Electronic Commerce with Guide to Enactment, ١٩٩٦, op.cit, p.٥٢.
(٢) تنظر الفقرة (ب) من المادة (١٨) من قانون المعاملات الالكترونية الاردني التي تنص على انه (اذا كان للمنشئ او المرسل اليـه اكـثر من مقر لاعماله فيعتبر المقر الاقرب صلة بالمعاملة هو مكان الارسال والتسلم، وعند تعذر الترجيح يعتبر مقر العمل الـرئيس هـو مكان الارسال او التسلم).

واخيرا، يمكن القول بصدد موقف هذه التشريعات، بانها تأخذ مبدئيا بالحل الـذي نـادت بـه (نظريـة وصول القبول او استلامه) والتي تقضي إن العقد عموما ينعقد في المكان الـذي يصـل اليـه القبـول ولـو لم يطلع عليه الموجب بعد.

٣-٢-٢ مكان انعقاد العقود الالكترونية في ضوء مشروع اتفاقية الاونسترال للتعاقد الالكتروني

على الرغم من ان مشروع اتفاقية الاونسترال للتعاقد الالكتروني جـاء خاليـا مـن تحديـد مكان انعقاد العقد الالكتروني بنص صريح، لكنه اورد حكما في الفقرة الخامسة من المادة (١١) منه يتعلـق بتحديد مكان ارسال وتسلم رسائل البيانات[١]، اضافة الى الحكم الذي اورده المشروع في المادة الثامنة منه بصدد تحديد زمان انعقاد العقد الالكتروني.

كما اضاف المشروع احكاما تفصيلية اخرى بصدد (مكان عمل المنشئ والمرسل اليه) لم تتعرض لهـا التشريعات الاخرى ذات الصلة بهذا التفصيل، عليه سنتناول مسألة مكان انعقاد العقد الالكتروني ومكان عمل طرفيه من خلال الفقرتين التاليتين وذلك في ضوء الاحكام الواردة بشأنهما في المشروع.

أولا : مكان انعقاد العقد الالكتروني

تقضي الفقرة الخامسة من المادة (١١) من مشروع الاتفاقية بانه تعتبر رسالة البيانات قـد ارسـلت مـن المكان الذي يوجد به مكان عمل المنشئ، وتعتبر قد تسلمت في المكان الذي يوجد بـه مكان عمـل المرسـل اليه، حسبما يحددان طبقا للمادة السابعة من مشروع الاتفاقية، وذلك مـا لم يتفق المنشـئ والمرسـل اليـه على خلاف ذلك.

---

(١) استند مشروع اتفاقية الاونسترال للتعاقد الالكتروني في تنظيمه لمسألة تحديد مكان ارسال وتسـلم رسـائل البيانات بدرجة اساس على المادة (١٥) من القانون النموذجي.

وقد جاء المشروع في الفقرة الثالثة من المادة (٨) منه والتي تخص تحديد زمان انعقاد العقد الالكتروني بانه يصبح القبول نافذ المفعول في اللحظة التي يتسلم فيها الموجب ما يفيد الموافقة على ايجابه.

وفي ضوء هذين النصين، يمكن ان نستنتج ان العقد الالكتروني ينعقد بموجب المشروع في الزمان والمكان اللذين يتسلم فيهما الموجب القبول حتى ولو ان الموجب لم يطلع عليه بعد، وهذا يوافق مع الحل الـذي نادت به (نظرية وصول القبول).

ثانيا : مكان عمل (المنشئ والمرسل اليه) في العقود الالكترونية

ان لمسألة تحديد مكان عمل الاطراف اهمية كبيرة في تعزيز الاطمئنان والثقة من الناحيـة القانونيـة في المعاملات الالكترونية عموما والعقود الالكترونية خصوصا[١]، لأنه فضلا عن اعتبار (مكان عمـل المنشـئ او المرسل اليه) معيارا معتمدا من قبل معظم التشريعات ذات الصلة[٢] لتحديد مكان ارسال رسائل البيانات ومكان استلامها يمكن من خلاله تحديد مكان انعقاد العقد الالكتروني أيضاً، وفي نفس الوقت يحـدد من خلال (معيار مكان العمل) طبيعة العقد الالكتروني هل يعد عقدا دوليا خاضعا لأحكام الاتفاقيات الدوليـة ذات العلاقة ام يعد مجرد عقد داخلي يخضع للتشريعات الوطنيـة[٣]، حيث تشـترط بعـض الاتفاقيـات في العقد الخاضع لأحكامها ان يكون دوليا (كاتفاقية الامم المتحدة للبيع الدولي للبضائع – اتفاقية فينا ١٩٨٠)[٤].

---

(١) Legal aspects of electronic commerce, electronic contracting: provisions for a draft convention, op.cit, p.١٠.

(٢) مـن التشـريعات : قـانون مملكة البحرين للمعاملات الالكترونية في المادة (١٤) منه، وقانون امارة دبي للمعاملات والتجارة الالكترونية في المادة (١٧) منه، فضلا عن القانون النموذجي في المادة (١٥) منه.

(٣) الجوانب القانونية للتجارة الالكترونية، الاعمال الممكن الاضطلاع بها مستقبلا في مجال التعاقد الالكتروني، المصدر السابق، ص٤.

(٤) تقضي المادة الاولى من اتفاقية الامم المتحدة للبيع الدولي للبضائع بانه لا تنطبق احكام هذه الاتفاقية الا على العقود التي تبرم بين اطراف توجد اماكن عملهم في دول مختلفة، وطبقا للفقرة الثانية من نفس المادة لا تلتفت الى هذه العقود الصفة الدولية اذا لم يتبين ذلك من العقد او من أي معاملات سابقة بين الاطراف، او من المعلومات التي ادلى بها الاطراف قبل انعقاد العقد او في وقت انعقاده، ينظر : نفس المصدر، ص٤.

وقد وضعت المادة السابعة من مشروع الاتفاقية عدة معايير يمكن الاعتماد عليها لتحديد مكان عمل طرفي العقد الالكتروني، فقد نصت الفقرة الاولى من تلك المادة على انه يفترض وجود مكان عمل أي طرف في الموقع الجغرافي الذي يبينه طبقا للمادة (١٤) من مشروع الاتفاقية[١] والتي تفرض التزاما على أي طرف يعرض سلعا او خدمات عن طريق نظام معلومات يمكن وصول الجمهور اليه بصورة عامة، ان يوفر للاطراف المتاح لهم الوصول الى نظام المعلومات هذا، جملة من المعلومات الضرورية ومنها الموقع الجغرافي والعنوان الذي يوجد به مكان عمل ذلك الطرف.

اما اذا كان لأي من الطرفين اكثر من مكان عمل واحد، فبموجب الفقرة الثانية من المادة (٧) من مشروع الاتفاقية يقصد بمكان العمل المكان الاوثق صلة بالعقد المعني وبتنفيذه، مع مراعاة الظروف التي يعلمها الطرفان او التي كانا يتوقعانها في أي وقت قبل انعقاد العقد او وقت انعقاده، اما اذا لم يكن لشخص طبيعي مكان عمل، فبموجب الفقرة الثالثة من المادة (٧) من مشروع الاتفاقية، يجب ان يؤخذ بمكان الاقامة المعتادة لهذا الشخص.

اما اذا لم يبين الاطراف بوضوح اماكن عملهم المعنية قبل ابرام العقد او اثناء ابرامه، فهنا يثار التساؤل عما اذا كانت هناك ظروف يستدل منها على مكان العمل المعني[٢]، فقد يكون من المناسب، في هذا السياق، النظر الى المكان الذي توجد فيه المعدات والتكنولوجيا الداعمة لنظام معلومات يستخدمه كيان قانوني لابرام عقد، او المكان الذي يمكن للاشخاص الآخرين الوصول من خلاله الى هذا النظام المعلوماتي، او النظر الى عنوان البريد الالكتروني او اسم الحقل الذي ارسلت منه رسالة البيانات وذلك عندما يستخدم طرف من الاطراف عنوانا الكترونيا مقرونا باسم حقلي يرتبط

---

(١) تنص الفقرة الاولى من المادة (١٤) من مشروع الاتفاقية على انه يجب (على أي طرف يعرض سلعا او خدمات عن طريق نظام معلومات يمكن وصول الجمهور اليه بصورة عامة وصول الجمهور اليه ان يوفر للاطراف، المتاح لها الوصول الى نظام المعلومات هذا، المعلومات الآتية :...
(ب) الموقع الجغرافي والعنوان الذي يوجد به مكان عمل ذلك الطرف...)
(٢) الجوانب القانونية للتجارة الالكترونية، الاعمال الممكن الاضطلاع بها مستقبلا في مجال التعاقد الالكتروني، المصدر السابق، ص٤.

بدولـة معينـة (مثـل عنـوان ينتهـي بــ(at) اشـارة الى النمسـا (Austria) او بــ(nz) اشـارة الى نيوزلنـدا...الخ) [1]، فعند الاعتراف بالدلالة القانونية لعنوان البريد الالكتروني الخاص ببلـد معين، فـان كـل طرف يستطيع ان يعرف مكان عمل الطرف الآخر بسهولة.

وفي هذا السياق اورد مشروع اتفاقية الاونسترال للتعاقد الالكتروني في الفقرتين الرابعـة والخامسـة مـن المـادة (٧) منه، احكامـا بخصوص مدى امكانية الاعتماد على تلك الاعتبـارات في تحديد مكان عمـل طـرفي العقد الالكتروني، فقد نصت الفقرة الرابعـة مـن المـادة (٧) منـه علـى انـه لا يمثـل مكان وجـود المعـدات والتكنولوجيا الداعمة لنظام معلومـات يستخدمه شخص لابـرام عقد او المكان الـذي يصل مـن خلالـه الآخرون الى ذلك النظام المعلومـاتي، مكانـا للعمـل، الا اذا لم يكن لهذا الشخص مكان عمـل، كالمتـاجر والشركات الافتراضية (Virtual Malls & Corporations) [2] على شبكة الانترنيت، والتـي لا تـربط بمكـان معين عادة، كما لا يوجد لها مكان عمل معين.

{The location of the equipment and technology supporting an information system used by a legal entity for the conclusion of a contract, or the place from which such information system may be accessed by other persons, in and of themselves, do not constitute a place of business (unless such legal entity does not have a place of business)}[3].

---

(١) Legal aspects of electronic commerce, electronic contracting: provisions for a draft convention, op.cit, p.١١.

(٢) Ibid, p.١١.

(٣) مشروع هذه الفقرة اخذ من الحل المعروض في الفقرة (١٩) من مقدمة التوجيه الاوروبي رقم (٢٠٠٠/٣١/EC) والتي جاءت فيها :
{... the place of establishment of a company providing services via an Internet website is not the place at which the technology supporting its website is located or the place at which its website is accessible but the place where it pursues its economic activity...}

أما فيما يتعلق باستخدام شخص اسم حقل او عنوان بريد الكتروني مرتبط ببلد معين للدلالة على مكان عمله، فقد نصت الفقرة الخامسة من المادة (٧) من مشروع الاتفاقية على ان مجرد استخدام شخص اسم حقل او عنوانا بريديا الكترونيا يرتبط ببلد معين لا ينشئ قرينة على ان مكان عمله يوجد في ذلك البلد.

{The sole fact that a person makes use of a domain name or electronic mail address connected to a specific country does not create a presumption that its place of business is located is such country.}

ويظهر بانه يقصد بالقرينة (Presumption) في النص القرينة القاطعة وليست قرينة بسيطة، وذلك لان استخدام عنوان بريد الكتروني او اسم حقل معين مرتبط بموقع جغرافي معين ينشئ قرينة بسيطة على ان مكان عمل مستخدم ذلك الحقل او البريد الالكتروني موجود في ذلك البلد، لانه يفترض ان يكون هناك ارتباط بين اسم الحقل (الدومين) – Domain name – [١] او عنوان البريد الالكتروني (E-mail) واسم البلد او الموقع الجغرافي الذي يبين ضمن العنوان الالكتروني، خصوصا اذا علمنا بانه في معظم البلدان لا تتم الموافقة على تخصيص خدمة اسم الدومين (DNS-Domain Name Service) [٢] الا بعد التحقق من صحة المعلومات التي يوفرها مقدم طلب التخصيص ودقتها بما فيها الموقع الجغرافي الذي يوجد فيه مقر عمله فعلا [٣]، وهذا ما اكد عليه الفصل السادس من مشروع قانون التجارة الالكترونية المصري والذي نص على انه يجب (وضع القواعد والاسس والشروط الخاصة بمنح تراخيص للجهة المنوط بها تسجيل اسماء الدومين..)

---

(١) عرف الفصل الاول من مشروع قانون التجارة الالكترونية المصري اسماء الدومين بانها (عناوين منفردة للمواقع على شبكة الانترنيت تسمح بتحديد الموقع وتمييزه عن غيره).
(٢) خدمة اسم الدومين (DNS) هي خدمة تقدمها شبكة الاتصال (Network) تعمل بموجبها على تحويل عناوين الانترنيت الخارجية (External Internet Addresses) الى عناوين انترنيت رقمية داخلية (Internal Internet Numerical Addresses)، ينظر : نادر الفرد قاحوش، المصدر السابق، ص١٥٨.
(٣) Report of the Working Group on Electronic Commerce on its thirty-ninth session, op.cit, p.٨.

ومما هو جدير بالملاحظة هنا، هو انه لا يمكن الاعتماد دائماً على عنوان الحقل او البريد الالكتروني الذي ارسلت منه رسالة البيانات كمعيار لتحديد مكان عمل المنشئ، لان عنوان البريد الالكتروني او اسم الحقل لا يعبران دائماً عن المكان المادي لمقر عمل المنشئ، خصوصا توجد حالة شائعة على شبكة الانترنيت تعرض فيها الشركات سلعا او خدمات من خلال مواقع الكترونية او متاجر افتراضية اقليمية تحمل اسماء حقول ترتبط ببلدان لا توجد فيها تلك الشركات، كما يتصور ان يتم تسليم البضائع من خلال مستودعات ومخازن تقع في دولة اخرى غير الدولة التي تربط بعنوان البريد الالكتروني او اسم الحقل[1]، اضافة الى انه لم تصمم اسماء حقول المواقع على الانترنيت بمنظور جغرافي اصلا، مثلا قد تستخدم اسماء حقول لا تربط صاحبها ببلد معين كالعناوين التي تنتهي بـ(org , edu , net , com)[2]، اضافة الى ذلك قد يستخدم البائع نظاما معلوماتيا تابعا لمورد خدمة الاتصال (I.S.P) اذا كان البائع لا يملك نظاما معلوماتيا خاصا به.

خلاصة رأينا في مسألة تحديد مكان انعقاد العقد الالكتروني عبر الانترنيت :

قبل بيان رأينا بصدد هذه المسألة، نرى ان من الضروري التأكيد مجددا على ضرورة ايجاد حلول قانونية دولية بشأن تحديد مكان انعقاد العقد الالكتروني تأخذ بها معظم الدول، وذلك بسبب الطابع العالمي لشبكة الانترنيت وتجاوزها حدود بلدان العالم والذي جعل من امكانية التعاقد بين اطراف ينتمون الى دول مختلفة وانظمة قانونية متباينة امرا سهلا، وان هذه الاعتبارات تقلل بلا شك من شأن ايراد حلول قانونية بصدد تحديد مكان انعقاد العقد الالكتروني في التشريعات الوطنية.

وبما ان الحلول القانونية الواردة بصدد هذه المسألة هي نصوص قانونية مكملة لارادة الطرفين، فان بامكان اطراف العقد الالكتروني الاتفاق على تحديد مكان

(١) Legal aspects of electronic commerce, electronic contracting: provisions for a draft convention, op.cit, p.١١.

(٢) Ibid, p.١١.

انعقاد العقد الالكتروني مسبقا[1] من خلال اتفاقات التبادل الالكتروني للبيانات (EDI Agreements)

- المشار اليها سابقا -.

على الرغم من هذه الاعتبارات، نؤيد ما يذهب اليه البعض[2] من ان النظريات الثنائية التي تفصل بين مسألتي زمان انعقاد العقد ومكان انعقاده، ولا ترى تلازما حتميا بينهما هي اقرب الى معالجة المشكلة واكثر ملاءمة وانسجاما مع الطبيعة الخاصة للعقود الالكترونية المبرمة عبر شبكة الانترنيت.

اما فيما يتعلق برأينا حول الحلول التي جاءت بها القوانين المنظمة للتجارة الالكترونية بصدد هذه المسألة، فنرى ان الحل الذي جاء به قانون الاونسترال النموذجي بشأن التجارة الالكترونية[3] والقوانين الاخرى المتأثرة به[4]، من جعل (مقر عمل المرسل اليه) مكانا لانعقاد العقد الالكتروني، جدير بالاهتمام والتأييد لانه يعد اكثر ملاءمة للبيئة الالكترونية ومتطلبات عقودها، واذا تعددت مقررات عمله، فان مكان الانعقاد يكون في مقر العمل الذي له اوثق علاقة بالعقد الالكتروني المعني، وفي حالة تعذر الترجيح بين هذه الاماكن فان مكان الانعقاد هو مقر العمل الرئيسي. وان ما جاءت به هذه القوانين يوافق مع الحل الذي نادت به (نظرية وصول القبول او تسلمه) والتي تقضي بان العقد ينعقد في المكان الذي يصل اليه القبول بصرف النظر عن علم الموجب به من عدمه، لان وصول القبول يعد قرينة على العلم به، ومكان الوصول او التسلم بموجب ما جاءت به هذه القوانين والذي نرجحه هو (مقر عمل الموجب) وفق المعايير المشار اليها سابقا.

(١) عمرو زكي عبدالمتعال، المصدر السابق، ص ص٩-١٠.
(٢) ينظر عباس زبون عبيد العبودي، المصدر السابق، ص١٥١.
(٣) تنظر الفقرة الرابعة من المادة (١٥) من القانون النموذجي.
(٤) ومن هذه القوانين، قانون مملكة البحرين للمعاملات الالكترونية، قانون المعاملات الالكترونية الاردني وقانون امارة دبي للمعاملات والتجارة الالكترونية.

الفصل الرابع

صحة التراضي في العقود الالكترونية

عبـــر الانترنيت

٤- صحة التراضي في العقود الالكترونية عبر الانترنيت

تقضي القواعد العامة بأن وجود التراضي لوحده لا يكفي لانعقاد العقد صحيحا، بل يجب لكي يعتبر العقد صحيحا ان يكون التراضي صحيحا ايضا[١] سواء في العقود التقليدية او في العقود الالكترونية المبرمة عبر شبكة الانترنيت، وان صحة التراضي تعتمد على صحة ارادات التعاقد، وهذا الامر يتعلق بشروط صحة العقد بعد توافر شروط الانعقاد[٢].

ان التراضي يكون صحيحا اذا استوفى شرطين : الاول ان تصدر الارادة المجسدة للتراضي عن شخص ذي اهلية للتعاقد سواء كان الشخص هو المتعاقد نفسه او من ينوب عنه او وفق القانون[٣]، والثاني هو ان تكون الارادة صحيحة وسالمة من العيوب التي تشوبها[٤] والتي يسميها القانون المدني العراقي[٥] بعيوب الارادة وهي عبارة عن "الاكراه، الغلط ، التغرير مع الغبن الفاحش، الاستغلال".

إذن يقتضي تكامل دراسة التراضي في العقود الالكترونية عبر شبكة الانترنيت البحث في صحة التراضي ايضا باعتبارها من مستلزمات صحة العقود بصورة عامة ومنها العقود الالكترونية عبر شبكة الانترنيت، وبما اننا بصدد البحث عن العقود الالكترونية المبرمة عبر الشبكة، نحاول هنا التركيز على ما تخص به هذه العقود من احكام خاصة قد تختلف عن القواعد العامة الواردة بصدد صحة التراضي في التشريعات المدنية، آخذين بنظر الاعتبار أن الاختلاف في الوسيلة المستخدمة لابرام العقود لا يعني استبعاد القواعد العامة التي تحكم العقد بشكل عام.

نبحث اولا في الاهلية ونركز فيها على خصوصية التعاقد عبر الانترنيت في هذا المجال حيث يصعب التأكد من وجود الاهلية لدى من يتم التعاقد معه عبر الشبكة

---

(١) د. محسن عبدالحميد ابراهيم البيه، المصدر السابق، ص٢١٣.
(٢) د. عاطف النقيب، المصدر السابق، ص١٥٣.
(٣) د. عبدالمنعم فرج الصدة، المصدر السابق، ص٢١٣.
(٤) د. حسام الدين كامل الاهواني، المصدر السابق، ص١٧٤.
(٥) انظر المواد (١١٢-١٢٥) من القانون المدني العراقي رقم ٤٠ لسنة ١٩٥١.

وذلك في ضوء القواعد العامة وما ورد بهذا الخصوص في التشريعات الحديثة ذات العلاقة، وثانيـا في عيوب الارادة وفق احكام القواعد العامة المنظمة لها لعدم وجود قواعد خاصة تحكم العقود الالكترونيـة المبرمة عبر الشبكة في مجال تطبيق نظرية عيوب الارادة خصوصا اننا لم نجـد في تشريعات المعـاملات الالكترونية احكاما خاصة بعيوب الارادة تختلف عن الاحكام العامة الواردة بصددها في القوانين المدنية.

٤-١ الأهلية في العقود الالكترونية

لكي يكون العقد صحيحا يجب ان يكون صادرا عن متعاقدين تتوافر فيهما الاهلية اللازمة للتعاقـد، أي ان يكونا بالغي سن الرشد، وان لا يشوب ارادتهما عيب من عيوب الارادة، ولعل اهم مشكلة في العقـود الالكترونية المبرمة عبر شبكة الانترنيت في مجال الاهلية هي صعوبة امكانية (التاجر) عـادة في التأكد مـن اهلية من يتعاقد معه عبر الشبكة، لذلك نبحث فيها من خـلال فقرتين نخصص اولهما للأحكـام العامـة للأهلية وفق القواعد العامة، وثانيتهما الى صعوبة التأكد من تمام اهلية المتعاقد معه عبر شبكة الانترنيت.

٤-١-١ الأحكام العامة للأهلية التعاقدية

تعرف الاهلية بأنها صلاحية الشخص بأن تكون له حقوق وعليه التزامات وصلاحيته لصدور التصرفات القانونية على وجه يعتد بها[١]، ويعتبر توافر الاهلية لدى الطرف المتعاقد شرطا لصحة العقد او نفـاذه، والاهلية التي نقصدها في مجـال التعاقـد هـي اهلية الاداء وهـي صلاحية الشخص لصدور التصرفات القانونية عنه على وجه يعتد به قانونا، وتذهب معظم التشريعات المدنية الى مبدأ جوهري ضمن الاحكام العامة للاهلية، مفاده ان الاصل في الشخص ان يكون اهلا للتعاقد ما لم يقرر القانون عدم

---

(١) د. حسن علي ذنون، المصدر السابق، ص٧٧.

اهليته او يحد منها[١]، وان مناط اهلية الاداء هو الادراك والتمييز وتدور معه وجودا وعدما، لأن فاقد التمييز يكون فاقدا للارادة وبالتالي فاقدا للاهلية، وناقص التمييز يكون ناقصا للاهلية، وكامل التمييز يكون كامل الاهلية، وعندما يكون الانسان عديم الاهلية لا يحق له اجراء أي شكل من اشكال التصرفات القانونية بما فيها العقود، وتكون جميع تصرفاته باطلة مهما كان نوعها سواء تلك التصرفات التي يجريها وتعود له نفعا محضا او تلك الدائرة بين النفع والضرر او التصرفات الضارة ضررا محضا، وان سن التمييز وفق القانون العراقي هو سبع سنوات كاملة[٢]، لذلك فمن لم يبلغ تمام السابعة من العمر لا يمكن ان يبرم مثلاً عقدا للبيع او الايجار او الوكالة، ومن اجل حماية الصغير غير المميز، ذهب القانون المدني الى بطلان هذه التصرفات حتى ولو اذن له وليه[٣]، ولكن عندما يبلغ الشخص سن التمييز وقبل بلوغه سن الرشد بتمام الثامنة عشر من العمر، فيسمى الشخص في هذه المرحلة بالصبي المميز (القاصر) ويحق له القيام ببعض التصرفات القانونية دون غيرها وحكم تصرفات القاصر ومن في حكمه (كالسفيه وذوي الغفلة في القانون المدني العراقي) فيما يتعلق بتصرفاته المالية النافعة نفعا محضا تكون نافذة في حقه، ولا يجوز له ابرام التصرفات المالية التي تعود عليه بالضرر المحض، اما تصرفاته الدائرة بين النفع والضرر كالبيع والايجار تكون موقوفة على اجازة من له حق الاجازة[٤]، ويكون الصغير المأذون

---

(١) تنظر المادة (٩٣) من القانون المدني العراقي والتي توافق مع ما تنص عليه المادة (١٠٩) مدني مصري، والمادة ١١٠ مدني سوري، والتي تنص على ما يلي :

"كل شخص أهل للتعاقد ما لم يقرر القانون عدم اهليته او يحد منها"، وان احكام الاهلية تعد من النظام العام لا يجوز الاتفاق على مخالفتها او النزول عنها، تنظر في هذا الحكم الفقرة (٢) من المادة (١٣٠) من القانون المدني العراقي والتي تنص على :(يعتبر من النظام العام بوجه خاص الاحكام المتعلقة بالاحوال الشخصية كالاهلية...)

(٢) تنظر المادة (٩٧/٢) من القانون المدني العراقي والتي تنص على :(وسن التمييز سبع سنوات كاملة).

(٣) تنظر المادة (٩٦) من القانون المدني العراقي والتي تنص على ان (تصرفات الصغير غير المميز باطلة وان اذن له وليه).

(٤) يبدو هذا الحكم مختلفا بعض الشيء في القانون الانكليزي حيث اجاز هذا القانون للقاصر المميز القيام ببعض التصرفات التي تدخل ضمن ما يسمى بأعمال الحياة اليومية الاعتيادية (عقود الضروريات)

"القاصر المأذون" بمنزلة البالغ سن الرشد بالنسبة للتصرفات المالية الداخلة في نطاق الاذن وتكون هذه التصرفات نافذة وصحيحة في حقه[1]، وكذلك القاصر البالغ (خمس عشرة) سنة من العمر والـذي يتـزوج بإذن من المحكمة تكون تصرفاته القانونية كتصرفات البالغ الرشيد[2]، واذا بلغ الانسان (الثامنة عشر) من العمر وكان كاملا في قواه العقلية فهنا يكون كامل الاهلية ما لم يطرأ على قواه العقلية عارض مـن عـوارض الاهلية وهي (الجنون ، العته ، السفه ، الغفلة).

٤-١-٢ صعوبة التأكد من تمام أهلية الأداء للشخص المتعاقد معه عبر شبكة الانترنيت

تظهر الصعوبة في مسألة التأكد من مدى توافر اهلية الاداء لدى طرفي العقد عموما، اذا كان التعاقد بين غائبين، وبما ان العقود الالكترونية التي تتم عبر شبكة الانترنيت تدخل ضمن هذه العقود، لذلك تظهـر اهمية مسألة التأكد من اهلية الاطراف في التعاقـد الالكترونـي عـبر الانترنيت وخصوصا اذا عرفنا بأنه لا توجد مواجهة حقيقية وفعلية بين الطرفين المتعاقدين ولا تعارف متبادل بينهما. لذلك فانه من الصعب التأكد من اهلية المتعاقد معه عبر الشبكة، وحسب القواعد العامة للأهلية

"contracts for necessaries" والتي يجيز فيها ان يتصرف القاصر بمفرده ويعد عقده صحيحا، ومن الامثلة عـلى الضـروريات الطعام، الملابس، العناية الطبية. لمزيد من التفاصيل ينظر: د. مجيد حميد العنبكي، المصدر السابق، ص٥٤.

(١) تنظر المادة (٩٨) من القانون المدني العراقي والتي تنص على ما يلي :

(١- للولي بترخيص من المحكمة ان يسلم الصغير المميز اذا اكمل الخامسة عشر مقدارا من ماله ويأذن له في التجارة تجربة لـه. ويكون الاذن مطلقا او مقيدا. ٢- واذا توفي الولي الذي اذن للصغير او انعزل من ولايته لا يبطل اذنه.). كما تنص المـادة (٩٩) مـن نفس القانون على ان (الصغير المأذون في التصرفات الداخلة تحت الاذن بمنزلة البالغ سن الرشد.)

(٢) تنظر المادة (٣) من قانون رعاية القاصرين العراقي رقم ٧٨ لسنة ١٩٨٠ والتي نصها على مـا يـلي: ١- الصغير الذي لم يبلغ سن الرشد وهو تمام الثامنة عشر من العمر، ويعتبر من أكمل الخامسة عشرة وتزوج بـاذن من المحكمة كامل الاهلية...).

اذا كان المتعاقد صغيرا غير مميز او قاصر فلا ينعقد العقد اصلا او يكون العقد موقوفا حسب مقتضى الحال.

نتيجة للطبيعة الخاصة لشبكة الانترنيت وعالميتها وعدم خضوعها لرقابة سلطة مركزية معينة، واتاحتها امكانية التعاقد بين اشخاص من دول وجنسيات مختلفة قد يخضعون الى انظمة قانونية متباينة ايضا، يكون من السهل لأي شخص ان يدخل في شبكة الانترنيت ويتجول فيها وان يتصل من خلال نظم معلوماتية متطورة جدا الى الارقام السرية للحسابات والبطاقات الالكترونية، لهذه الاسباب نرى أن مسألة التأكد من تمام اهلية المتعاقد معه عبر شبكة الانترنيت تعد مشكلة قانونية ضمن المشاكل التي استحدثها التعاقد الالكتروني عبر الانترنيت[1]، حيث غالبا ما يظهر القاصر بمظهر البالغ ويتصرف على هذا الاساس عبر شبكة الانترنيت، او يستخدم القاصر بطاقات الائتمان الخاصة بذويه دون الحصول على موافقتهم لتسديد ثمن ما تعاقد عليه، لذلك يتعذر في اغلب الاحوال على الطرف الذي يتعاقد على الشبكة مع القاصر ان يعرف السن الحقيقية للطرف الآخر ويتعاقد معه بحسن النية، لذلك فان من شأن هذه الاعتبارات ان تقلل من دور (مزود خدمات التصديق) في معالجة هذه المشكلة[2]، واذا رجعنا الى القواعد العامة التي تحكم التصرفات القانونية للصبي

---

(١) ان مسألة التثبت من مدى توافر اهلية الاداء الكاملة لدى الطرف المتعاقد معه على شبكة الانترنيت تكون سهلا اذا كان الطرف المتعاقد معه يستخدم توقيعا الكترونيا حيث يستطيع مزود خدمات التصديق (CA) التأكد من ذلك بأن يتعرف على شخصية مستخدم التوقيع الالكتروني، ولكن في غير هذه الحالات يكون من الصعب جدا التأكد من اهلية الطرف المقابل لان الاطراف لا يرون بعضهم البعض. انظر :

Christina Hultmarli, op.cit, p.٧٨.

(٢) اختلفت تشريعات المعاملات الالكترونية في التسميات التي تطلق على الجهة التي تتولى مهمة ضمان صحة البيانات التي تتعلق بطرفي المعاملة الالكترونية او احدهما، حيث يطلق عليها التشريع التونسي ـ للمبادلات والتجارة الالكترونية مصطلح (مزود خدمات المصادقة الالكترونية)، ويسميها المشرع في قانون امارة دبي للمعاملات والتجارة الالكترونية (مزود خدمات التصديق) ويطلق عليها التشريع البحريني للمعاملات الالكترونية في المادة (١) منه تسمية (مزود خدمة شهادات التصديق) ويعرفه بانه (يقصد به الشخص الذي يصدر شهادات التحقق من الهوية لأغراض التوقيعات الالكترونية او الذي يزود الجمهور بخدمات اخرى تتعلق بهذه التوقيعات)، وان هذه المهنة قد تتولاها جهة عامة او جهة خاصة، واذا تولت جهة خاصة

المميز (القاصر) نجد أن تصرفاته هذه قد تكون صحيحة او باطلة او موقوفة حسب الاحوال، فهنا يظهر تساؤل في هذا المجال وهو من يتحمل المسؤولية المدنية[1] عن الاضرار التي تلحق بالشخص الذي يتعاقد عبر شبكة الانترنيت مع القاصر في الحالات السابقة ذكرها، اذا ابطل العقد من قبل القاصر نفسه او من قبل من يمثله ويحق له الاجازة، فهنا تتعارض مصلحتان، الاولى مصلحة القاصر في ابطال تعاقده وفقا للقواعد العامة، والثانية مصلحة التاجر او المتعاقد مع القاصر بحسن النية الذي يرى انهيار عقوده عند المطالبة ببطلان العقد ولاسيما أن التاجر في العقد الالكتروني عبر

هذه المهمة فانها لابد من خضوعها لمجموعة من الشروط والضوابط التي تضعها الجهات الرسمية كما تحدد التشريعات ذات العلاقة واجبات ومهام مزود خدمات التصديق، ومن جملة الاعمال التي يتولاها مزود خدمة التصديق هو جمع البيانات عن الاطراف المعنية في المعاملة الالكترونية ومن هذه البيانات التعرف على الاهلية القانونية لهم، انظر في، تفاصيل الاحكام الخاصة بمزود خدمات التصديق في التشريعات المنظمة للمعاملات والتجارة الالكترونية منها التشريع التونسي- الخاص بالمبادلات والتجارة الالكترونية رقم ٨٣ لسنة ٢٠٠٠ وتشريع دبي للمعاملات والتجارة الالكترونية رقم ٢ لسنة ٢٠٠٢ والتشريع البحريني للمعاملات الالكترونية لسنة ٢٠٠٢.

(١) ان الاصل هو ان يكون الشخص كامل الاهلية، ولا يعتبر فاقد الاهلية او ناقصها الا بناء على القانون، اذن كمال الاهلية لدى المتعاقد هو الوضع الظاهر، ويقع على من يدعي خلاف ذلك عبء اثبات ما يدعيه، فاذا قام الدليل على انعدام الاهلية او نقصها يكون العقد باطلا او موقوفا حسب الاحوال وهنا لا يستطيع الطرف المقابل الذي تعاقد مع الشخص عديم الاهلية او ناقصها ان يدفع بانه كان يعتقد بان الشخص الذي تعاقد معه كامل الاهلية، ولكن اذا استخدم ناقص الاهلية طرق احتيالية لكي يخفي نقص اهليته، فهذا يعتبر عملا غير مشروع تنشأ عنه المسؤولية التقصيرية التي تجبره على التعويض عن الضرر الذي يصيب الطرف الآخر، وقد نصت المادة (١١٩) من القانون المدني المصري والتي لا يوجد ما يقابلها في القانون المدني العراقي على ان :

(يجوز لناقص الاهلية ان يطلب ابطال العقد، وهذا مع عدم الاخلال بالزامه بالتعويض اذا لجأ الى طرق احتيالية ليخفي نقص اهليته).

اذن اساس مسؤولية القاصر هنا عندما يتعامل مع المتعاقد معه حسن النية هو الفعل غير المشروع لا على اساس المسؤولية العقدية لان العقد باطل وهو بحكم العدم، وعلى الرغم من عدم وجود مثل هذا الحكم في القانون المدني العراقي لكن هذا الحكم هو مجرد تطبيق للقواعد العامة في المسؤولية التقصيرية، انظر :

د. عبدالمنعم فرج الصدة، المصدر السابق، ص ص.٢٢١-٢٢٠. وتنظر ايضا المادة (٣/١٣٨) من القانون المدني العراقي: (ومع ذلك لا يلزم ناقص الاهلية اذا ابطل العقد لنقص اهليته ان يرد غير ما عاد عليه من منفعة بسبب تنفيذ العقد)

الانترنيت ليس في مقدوره التيقن من أهلية المتعاقد الآخر، واذا ما طالبناه بذلك نكون قد حملناه بما لا يطيق، وعلى ذلك يفرق القانون الانكليزي وقضاؤه بين حالتين[1]، حالة العقود البسيطة التي يبرمها القاصر عبر الانترنيت والتي تسمى بعقود الضروريات (Contracts of Necessaries) مثل شراء الكتب والاسطوانات والاطعمة وغيرها من السلع الاستهلاكية، فهنا لا يجوز الحكم بابطالها، والحالة الثانية هي العقود الاخرى التي تخرج عن نطاق عقود الضروريات مثل عقود بيع السيارات او شرائها وكذلك العقارات وغيرها، فانها تخضع للأصل العام بابطال هذه العقود لمصلحة القاصر حتى ولو تضرر التاجر او المتعاقد مع القاصر انصياعا لأحكام النظام العام[2]. أما في العراق فلابد من الرجوع الى القواعد العامة المنظمة لأحكام المسؤولية المدنية التي تعتمد عادة على معيار حسن نية المتعاقد مع القاصر او سوء نيته، فاذا كان المتعاقد مع القاصر سيئ النية وكان عالما بنقص اهليته، فهنا هو الذي يتحمل المسؤولية ولكن اذا كان المتعاقد مع القاصر حسن النية ويعتقد بان من يتعاقد معه عبر شبكة الانترنيت هو كامل الاهلية بعد ان يبذل عنايته المعقولة للتأكد من ذلك، فهنا يتحمل القاصر أو وليه المسؤولية القانونية عن هذه الاضرار، وهناك رأي آخر[3] في هذا المجال يرى عدم السماح بابطال العقد لنقص اهلية القاصر الذي يظهر بمظهر البالغ ويستعمل بطاقة الائتمان المملوكة لغيره في تسديد الثمن وذلك حماية لمصلحة التاجر مادام تبين له من ظاهر الحالة بان من يتعاقد معه هو كامل الاهلية، وهذا الحل يشجع ذوي القاصر على مراقبة استعمال اولادهم لخدمات شبكة الانترنيت والمحافظة

---

(١) د. مجيد حميد العنبكي، المصدر السابق، ص٥٤.

(٢) د. سمير برهان، المصدر السابق، ص٣.

(٣) على الرغم من ان استخدام طرق احتيالية من قبل ناقص الاهلية كأن يستخدم التوقيع الالكتروني العائد الى شخص كامل الاهلية ليثبت به انه بلغ سن الرشد، لا يؤثر على حقه في طلب ابطال العقد، لكن يؤدي الى الزامه بالتعويض، وقد يرى القاضي بأن خير تعويض هو ابقاء العقد كتعويض على الضرر الناشئ عن الفعل غير المشروع. مع ملاحظة الاحكام الخاصة بحماية المستهلك اذا كان القاصر مستهلكا. ينظر في هذا الرأي في العالم المادي :

د. عبدالمنعم فرج الصدة، المصدر السابق، ص٢٢٢.

على الارقام السرية للبطاقات الالكترونية التي تستخدم من قبلهم في دفع الاموال على الشبكة وتحمل تبعة اهمالهم وتقصيرهم في مراقبة القاصر[1].

٤-٢ عيوب الارادة في العقود الالكترونية

لم يتفق الفقه المدني ولا التشريعات المدنية العربية والاجنبية على تحديد العيوب التي تؤثر في صحة التراضي حصرا، وهنا لابد من التفرقة بين ارادة غير موجودة وارادة معيبة، ويقصد من عدم وجود الارادة ان يباشر الشخص تصرفا قانونيا وهو فاقد الارادة، مثلا كأن يكون من يباشر التصرف صبيا غير مميزا او مجنونا، اما الارادة المعيبة فهي ارادة موجودة ولكنها لا تصدر عن بينة واختيار وان الارادة المعيبة لا تحول دون وجود التصرف، انما يجوز لمن يشوب ارادته ان يطلب ابطال التصرف[2].

ونظم المشرع العراقي في القانون المدني العراقي عيوب الارادة على النحو الآتي :

١- عيب الاكراه وخصص له المواد من ١١٢ الى ١١٦,

٢- عيب الغلط وخصص له المواد ١١٧ الى ١٢٠,

٣- عيب التغرير مع الغبن الفاحش وخصص له المواد من ١٢١ الى ١٢٤,

٤- عيب الاستغلال ونص عليه في المادة ١٢٥.

ونتناول عيوب الارادة مع تطبيقاتها على العقود الالكترونية المبرمة عبر شبكة الانترنيت من خلال اربعة فقرات نخصص كل واحدة منها الى عيب من هذه العيوب.

٤-٢-١ الاكراه في العقود الالكترونية

الاكراه بصورة عامة هو تهديد غير مشروع بايقاع أذى بالمتعاقد او بغيره يولد رهبة في نفس المتعاقد تحمله على التعاقد[3]، ويعرفه القانون المدني العراقي[4] بأنه اجبار الشخص بغير حق على ان يعمل عملا دون رضاه.

(١) د. اسامة ابو الحسن مجاهد، المصدر السابق، ص١١٣.
(٢) د. عبدالمنعم فرج الصدة، المصدر السابق، ص١٢٣.
(٣) د. محسن عبدالحميد ابراهيم البيه، المصدر السابق، ص٢٤٧.
(٤) تنظر الفقرة (١) من المادة (١١٢) من القانون المدني العراقي.

الاكراه حسب التعريف المشار اليه هو ضغط تتأثر به ارادة الشخص فيندفع الى التعاقد[1]، والـذي يعيب الارادة هنا ليس هو الاكراه بحد ذاته وانما الرهبة التي يولدها الاكراه، وهنا يصيب الاكراه عنصرـ الحرية والاختيار، لان المكره لا يريد ان يتعاقد ولكن الرهبة هي التي تدفعه الى التعاقد[2].

ويتضح مما ذكر أن للاكراه عنصرين[3]، عنصر مادي يتمثل في استعمال وسيلة للاكراه بحيث تولد رهبة في نفسه، وعنصر معنوي هو الرهبة والخوف.

يفرق الفقه بين نوعين من الاكراه، وهو الاكراه المادي (الحسيـ) والاكراه المعنـوي (الادبي)[4]، والاكـراه الذي يعنينا هنا هو الاكراه المعنوي الذي لا يعدم الارادة، حيث يبقى لمن وقع ضحية الاكراه المعنوي ان يختار بين امرين اما ان يتحمل الاذى المهدد به، واما ان يرضى بالعقد، فيوجد العقد ولكنه موقوف[5] علـى عكس الاكراه المادي الذي يقع على الجسم كالضرب المبرح والايذاء بأنواعه المختلفة والذي يعدم الارادة.

والاكراه في القانون المدني العراقي على نوعين اولهما الاكراه الملجئ الذي يتحقق اذا وجد تهديد بخطر جسيم محدق كاتلاف نفس او عضو او ضرب مبرح او ايذاء شديد او اتلاف خطير في المال، والاكراه غـير الملجئ من خلال التهديد بما هو دون ذلك كالحبس والضرب على حسب احوال الناس. ولم يفرق القانون المدني العراقي بين نوعي الاكراه من حيث الاثر القانوني[6].

ولكي يتحقق الاكراه باعتباره عيبا من عيوب الارادة، لابد من ان تتوافر الشروط الآتية :

---

(١) د. عبدالرزاق السنهوري، الوسيط، المصدر السابق، ص٤٤٢.

(٢) د. محسن عبدالحميد ابراهيم البيه، المصدر السابق، ص٢٤٧.

(٣) د. عبدالمنعم فرج الصدة، المصدر السابق، ص٢٦٩.

(٤) د. مالك دوهان الحسن، المصدر السابق، ص٢٩٠.

(٥) د. محسن عبدالحميد ابراهيم البيه، المصدر السابق، ص٢٤٨.

(٦) تنظر المادة (١١٥) من القانون المدني العراقي.

١- يجب ان يكون الخطر جسيما وان يكون المكره قادرا على ايقاعه سواء هدد الخطر المتعاقد نفسه او شخصا عزيزا عنده كالوالدين او الزوج او ذي رحم محرم[١]، كما يجب ان يكون المكره قادرا على ايقاع تهديده[٢]، ولا يشترط ان يكون المكره مهددا في جسمه او في ماله بل يكفي ان يهدد في شرفه او في سمعته[٣].

٢- يجب ان يكون الاكراه غير مشروع، فتهديد الدائن لمدينه المماطل باتخاذ الاجراءات القانونية للتنفيذ الجبري على امواله، لبيعها من اجل استيفاء حقه من ثمنها، ليس فيه اكراه لأن الدائن يسعى هنا من خلال وسيلة مشروعة لتحقيق غرض مشروع وهو الحصول على الدين[٤].

٣- ان يكون الاكراه مؤثرا في نفس المتعاقد لما يحدثه من رهبة واستشعار بالخوف وان تكون هذه الرهبة التي نشأت عن التهديد هي التي حملته على قبول ما لم يكن يقبله مختارا، بعبارة اخرى، يجب ان تقوم علاقة سببية بين التهديد والتعبير عن الارادة[٥] وان المعيار الذي يعتمد عليه في مجال تقدير الاكراه هو معيار ذاتي يكفي فيه ان يكون الاكراه مؤثرا في نظر المهدد، حيث يراعى فيه جنس من وقع عليه الاكراه وسنه وحالته الاجتماعية والصحية وكل ظرف آخر من شأنه ان يؤثر في جسامة الاكراه[٦].

---

(١) تنظر الفقرة (٣) من المادة (١١٢) من القانون المدني العراقي، وفي الوقت الذي استخدم المشرـع المصري في المـادة (١٢٧) مـن القانون المدني المصري مصطلح (المتعاقد او غيره)، قد كان الاولى بالمشرـع العراقي ان يـترك ذلـك الى القاضي بـأن يقـدر حسـب ظروف القضية علاقة المتعاقد بمن يهدده ممن يهدده الاذى خصوصا وان التقنينات المدنية الحديثة هجرت تعداد طائفة من الاشخاص في هذا المجال.

(٢) ينظر ما نصت عليه المادة (١١٣) من القانون المدني العراقي.

(٣) تنظر المادة (١١٢) من نفس القانون.

(٤) د. عبدالمجيد الحكيم وآخرون، المصدر السابق، ص٧٨.

(٥) د. محسن عبدالحميد ابراهيم البيه، المصدر السابق، ص٢٥٥.

(٦) تنص المادة (١١٤) من القانون المدني العراقي على انه (يختلف الاكراه باختلاف احـوال الاشخاص وسنهم وضعفهم ومناصبهم ومراكزهم الاجتماعية ودرجة تأثرهم وتألمهم من الحبس والضرب كثرة وقلة وشدة وضعف).

٤- يكون الاكراه مفسدا للارادة سواء صدر عن المتعاقد الآخر او صدر عن الاجنبي، حيث ان الاكراه قد يصدر من المتعاقد الآخر نفسه او من في حكمه او من اجنبي على العقد، فاذا كان الاكراه صادرا عن المتعاقد الآخر شخصيا، فهنا تعتبر الرهبة متحققة دون شك، ولكن اذا كان التهديد صادرا عن الغير دون تحريض من المتعاقد الآخر او نائبه، فهنا لا يعيب الارادة الا اذا كان المتعاقد الآخر يعلم به او من المفروض ان يعلم به، وقد لا يكون مصدر الاكراه احد المتعاقدين او الغير وانما الظروف المحيطة التي تحمل المتعاقد تحت تأثير هذه الظروف على التعاقد، فهنا وحفاظا على حقوق المتعاقد حسن النية لا يمكن للمتعاقد المكره ان يطلب ابطال العقد إلا اذا اثبت ان المتعاقد الآخر كان يعلم بالاكراه او كان من المفروض ان يعلم به[١].

وان حكم الاكراه في القانون المدني العراقي[٢] يفسد الارادة، فيجعل العقد موقوفا، ويجوز لمن وقع عليه الاكراه ان يطلب نقض العقد او اجازته خلال ثلاثة اشهر من تاريخ رفع الاكراه.

اما فيما يتعلق بتطبيقات الاكراه في العقود الالكترونية المبرمة عبر شبكة الانترنيت: فمن الضروري الاشارة الى ان الاكراه لا يؤدي دائما الى افساد الارادة وجعل

---

(١) تنص المادة (١٢٨) من القانون المدني المصري بانه (اذا صدر الاكراه من غير المتعاقدين، فليس للمتعاقد المكره ان يطلب ابطال العقد ما لم يثبت ان المتعاقد الآخر كان يعلم، او كان من المفروض حتما ان يعلم بهذا الاكراه) والتي توافق المادة (١٢٩) من القانون المدني السوري، اما في العراق فلم يشترط القانون المدني العراقي ان يقع الاكراه مع احد العاقدين، بل يجوز التمسك بالاكراه سواء وقع من المتعاقد او من الغير، لان العبرة هنا بالاكراه وليست بالشخص الذي يقع منه، ولكن على خلاف المشرع المصري لم يوضح المشرع العراقي موقفه من الاكراه الذي يقع من الاجنبي، ولكن لا يوجد ما يمنع من تطبيق ما نصت عليه المادة (١٢٨) من القانون المدني المصري. ينظر:
د. مالك دوهان الحسن، المصدر السابق، ص٣٠٢.
(٢) تنظر المادة (١١٥) من القانون المدني العراقي والتي تنص على ان (من اكره اكراها معتبرا بأحد نوعي الاكراه على ابرام عقد لا ينفذ عقده).

العقد المبرم تحت تأثيره موقوفا، وانما في بعض الاحيان تعدم الارادة بالاكراه المادي باعدام عنصر ـ الاختيار لدى المكره تماما فيؤدي ذلك الى عدم انعقاد العقد اصلا[١].

يتصور وقوع الاكراه المادي في العقود الالكترونية المبرمة عبر شبكة الانترنت، وخصوصا في العقود التي تتم من خلال ارسال نموذج الكتروني للعقد الى الصفحة الخاصة للمشتري لتمكينه من الاطلاع على بنوده، ويحتوي هذا النموذج عادة على خانات تتضمن عبارات قد تفيد قبول المرسل اليه للتعاقد (I Agree) او رفضه (I don't Agree)[٢]، فاذا امسك المكره في هذا النمط من التعاقد يد شخص المرسل اليه عنوة واجبره على الضغط بها بواسطة المؤشر المتحرك (Mouse) للنقر (Click) على خانة (I Agree) في نموذج العقد المعروض على شاشة الحاسوب او مباشرة باستخدام مفتاح معين في لوحة مفاتيح الحاسوب بما يعد تعبيرا صريحا عن ارادة المشتري او اجبره على التوقيع الكترونيا على رسالة البيانات التي تتضمن معلومات تفيد قبول المكره للايجاب الموجه اليه، ففي هذه الفرضيات تنتزع الارادة عنوة لا رهبة ولا يقتصر اثر الاكراه المادي هنا على تعييب الارادة فقط وانما يعدمها تماما الامر الذي يستتبع البطلان المطلق للعقد الالكتروني.

تفاديا لوقوع مثل هذه الصور للاكراه المادي ولما تستلزمه مقتضيات التجارة الالكترونية من توفير بيئة اكثر امانا للتبادلات الالكترونية[٣]، يفضل ان لا يكمل التعبير عن الارادة بالقبول بمجرد الضغط او النقر على مكان معين في الحاسوب بل ان يكتمل القبول بعد ان يضع المتعاقد الرقم السري الخاص به في الخانة المخصصة له ويستخدم ايضا المفتاح الخاص (Private Key) الذي يتم توثيقه من قبل طرف ثالث من الغير (سلطة التصديق) (Certificate Authority)[٤].

---

(١) د. عبدالمجيد الحكيم وآخرون، المصدر السابق، ص٧٦.

(٢) حسن عبدالباسط جميعي، المصدر السابق، ص ص٣٦-٣٨.

(٣) د. حسام الدين كامل الاهواني، الحماية القانونية للحياة الخاصة في مواجهة الحاسب الآلي، بحث مقدم الى مؤتمر القانون والحاسب الآلي المنعقد في الكويت، ايلول ١٩٨٩، ص٣٩.

(٤) نادر الفرد قاحوش، المصدر السابق، ص٧٣.

٤-٢-٢ الغلط في العقود الالكترونية

يقصد من الغلط بوجه عام، تصور ما يخالف الواقع[1] وبعبارة اكثر دقة وتحديدا هو حالة تقوم في النفس تحمل على توهم غير الواقع، وغير الواقع اما ان يكون واقعة غير صحيحة يتوهم الانسان صحتها او واقعة صحيحة يتوهم عدم صحتها[2]، كما يعرفه آخرون بان الغلط وهم يقوم بذهن العاقد فيصور له الامر على غير حقيقته ويدفعه الى التعاقد، والغلط الذي يعيب الرضا هو ما يصيب الارادة وقت تكوين العقد.

وليس كل غلط ايا كانت درجته مما يعيب الارادة، بل ان منه ما لا يؤثر فيها ومنه بالعكس يعدمها ومنه اخيرا ما يقتصر اثره على تعييب الارادة، وهذا الاخير هو الذي يعنينا باعتباره عيبا من عيوب الارادة.

يتضح من ذلك بان الغلط قد يكون مانعا، او غير مؤثر، او معيبا للارادة وهذا ما سوف نعالجه بالتتابع مع الاشارة الى تطبيقاته على العقود الالكترونية.

أ- الغلط المانع

الغلط المانع هو الغلط الذي يحول دون انعقاد العقد[3]، وهو ليس مجرد تصور للأمر على غير حقيقته، اذ يوجد اختلاف بين الارادة والتعبير عنها[4]، حيث لا يدل التعبير المعلن على الارادة الحقيقية وانما يدل على ارادة اخرى غير موجودة، وهذا الغلط قد يمس وجود احد اركان العقد او يمس ماهيته، ويترتب على وجود الغلط المانع بطلان العقد واعتباره كأن لم يكن، ويكون الغلط مانعا في الحالات التالية :

١- اذا كان غلطا في ماهية العقد :

ويأتي هذا النوع من الغلط نتيجة لعدم توافق الارادتين[5]، ومثال ذلك ان يبرم الشخص عقدا الكترونيا عبر شبكة الانترنيت معتقدا بانه اشترى برنامجا لممارسة

---

(١) د. محسن عبدالحميد ابراهيم البيه، المصدر السابق، ص٢١٥.

(٢) د. حسام الدين كامل الاهواني، المصدر السابق، ص١٧٥.

(٣) د. مالك دوهان الحسن، المصدر السابق، ص٣٢٦.

(٤) د. محسن عبدالحميد ابراهيم البيه، المصدر السابق، ص١١٦.

(٥) تنص المادة (٢٠٣) من تقنين الموجبات والعقود اللبناني على :(اذا وقع الغلط على ماهية العقد او على حقيقة موضوع الموجب، فانه يحول دون انشاء العقد نفسه، فيعد العقد كأنه لم يكن).

حق الاستغلال عليه، في حين كان قصد البائع منحه حق الاستعمال فقط[1]، فهنا انصب الغلـط عـلى طبيعة العقد فمنع من التراضي لعدم تطابق الارادتين، ومنع بالتالي نشوء العقد.

٢- اذا كان الغلط في ذاتية المحل :

يقع هذا النوع من الغلط المانع على ركن المحل للعقد[2]، كما لو تعاقد شخص عبر شبكة الانترنيـت لشراء برامج تعليمية خاصة بالحاسوب الآلي (Soft ware) لتعليم اللغة الانكليزية ولكنه يتفاجأ بحصوله على برامج لتعليم اللغة الروسية مثلا وهنا لا ينعقد العقد لعدم تطابق الارادتين.

٣- اذا كان غلطا في سبب الالتزام :

يكون العقد باطلا اذا وقع الغلط في وجود سبب الالتزام، على الرغم مـن عـدم عثورنـا عـلى تطبيقـات للغلط في وجود سبب الالتزام في العقود الالكترونية، الا ان هذا لا يمنع من ابطال العقد الالكتروني اذا وقع الغلط في سبب الالتزام استنادا الى القواعد العامة الواردة في القانون المدني في العالم المادي (Offline)، كـأن يعقد الشخص تأمينا على عقاره ضد الحريق وهو العقار الذي آل اليه ارثا ثم يتضح ان المـورث كـان قـد أمن على العقار ذاته ضد الحريق.

٤- الغلط في التعاقد عن طريق الوسيط الالكتروني (الجهاز المؤتمت) :

اذا لم يكن بامكان الشخص الذي يقع في غلط اثناء تعاقده مع جهاز مؤتمت تدارك هـذا الغلط او تصحيحه، فان حكم العقد الالكتروني الذي يبرم نتيجة هذا الغلط يكون باطلا ولا يكون لـه اثر قانوني وفـق المعايير التي جاءت بها الفقرة الثالثة

---

(١) د. نوري حمد خاطر، المصدر السابق، ص٣٢.

(٢) تنظر المادة (١١٧) من القانون المدني العراقي التي تنص على انه (اذا وقع غلط في محل العقد وكان مسمى ومشارا اليه، فـان اختلف الجنس تعلق العقد بالمسمى وبطل لانعدامه...).

من المادة (١٢) من مشروع اتفاقية الاونسترال للتعاقد الالكتروني – المشار اليها سابقا[١].

ب- الغلط غير المؤثر

ولا يؤثر هذا النوع من الغلط في العقد[٢]، وهو الغلط الذي يقع في صفة عرضية او ثانوية للشيء او للشخص[٣]، كالغلط في الشخص المتعاقد اذا لم تكن شخصيته محل اعتبار وكذا الحال بالنسبة للغلط المادي او الغلط في الحساب وفي امور معتادة في التعامل.

يعد الغلط غير المؤثر من اكثر صور الغلط وقوعا في العقود الالكترونية المبرمة عبر شبكة الانترنيت، كالغلط الذي يقع عند تحرير رسالة البيانات التي تتضمن السند المثبت للعقد بأن يكتب صفرا بالزيادة فجعل المئة الفا او بالعكس، ففي مثل هذه الاحوال يبقى العقد صحيحا ولا يؤثر عليه (الغلط) طالما ان ارادة كل من المتعاقدين لم تصدر عن غلط وتطابقت الارادتان، ويصحح الغلط المادي[٤].

وان الغلط الذي يتحقق اثناء ابرام العقد الالكتروني مع وسيط الكتروني (جهاز مؤتمت) يعد غلطا ماديا ويجب تصحيحه وذلك اذا كان بامكان الشخص ان يصحح الغلط من خلال الوسائل التقنية التي اكدت عليها الفقرة الثانية من المادة (١٢) من مشروع اتفاقية الاونسترال للتعاقد الالكتروني – المشار اليها سابقا –[٥].

---

(١) تنظر الفقرة الثانية من المادة (١١) من قانون مملكة البحرين للمعاملات الالكترونية والتي جاءت بحكم مغاير لحكم مشروع الاونسترال، حيث يكون العقد قابلا للالغاء وليس باطلا، لمزيد من التفاصيل يراجع الصفحة رقم (٨٢-٨٥) من هذا البحث.

(٢) د. محسن عبدالحميد ابراهيم البيه، المصدر السابق، ص٢١٧.

(٣) د. منذر الفضل، المصدر السابق، ص١٥٨.

(٤) ينظر ما نصت عليه المادة (١٢٠) من القانون المدني العراقي بقولها :
"لا يؤثر في نفاذ العقد مجرد الغلط في الحساب ولا الغلط المادي وانما يجب تصحيح هذا الغلط".

(٥) تنظر بهذا الصدد ايضا الفقرة الثانية من المادة (١١) من قانون مملكة البحرين للمعاملات الالكترونية، لمزيد من التفاصيل يراجع الصفحة رقم (٨٢-٨٥) من هذا البحث.

جـ- الغلط المعيب للارادة

ان الغلط الذي يعيب ارادة التعاقد، هو ذلك الغلط الذي يحدث عند تكوين الارادة في ذهن صاحبها، وذلك بأن يتوهم امرا على خلاف الواقع، ويقع هذا الغلط في صفة جوهرية في الشيء محـل الالتـزام، او في ذات المتعاقد او صفة جوهرية من صفاته، أي ان الغلط المعيب هو الغلط الـذي يقع في امر جوهري مرغوب فيه، أي فوات وصف مرغوب فيه في المحل او في ذات المتعاقد الآخر او صفة فيه[1] ويطلق عليـه (الغلط الجوهري) وهو الغلط الذي لا يقوم رضا المتعاقد بدونه، أي ان المتعاقد لو لم يقع بهـذا الغلط لـما أقدم على التعاقد. فاذا تعاقد شخص مع آخر على انه خبير وذو كفاءة عاليـة في ادارة نظم المعلوماتيـة، وتبين فيما بعد انه عكس ذلك، فهنا يحق للمتعاقد ان يطالب بفسخ العقـد[2] استناداً الى القـانون المـدني الاردني ، اما في القانون العراقي فيحق له المطالبة بنقض العقد.

ويشترط لتحقق الغلط المعيب للرضا توافر شرطين هما :

أولا : يجب ان يكون الغلط جوهريا، أي يكون على درجـة مـن الجسامة والاهمية بحيث يمتنع المتعاقد عن ابرام العقد لو لم يقع في هذا الغلط[3]، وقد يسمى بالغلط الدافع ايضا، والمعيار الذي يعتمد عليه لتقدير جوهرية الغلط هو معيار ذاتي[4] يقوم عـلى تقـدير المتعاقد لأمر معـين يبلغ في نظره درجة من الاهمية تكفي لأن تجعلـه يقدم على التعاقد ان وجد ويحجم عـن التعاقد ان تخلف، فالغلط الجوهري قد يقع في (صفة الشيء) او في (شخصية المتعاقد) او في (قيمة الشيء) او في (الباعث على التعاقد)، او في امور تبيح نزاهة المعاملات.

---

(١) د. نوري حمد خاطر، المصدر السابق، ص٣٣.
(٢) نفس المصدر، ص٣٤.
(٣) د. محسن عبدالحميد ابراهيم البيه، المصدر السابق، ص٢١٩.
(٤) د. حسام الدين كامل الاهواني، المصدر السابق، ص١٧٨.

ومن تطبيقات **الغلط الجوهري في القانون المدني العراقي**[١] الغلط في الصفة الجوهرية للشيء كقدم المعقود عليه، مثلا فلو اشترى المتعاقد شيئا على انه من الاثريات ولم يكن كذلك كان العقد موقوفا على اجازته لحصول الغلط في الصفة الجوهرية للشيء.

وكذلك الغلط في شخص المتعاقد او في صفة من صفاته في العقود التي تكون فيها شخصية المتعاقد محل الاعتبار، والغلط في العناصر الضرورية للتعاقد، كالغلط في القيمة[٢].

ثانيا : اتصال المتعاقد الآخر بالغلط :

لا يكفي ان يقع احد المتعاقدين في غلط جوهري حتى يكون العقد موقوفا، وانما يجب ان يتصل المتعاقد الآخر بهذا الغلط[٣]، فلا يجوز للمتعاقد الذي وقع في غلط جوهري ان يطلب بطلان العقد الا اذا كان المتعاقد الآخر قد وقع مثله في الغلط، او كان على علم به، او كان من السهل عليه ان يتبينه، وحكمة هذا الشرط هي ضمان استقرار التعامل لأن الغلط الفردي يؤدي الى مفاجأة العاقد الآخر بطلب بطلان العقد وهو لا علم له بالسبب، اما اذا كان العاقد الآخر شريكا في الغلط او عالما به او كان في وسعه ان يعلمه، فتنتفي المفاجأة[٤].

واستنادا الى القواعد العامة في القانون المدني فان حكم العقد المبرم عبر شبكة الانترنيت والذي اقترن بغلط جوهري واتصل به علم المتعاقد الآخر يكون عقدا موقوفا

---

(١) تنص المادة (١١٨) من القانون المدني العراقي على ما يأتي :(لا عبرة بالظن البين خطأ، فلا ينفذ العقد : ١- اذا وقع غلط في صفة للشيء تكون جوهرية في نظر المتعاقدين او يجب اعتبارها كذلك للظروف التي تم فيها العقد ولما ينبغي في التعامل من حسن النية. ٢- اذا وقع غلط في ذات المتعاقد او في صفة من صفاته وكانت تلك الذات او هذه الصفة او السبب الوحيد او السبب الرئيسي في التعاقد. ٣- اذا وقع غلط في امور تتيح نزاهة المعاملات للمتعاقد الذي يتمسك بالغلط ان يعتبرها عناصر ضرورية للتعاقد).

(٢) د. عبدالمجيد الحكيم وآخرون، المصدر السابق، ص٨٣.

(٣) ينظر ما تنص عليه المادة (١١٩) من القانون المدني العراقي :(لا يجوز للمتعاقد الذي وقع في غلط ان يتمسك به الا اذا كان المتعاقد الآخر قد وقع في نفس الغلط او كان على علم به او كان من السهل عليه ان يتبين وقوعه).

(٤) د. مالك دوهان الحسن، المصدر السابق، ص٣٣٦.

ويجوز للعاقد الذي وقع في الغلط ان ينقض العقد بعد تبين الغلط او ان يجيزه[١]، وتستند الاجازة الى الوقت الذي تم فيه العقد[٢] وعلى العاقد الذي وقع في الغلط ان يستعمل خيار النقض او الاجازة خلال ثلاثة اشهر من تاريخ تبين الغلط، فاذا لم يصدر في هذه المدة ما يدل على الرغبة في نقض العقد اعتبر نافذا.

٤-٢-٣ التغرير مع الغبن في العقود الالكترونية

يراد بالتغرير "الخداع" وهو ان يذكر احد العاقدين للآخر امورا ترغبه في الاقدام على التعاقد معه[٣]، كأن يبين البائع مثلا في ايجابه الالكتروني المرسل عبر خدمة البريد الالكتروني بأن البضاعة محل العقد انقطع استيرادها او انه سينقطع استيرادها فصدق المشتري ذلك فاشتراها[٤] على هذا الاساس، والتغرير قد يأتي من غير العاقدين كما في (بيع النجش)[٥] كان يزيد شخص في سعر سلعة لا يريد شراءها ولكن يغتر بذلك شخص آخر فيشتريها بالزيادة عليه ويتم ذلك عادة بالتواطؤ مع صاحب السلعة.

ويطلق عليه الفقهاء المسلمون تسمية (التغرير)[٦] ويقسمونه باستعمال الطرق الاحتيالية الى (تغرير فعلي) ويقع بفعل المتعاقد على المعقود عليه لاظهاره بأحسن مما هو عليه، و(تغرير قولي) أي مجرد الكذب باعطاء بيانات كاذبة او باستغلال الثقة ويقع عادة في (بيوع الامانة) أي التصرفات التي تعتمد على الثقة والصدق والتي لا يسمح فيها بأي غش حتى يجعل مجرد الكذب فيها خيانة[٧].

(١) تنظر المادة (١٣٤) من القانون المدني العراقي.
(٢) تنظر المادة (١٣٦) من نفس القانون.
(٣) الدكتور عبدالمجيد الحكيم وآخرون ، المصدر السابق، ص٨٦.
(٤) تتسع صور الوسائل الاحتيالية لتشمل كافة الوسائل التي تستخدم لابهام الغير بما يخالف الحقيقة، ومن ذلك اللجوء الى استخدام اوراق او مستندات مزورة، وتعمد نشر بيانات او معلومات غير صحيحة، او انتحال الصفة وفي مجال بيع السيارات المستعملة يعتبر من الحيل التلاعب في عداد المسافات بانقاص عدد الكيلومترات التي قطعتها السيارة او يتعمد عدم تشغيله.
(٥) د. عبدالحميد محمود البعلي، المصدر السابق، ص٢٦٩.
(٦) لمزيد من التفاصيل في ذلك، ينظر د. عبدالحميد محمود البعلي، المصدر السابق، ص ص٢٦٩-٢٧٠.
(٧) د. مالك دوهان الحسن، المصدر السابق، ص٣٤٣.

والتغرير في الفقه الحديث هو استعمال طرق احتيالية توقع المتعاقد الآخر في غلط يدفعه الى التعاقد[1]، والتغرير ليس هو العيب الذي يعيب الارادة بل هو الغلط الذي يثيره التغرير في ذهن المتعاقد فيدفعه الى التعاقد[2]، وعلى الرغم من ان كلا من التغرير والغلط تصور غير الواقع، لكن لا يمكن القول أن نظرية الغلط تغني عن نظرية الغبن مع التغرير فهما نظريتان مستقلتان[3].

اما الغبن اصطلاحا فهو عدم التعادل عند تمام العقد بين ما يدفعه المتعاقد وما يأخذه[4]، والغبن اما ان يكون يسيرا او فاحشا، وقد وضع الفقه معيارين للتمييز بين نوعي الغبن[5] اولهما المعيار المأخوذ من مبادئ الشريعة الاسلامية والذي يحدد الغبن بمقدار خمس القيمة الواقعية في العقارات وعشرها في الحيوانات ونصف عشرها في العروض وربع العشر في الدراهم، وثانيهما ان الغبن الفاحش هو ما لا يدخل تحت تقويم المقومين اما الغبن اليسير فهو ما يدخل تحت تقويمهم.

الاصل في القانون المدني العراقي[6] ان مجرد الغبن لا يعتبر عيبا مستقلا من عيوب الارادة ولا يمنع من نفاذ العقد ما لم يصحبه خداع يقع على المتعاقد فيغر به على ابرام العقد ظانا انه في مصلحته والحقيقة خلاف ذلك، الا انه اذا كان الغبن فاحشا وكان

---

(١) د. عبدالمنعم فرج الصدة، المصدر السابق، ص٢٥٤.

(٢) د. حسام الدين كامل الاهواني، المصدر السابق، ص٢١٨.

(٣) د. مالك دوهان الحسن، المصدر السابق، ص٣٤٩ وكذلك د. عبدالمجيد الحكيم وآخرون، المصدر السابق، ص٩١.

(٤) د. مالك دوهان الحسن، المصدر السابق، ص ٣٤٧ .

(٥) د. عبد المجيد الحكيم وآخرون، المصدر السابق، ص ٨٧ .

(٦) تنظر المواد من ١٢١ الى ١٢٤ من القانون المدني العراقي، وان موقف المشرع العراقي في هذا المجال متأثر بالفقه الاسلامي لان الفقه الغربي يجعل من التغرير عيبا مستقلا يوقف العقد وهذا ما تقضي به صراحة المادة (١١١٦) من القانون المدني الفرنسي، ويفهم من مواد القانون المدني العراقي المشار اليها بأنها لا تعتمد فقط على المعيار الشخصي بل تقرن به معيارا موضوعيا، حيث لا يعتد بالتغرير الا اذا اقترن به غبن وهذا ما يخالف ايضا ما تنص عليه بعض قوانين الدول العربية مثل القانون المدني المصري في المادة (١٢٥) منه التي تنص على انه (يجوز ابطال العقد للتدليس اذا كانت الحيل التي لجأ اليها احد المتعاقدين او نائب عنه، من الجسامة بحيث لولاها لما ابرم الطرف الثاني العقد). لتفاصيل ذلك ينظر : د. عبدالمنعم فرج الصدة، المصدر السابق، ص٢٥٩ وما بعدها.

المغبون محجورا او كان المال الذي حصل فيه الغبن مملوكا للدولة او الوقف فان العقد يكون باطلا، كما لا يجوز الطعن بالغبن في عقود المزايدة العلنية[1].

شروط التغرير المقترن بالغبن المعيب للارادة :

بالرجوع الى القواعد العامة في القانون المدني لابد من توفر عدة شروط لكي يتوقف العقد للغبن مع التغرير، والشروط هي :-

الشرط الاول : استعمال الطرق الاحتيالية

يتحلل هذا الشرط الى عنصرين[2] : عنصر ـ مادي وهو الطرق الاحتيالية، وعنصر ـ معنوي وهو نية التضليل للوصول لغرض غير مشروع،والمعيار هنا هو معيار ذاتي يختلف من متعاقد الى آخر، ومن امثلة الطرق الاحتيالية حالة الجمعيات والشركات التي تتخذ لنفسها من مظاهر الاعلان ما لا يتفق مع حقيقتها، وان مجرد الكذب لا يكفي لاعتباره طريقا احتياليا ولكن قد يعتبر الكذب طريقا احتياليا اذا وقع على واقعة معينة لها اعتبارها في التعاقد، كما في العقود التي تقوم على الثقة والامانة والصدق كعقود المرابحة والوضيعة والاشراك والتولية.

ومما هو جدير بالملاحظة في هذا المجال فيما يتعلق بشبكات الانترنيت، فقد جرت العادة على ان يروج البائع لسلعته التي يعرضها من خلال خدمات شبكة الانترنيت بالدعاية لها بمختلف الصور والوسائل مستخدما احسن الاوصاف زاعما انها احسن من جميع السلع وان اسعاره لا تقبل المزاحمة، وان التكنولوجيا المتطورة التي تقوم عليها خدمات شبكة الانترنيت سهلت للبائع هذه الامور، ولكن هذه البيانات الكاذبة اصبحت نوعا من الدعاية المألوفة ومن الصعب اعتبارها تغريراً لذلك يحذر مستخدم الشبكة من التأكد من المعلومات المتوفرة حول السلعة او الخدمة قبل التعبير عن

---

(١) تنظر الفقرتين الثانية والثالثة من المادة (١٢٤) من القانون المدني العراقي.
(٢) د. محسن عبدالحميد ابراهيم البيه، المصدر السابق، ص٢٣٦.

ارادته بالقبول من خلال الضغط على المفتاح الخاص بذلك[1]، ولكن قد يلجأ البائع على شبكة الانترنيت وعبر موقعه الالكتروني الى استخدام طرق غير نزيهة في التعامل مع مستخدم الشبكة والذي يكون غالبا من المستهلكين وذلك لأجل ايهامه بكفاءة وجودة السلعة او الخدمة واعطائه معلومات ومميزات غير صحيحة يحمله على التعاقد بناء على ذلك الاساس، وفي قضية حديثة عرضت على القضاء الفرنسي[2] تتلخص وقائعها في ان الشركة المدعى عليها قد اعلنت من خلال موقعها الالكتروني على الشبكة عن وجود حاسوب آلي لديها ذي كفاءة عالية، بحيث يستطيع المستعمل استخدامه حتى لغرض البرمجة دون اللجوء الى مبرمج مختص ولا يتطلب شراء برامج تشغيل او غيرها، أي الايجاب الالكتروني اظهر بان الحاسوب وكأنه ثورة في المعلوماتية، وقام المستفيد (المدعي) بشراء الحاسوب على هذا الاساس وعند استخدامه تبين انه لا يختلف عن غيره من حيث الاداء بل يحتاج الى برنامج تشغيل والى مبرمج لتنظيمه، وقضت محكمة استئناف Paris ان المدعي (المشتري) قد فوجئ بعدم كفاءة الحاسوب، وان ما ذكر في الايجاب الالكتروني يعد كذبا وبالتالي تغريرا.

وان مجرد الكتمان لا يعد طريقا احتياليا الا اذا كان المتعاقد التزم بان يفضي ـ بأمر من الامور او بمعلومات لها اهميتها في التعاقد سواء أكان مصدر هذا الالتزام هو القانون او طبيعة العقد، فمثلا يعد تدليسا كتمان البائع في العقد الالكتروني المبرم عبر شبكة الانترنيت للامور الجوهرية في العقد مثل نوع البضاعة وسنة صنعها وتاريخ انتهاء مفعولها، فان هذه الوقائع تعد جوهرية في التعاقد وعدم الافصاح عنها من قبل الموجب يعد تدليسا ويغرر المشتري بكتمانه عن بيان هذه المعلومات اذا ما توافرت لديه نية التضليل[3].

(١) جيل ت. فريز، المصدر السابق، ص ص١١٠-١١٤.
(٢) اشار الى هذا القرار القضائي د. نوري حمد خاطر، المصدر السابق، ص٢٦.
(٣) عرضت قضية على محكمة استئناف باريس تتلخص وقائعها في ان المدعي (المشتري) سلم المدعى عليه (البائع) كل المخططات اللازمة لغرض تنظيم برمجة ادارة شركته بنظام المعلوماتية، وزوده بعدد الزبائن والمجهزين وعند تسليم النظام اكتشف المدعي ان القائمة الالكترونية Fichier الخاصة بترتيب عمليات الشركة غير جديدة وكان البائع (المدعى عليه) يعرف حقيقة ما يحتاجه المستفيد (المدعي) ولكن اخفى عنه ذلك وكان سيئ النية الامر الذي سبب ضررا للشركة واعتبرت المحكمة التصرف معيبا للتغرير، ينظر د. نوري خاطر، المصدر السابق، ص٢٤.

اما العنصر المعنوي فهو عبارة عن وجود نية التضليل للوصول الى غرض غير مشروع، أي يجب ان يكون مرتكب التغرير قد تصرف وهو على بينة من الامر، أي يجب ان يكون سيئ النية ويتحقق سوء النية لدى مرتكب التغرير اذا قصد استعمال حيل للوصول الى غرض غير مشروع[1].

الشرط الثاني : ان يكون التغرير هو الدافع الى التعاقد

يجب ان تبلغ الطرق الاحتيالية حدا من الجسامة بحيث تؤثر في ارادة المتعاقد فتدفعه الى التعاقد، وان مسألة التثبت من كون هذه الطرق الاحتيالية هي الدافعة الى التعاقد ام لا تعود الى قاضي الموضوع لانها مسألة وقائع ، ولما كان التغرير واقعة مادية لذا جاز اثباته بكل طرق الاثبات[2].

الشرط الثالث : ان يكون التغرير صادرا عن المتعاقد الآخر أو على الأقل ان يكون متصلا به

الاصل ان التغرير يقع من أحد العاقدين او من نائبه، ولكن قد يقع التغرير من الغير، فاذا كانت الطرق الاحتيالية الواقعة من المتعاقد الآخر يكفي مجرد استعمالها للتأثير في العاقد المغرور، فان التغرير الواقع من الغير لا يؤثر في صحة العقد الا اذا ثبت للعاقد المغبون ان المتعاقد الآخر كان يعلم علما حقيقيا او حكميا او كان من السهل عليه ان يعلم بهذا التغرير وقت تكوين العقد[3] ، اذن يتوقف استعمال خيار نقض العقد على هذا العلم او امكانية العلم فان تخلف هذا الشرط كان العقد نافذا الا انه يجوز

(١) د. مالك دوهان الحسن، المصدر السابق، ص٣٤٠.

(٢) د. حسام الدين كامل الاهواني، المصدر السابق، ص٢٢٠.

(٣) ينظر ما نصت عليه المادة (١٢٢) من القانون المدني العراقي :(اذا صدر التغرير من غير المتعاقدين فلا يتوقف العقد الا اذا ثبت العاقد المغبون ان العاقد الآخر كان يعلم او كان من السهل عليه ان يعلم بهذا التغرير وقت ابرام العقد).

لمن لحقه ضرر ان يرجع على الاجنبي طبقا لدعوى المسؤولية الناشئة عن العمل غير المشروع[1].

الشرط الرابع : ان يقترن التغرير بالغبن الفاحش

لا يكفي لتوقف العقد في القانون العراقي ان يوجد التغرير وان يصدر عن المتعاقد او من الاجنبي وان يكون دافعا، وانما يجب ان يقترن التغرير بغبن فاحش، فاذا وجد التغرير دون ان يترتب عليه غبن فاحش فلا يتوقف العقد، وكذلك الامر اذا وجد التغرير مع الغبن وكان هذا الغبن يسيرا، اذا كان المبدأ العام في القانون المدني العراقي ان الغبن الفاحش دون اقترانه بالتغرير لا يوقف العقد، فان هذا المبدأ ليس مطلقا حيث اورد عليه المشرع العراقي استثناء بموجبه اذا كان الغبن فاحشا وكان المغبون محجورا او كان المال الذي حصل فيه الغبن الفاحش مال الدولة او الوقف فان العقد يكون باطلا، ولا يجوز الطعن بالغبن ولو اقترن بتغرير في عقد تم بطريق المزايدة العلنية[2].

واذا توفرت الشروط التي مر ذكرها يكون العقد موقوفا على اجازة العاقد المغرور المقترن بالغبن الفاحش، واذا مات العاقد المغبون فان الدعوى تنتقل الى وارثه[3]، ولكن اذا لم تتوفر الشروط اللازمة لتوقف العقد، فيكتفى بمنح المغرور تعويضا ويبقى العقد نافذا[4]، يتضح مما ذكر بانه لا يجوز نقض العقد بسبب التغرير في الاحوال الآتية :

---

(١) تنظر المادة (١٢٣) من نفس القانون، ولمزيد من التفاصيل ينظر : د. عبدالحميد الحكيم وآخرون، المصدر السابق، ص٩٠.

(٢) تنظر الفقرة الثالثة من المادة (١٢٤) من نفس القانون.

(٣) تنظر الفقرة (١) من المادة (١٢١) من نفس القانون.

(٤) تنظر المادة (١٢٣) من نفس القانون التي تنص على :(يرجع العاقد المغرور بالتعويض اذا لم يصبه الا غبن يسير او اصابه غبن فاحش وكان التغرير لا يعلم به العاقد الآخر ولم يكن من السهل عليه ان يعلم به او كان الشيء قد استهلك قبل العلم بالغبن او هلك او حدث فيه عيب او تغير جوهري ويكون العقد نافذا في جميع هذه الاحوال).

١- اذا كان الغبن يسيرا.

٢- اذا كان الغبن فاحشا ولم يعلم المتعاقد الآخر بالتغرير او لم يكن من السهل عليه ان يعلم به.

٣- اذا استهلك الشيء قبل العلم بالغبن، كأن يكون المبيع طعاما فأكله المشتري قبل العلم بالغبن.

٤- اذا حدث عيب او تغيير جوهري في الشيء.

اما فيما يتعلق بتطبيقات عيب التغرير مع الغبن في العقود الالكترونية المبرمة عبر شبكة الانترنيت :

فله تطبيقات كثيرة، وذلك من خلال ظاهرة الغش والاحتيال التي تحدث في جميع انواع التعاقد ولكن نجد انها اكثر وقوعا في التعاقد الالكتروني[1] الذي يتم عادة بين طرفين لا يجمعهما مجلس عقد واحد وتفصلهما مناطق جغرافية متباعدة، اضافة الى ان الترابط بين تكنولوجيا الحاسوب الآلي والاتصال سهل كثيرا القيام باستخدام طرق احتيالية معتمدا على اساليب جديدة استحدثتها التطورات في مجال المعلوماتية والانترنيت والتي تؤثر بلا شك على الثقة العامة بشبكة الانترنيت وخدماتها[2].

وعرفت الغرفة التجارية الدولية (ICC) الاحتيال[3] بأنه :

(تمكن أي طرف من الاطراف المتعاقدة في صفقة تجارية سواء بوصفه البائع او المشتري او المصرف او السمسار او الوكيل، بأن ينجح دون وجه حق وبطريق غير مشروع في الحصول على نقود او سلع من طرف آخر يكون في ظاهر الامر قد تعهد له تحديدا، بالتزامات تجارية او التزامات مالية، واحيانا ما تتواطأ اطراف عدة في الاحتيال على الطرف الآخر).

(١) عباس زبون عبيد العبودي، المصدر السابق، ص١٦٩.

(٢) بيتر ان جرابسكي، الجريمة في فضاء الانترنيت، بحث منشور في كتاب (الامن والانترنيت)، صدر عن مركز البحوث والدراسات بشرطة دبي، دبي، الطبعة الاولى، ٢٠٠١، ص٤٩.

(٣) د. مجيد العنبكي، عقد ايجار السفينة واستغلاله في الاحتيال البحري، بحث منشور في مجلة القانون المقارن، بغداد، العدد ٢٢، ١٩٩٠، ص٥٧.

يظهر من تعريف الاحتيال [1] أنه له انواع واساليب متعددة وقد يتخذ اشكالا مختلفـة يـدخل ضمنها الاحتيال الذي يتم عن طريق التعاقد الالكتروني عبر شبكة الانترنيت، كأن يقوم المشتري بابرام عقد الكتروني مع شركة تجارية وهمية أو غير معروفة اتخذت موقعا الكترونيا لها على الشبكة في الوقت الـذي ليس لها الوجود الحقيقي، وتقوم هذه الشركة الوهمية بعرض بضائع وخدمات معينة بأسعار مغرية جـدا تشجع المستهلكين على التعاقد لشرائها ودفع ثمنها عبر وسائل الوفاء الالكتروني (Electronic Payment) بـالرغم من عدم وجود البضاعة اصلا، كما يتصور ان يحدث الاحتيال في مواصفات البضاعة او بيـان دولـة المنشـأ، كأن يدعي البائع بان المعدات مصنوعة من دول اوروبية مثلا في حين انها مصنوعة مـن دولـة اخـرى كأن تكون احدى دول شرق آسيا، عد ذلك تغريرا ويمكن ان يتبعه الحكم على البائع في ضوء قواعد التقليد غير المرخص طبقا لقواعد حماية الملكية الفكرية وخاصة ان منشأ البضاعة عنصر ـ مهم بالنسبة للمشتري اذ لولاه لما رضى بالعقد [2]، وغالبا ما يحدث على شبكة الانترنيت عند تسويق المنتجات الرياضية وعلى الاخص في المواقع الالكترونية التي تعرض هذه المنتجات على الشبكة من خلال الصور والافلام المتحركة وتقترن بهـا في بعض الاحيان شهادة اطباء او مختصين على كفاءة الجهاز المتميزة، ولكـن سرعـان مـا يشتريـه المستهلك فيظهر على غير حقيقته مما يترتب عليه غبن فاحش نتيجة ما دفعه من مبالغ طائلة لشراء الجهاز بناء على المواصفات التي ذكرت في الموقع. وفي هذا المجال من الضروري الاشارة الى ما نصت عليه الفقرة الثالثة

---

(١) يجب التمييز بين التدليس المدني وجريمة الاحتيال في قانون العقوبات التي تعرف بانها هي تلك الجريمـة التـي تتحقـق مـن خـلال توصل الجاني او شخص آخر الى تسلم مال منقول مملوك للغير بدون وجه حـق نتيجـة اسـتخدام الجـاني لاحـدى وسـائل الخـداع المنصوص عليها في القانون على سبيل الحصر والتي تسفر عن وقوع المجنى عليه في الغلط الـدافع الى التسـليم تنظـر المـواد مـن (٤٥٦) الى (٤٥٩) من قانون العقوبات العراقي رقم (١١١) لسنة ١٩٦٩، لمزيد مـن التفاصيل ينظر ايـاد حسـين عبـاس العـزاوي، جريمة الاحتيال في القانون العراقي، رسالة ماجستير، بغداد، ١٩٨٨، ص٣٨ مشار اليه عند عباس العبودي، المصدر السابق، ص١٧٠.
(٢) د. نوري حمد خاطر، المصدر السابق، ص٢٣.

من المادة (٢٥) من تشريع المبادلات والتجارة الالكترونية التونسي ـ وجاء فيها التزام البائع ببيان "طبيعة وخاصيات وسعر المنتج" وبما ان وصف المنتجات محل التعاقد عبر الانترنيت يكون مصحوبا بصور عنها، فيجب ان تعكس هذه الصور بأمانة حقيقة المنتجات وان لا يكون الوصف مبالغا في الاشادة بها او بجودتها بشكل مناف للحقيقة لان ذلك يعد تضليلا للجمهور ويدخل ضمن الاعلانات الكاذبة التي تؤدي الى قيام المسؤولية الجنائية فضلا عن قيام المسؤولية المدنية عن الاضرار الناجمة عن هذا التضليل[١].

وفي هذا الاطار ايضا وبغية منع استغلال ما اتاحته شبكة الانترنيت من خدمات متطورة للاضرار بالمستهلكين نجد أن بعض التشريعات المنظمة للتجارة الالكترونية تفرض التزامات اضافية على التاجر البائع بقواعد قانونية آمرة منها الالتزام ببيان شروط العقد وتقديم المعلومات الى المستهلك قبل التعاقد والالتزام بالاعلام والالتزام بالتحذير وذلك عن طريق علمه بجملة من البيانات التي تجعله على بينة من التصرف الذي يقوم به وتصدر ارادته عن الرضا الحقيقي وتأكيدا لذلك نصت الفقرة الاخيرة من المادة (٢٥) من تشريع المبادلات والتجارة الالكترونية التونسي على (يتعين توفير المعلومات الكترونيا ووضعها على ذمة المستهلك للاطلاع عليها في جميع مراحل المعاملة) وفي نفس الاتجاه نصت المادة (١٦) من مشروع قانون التجارة الالكترونية المصري على (تعتبر الاعلانات ووثائق الدعاية المرسلة او المبثوثة عن طريق وسائط الكترونية وثائق عقدية مكملة للعقود التي يتم ابرامها للحصول على السلع او الخدمات المعلن عنها، ويلتزم اطراف التعاقد بكل ما ورد فيها).

---

(١) ينظر نص المادة (٥٠) من تشريع المبادلات والتجارة الالكترونية التونسي والتي جاء فيها :(يعاقب كل من استغل ضعف او جهل شخص في اطار عمليات البيع الالكتروني بدفعه للالتزام حاضرا او آجلا بأي شكل من الاشكال بخطية تتراوح بين ١٠٠٠ و٢٠,٠٠٠ دينار ذلك اذا ثبت من ظروف الواقعة ان هذا الشخص غير قادر على تمييز ابعاد تعهداته او كشف الحيل والخدع المعتمدة بالالتزام او اذا ثبت انه كان تحت الضغط مع مراعاة احكام المجلة الجنائية)، وكذلك المادة (٤٤) من قانون الغش الفرنسي ـ سنة ١٩٧٣ التي تمنع الاعلانات الموهومة والكاذبة وتعاقب عليها، اشار الى هذه المادة من القانون الفرنسي، نفس المصدر، ص٢٣.

وقد بذلت الكثير من المنظمات والهيئات الدولية والاقليمية جهودا حثيثة في هـذا المجال[1] بهدف التقليل من مخاطر ظاهرة الاحتيال في التعاقد عبر وسائل الاتصال الفوري خصوصا ومنها شبكة الانترنيت، فقد قدمت كل من غرفة التجارة الدولية (ICC) ومنظمة التعاون الاقتصادي والتنمية المعروفة اختصارا بـ(OECD) وكذلك المجلس الاوروبي[2] قواعد توجيهية وارشادية للمشرعين الـوطنيين بهذا الخصوص، وتحثهم فيها على تشديد التشريعات الوطنية في مجال الكشـف عـن حـالات الاحتيال ومعاقبة مرتكبيها والزام الاطراف المتعاقدة عبر تلك الوسائل بالتأكد من هوية المتعاقد معه والتحري عـن سـمعته التجاريـة ومركزه المالي قبل الشروع في عملية ابرام العقد، والـزامهم بالدقة عنـدما يعبرون عـن ارادتهم التعاقديـة تفاديا لوقوعهم في مخاطر الاحتيال والغش المعلوماتي[3]. كما تعقد على مستوى الامم المتحدة بشكل دوري مؤتمرات دولية متعددة والتي تناقش فيها مسألة الحماية من ظاهرة الاحتيال في العقـود الالكترونيـة عـبر شبكة الانترنيت[4].

٤-٢-٤ الاستغلال في العقود الالكترونية

يعرف الاستغلال بأنه انتهاز حالة ضعف لدى شخص، وجعله يبرم عقدا، فيه غبن فاحش لـه، مـا كـان ليقبله لولا وجود هذا الضعف واستغلاله من قبل العاقد الآخر[5].

ولقد اخذ المشرع العراقي بنظرية الاستغلال في المادة (١٢٥) من القانون المدني العراقي[6] كعيب مـن عيوب الارادة بشكل لا يجوز للمتعاقد ان يستغل حاجة او طيش

---

(١) عباس زبون عبيد العبودي، المصدر السابق، ص١٧٠.

(٢) لمزيد من التفاصيل حول جهود المجلس الاوروبي في هذا المجال ينظر :
Graham Pearce, REGULATING ELECTRONIC COMMERCE IN THE EUROPEAN UNION, this paper published in the European Law Journal (٢٠٠٠) Vol. ٦,٤, also available at :
<http://www.abs.aston.ac.uk/> (Last visited ٠١ Mar. ٢٠٠١)

(٣) د. اسامة احمد شوقي المليجي، المصدر السابق، ص١٦.

(٤) يونس عرب، قانون الكومبيوتر، اصدار اتحاد المصارف العربية لعام ٢٠٠١، ص٨٢.

(٥) د. محسن عبدالحميد ابراهيم البيه، المصدر السابق، ص٢٦٠.

(٦) تنص المادة (١٢٥) من القانون المدني العراقي على ما يلي :(اذا كان احد المتعاقدين قد استغلت حاجته او طيشه او هـواه او عـدم خبرته او ضعف ادراكه فلحقه من تعاقده غبن فاحش جاز له في خلال سنة من وقت

او عدم خبرة او ضعف ادراك المتعاقد الآخر، فان فعل فقد وجب على القاضي ان يتدخل لحماية الطرف المستغل ليرفع عنه الغبن الى الحد المعقول او يبطل العقد اذا كان التصرف القانوني تمليكا بلا عوض، وهذا الموقف الذي اخذ به المشرع العراقي ينسجم كليا مع المذهب الجماعي الذي يحارب الاستغلال ولا يتفق مع المذهب الفردي لان الاصل فيه هو مبدأ سلطان الارادة ونتيجته قاعدة العقد شريعة المتعاقدين[1]. واذا كان الاستغلال يعد عيبا من عيوب الارادة فان ذلك لا يعني انه عيب مستقل عن عيوب الارادة الاخرى، ففي صورة استغلال الهوى الجامح يقترب كثيرا من الاكراه، ويقترب من الغلط او التغرير مع الغبن في حالة استغلال الطيش البين[2].

وللاستغلال عنصران اولهما العنصر المادي المتمثل بالغبن الفاحش أي عدم التعادل بين ما يعطيه المتعاقد وبين ما يأخذه وفقا لمعيار معين، فاذا ترتب على استغلال الطرف الضعيف غبن يسير فلا مجال لتطبيق حكم المادة (125)[3] التي تنص صراحة على انه اذا كان احد المتعاقدين قد (لحقه غبن فاحش)، وان العنصر المادي او الموضوعي يأتي في المقام الاول وهو الذي يكشف عن العنصر النفسي الذي هو استغلال حالة الضعف في المتعاقد المغبون، وان اثبات العنصر المادي للاستغلال ايسر من اثبات العنصر النفسي[4]، واختلال التعادل المكون للعنصر المادي لا ينظر فيه الى القيمة المادية للشيء وانما يعتد بالقيمة الشخصية في اعتبار المتعاقد[5].

وكثيرا ما يكون الاستغلال في عقود المعاوضات ولكن قد يقع في العقود الاحتمالية ايضا، كعقد التأمين على الرغم من ان هذه العقود تقوم على احتمال الكسب والخسارة، وقد يقع الاستغلال في التبرعات كما يقع في المعاوضات بل هو

العقد ان يطلب رفع الغبن عنه الى الحد المعقول، فاذا كان التصرف الذي صدر منه تبرعا جاز له في هذه الحالة ان ينقضه).

(1) د. مالك دوهان الحسن، المصدر السابق، ص355.
(2) د. عبدالمجيد الحكيم وآخرون، المصدر السابق، ص92.
(3) د. مالك دوهان الحسن، المصدر السابق، ص335.
(4) د. عبدالمنعم فرج الصدة، المصدر السابق، ص294.
(5) د. السنهوري، الوسيط، جـ1، المصدر السابق، ص364.

اشد وطأة في الاولى منه في الثانية، لأن الاستغلال يكون اكثر تحققا فيما لا تعادل فيه اصلا كالتبرعات، بل قد يتجاوز الاستغلال العقود الى التصرفات القانونية الصادرة من جانب واحد كالوصية لشخص استغل طيشا او هوى جامحا[1].

وثانيهما العنصر النفسي وهو استغلال الضعف في النفس والذي يمثل الجانب المعنوي، وقد اورد المشرع العراقي اربع صور بدلا من صورتين[2]، ويلاحظ ان العنصر النفسي للاستغلال لا يتوافر في القانون المدني العراقي الا في الحالات الاربع المنصوص عليها قانونا اي جاءت هذه الحالات على سبيل الحصر ـ لا المثال[3]، وهذه الحالات هي : استغلال الحاجة الذي يقرب من حالة الضرورة، واستغلال الطيش، واستغلال عدم الخبرة وضعف الادراك.

اما بالنسبة للأثر القانوني المترتب على الاستغلال فقد نصت المادة (١٢٥) على انه (...جاز له في خلال سنة من وقت العقد ان يطلب رفع الغبن عنه الى الحد المعقول، فاذا كان التصرف الذي صدر منه تبرعا جاز له في هذه المدة ان ينقضه).

يتضح من النص المشار اليه ان المشرع العراقي يفرق في الجزاء المترتب على الاستغلال بين عقود المعاوضات والتبرعات، فاذا استغل شخص في عقد معاوضة ولحقه غبن فاحش، جاز له في خلال سنة من وقت ابرام العقد ان يقيم الدعوى امام القضاء طالبا رفع الغبن عنه الى الحد المعقول[4]، لأن الغبن اليسير لا يعد استغلالا وهو حد متسامح فيه في التعامل، وان رفع الغبن الفاحش الى الحد المعقول هو افضل جزاء عند وجود الاستغلال في عقود المعاوضات.

---

(١) نفس المصدر، ص٣٦٥.
(٢) حددت حالات استغلال الضعف في القانون المصري والسوري والكويتي بحالتين وهما (استغلال الطيش البين والهوى الجامح)، ينظر ما تنص عليه الفقرة الاولى من المادة (١٢٩) من القانون المدني المصري والتي جاءت فيها ما يلي :
(قد استغل فيه ما غلب عليه من طيش او هوى)
(٣) د. منذر الفضل، المصدر السابق، ص ص١٧٠-١٧١.
(٤) د. مالك دوهان الحسن، المصدر السابق، ص٣٥٧.

أما اذا وجد الغبن الفاحش في عقود التبرعات، فللمتعاقد المغبون نقض العقد خلال مدة سنة من وقت العقد وهذه المدة هي مدة السقوط لا مدة التقادم لأن معيار السقوط لا ينقطع لعذر مشروع ولا يقف لغيبة او فقدان في الحرب ويهدف من وراء ذلك حسم الامر تحقيقا للاستقرار في المعاملات.

اما فيما يتعلق بتطبيقات الاستغلال في العقود الالكترونية المبرمة عبر شبكة الانترنيت: فيمكن القول ان الانترنيت في بداية دخولها المجال التجاري كانت مقصورة على طبقة معينة من المتعلمين الذين كانت لديهم ثقافة التعامل مع الانترنيت، وهذا الكلام ينطبق على البائعين من الشركات الجادة وغيرها التي نقلت جزءا من نشاطاتها الى الشبكة وكذلك على المستهلكين، لذلك فان تطبيقات الاستغلال في تلك الفترة تكاد تكون نادرة على العكس من الوقت الحاضر الذي انتشرت فيه الانترنيت وزادت عدد المواقع من باعة ومنتجين ومقدمي خدمات بما فيها شركات غير جادة واخرى وهمية تمارس نشاطات بهدف تحقيق الربح السريع بغض النظر عن الوسيلة المستخدمة، هذا من جهة، ومن جهة اخرى ارتفع ايضا عدد المستخدمين حتى من بين الذين يملكون تعليما بسيطا وتنقصهم الخبرة اللازمة للتعامل على الشبكة لذا فان تطبيقات الاستغلال في العقود الالكترونية اصبحت ممكنة وعلى الاخص فيما يتعلق باستغلال عدم خبرة المستهلك في التعامل مع الشبكة، والذي دفع بالكثير من التشريعات المنظمة للتجارة الالكترونية بأن تهتم بمسألة حماية المستهلك في التجارة الالكترونية من خلال ايراد احكام قانونية خاصة بها توفر للمستهلك حماية قانونية اكثر من الحماية التي توفرها القواعد العامة وبالتالي اصبحت حماية المستهلك عندما يكون طرفا في التجارة الالكترونية جزءا هاما من مستلزمات التنظيم القانوني لهذه التجارة، وهذا ما اكدت عليه المادة (٥٠) من قانون المبادلات والتجارة الالكترونية التونسي، حيث نصت على انه (يعاقب كل من استغل ضعف او جهل شخص في اطار عمليات البيع الالكتروني بدفعه للالتزام حاضرا او آجلا بأي شكل من الاشكال بخطية تتراوح بين ١٠٠٠ و٢٠٠٠٠ دينار، وذلك اذا ثبت من ظروف الواقعة ان هذا

الشخص غير قادر على تمييز ابعاد تعهداته او كشف الحيل والخدع المعتمدة بالالتزام او اذا ثبت انه كان تحت الضغط مع مراعاة احكام المجلة الجنائية)

ووفقا للقواعد العامة في القانون المدني فان للطرف المستغل الذي لحقه غبن فاحش في العقد الالكتروني ان يطلب رفع الغبن عنه الى الحد المعقول او نقض العقد اذا كان التصرف الصادر منه تبرعا انسجاما مع أحكام المادة (١٢٥) من القانون المدني العراقي.

عموما في مجال تطبيقات عيوب الارادة في العقود الالكترونية المبرمة عبر شبكة الانترنيت: يمكن القول بأنه اذا كانت نظرية عيوب الارادة لها تطبيقات على درجات متفاوتة في العقود الالكترونية المبرمة عبر شبكة الانترنيت مقارنة بتطبيقاتها في العقود التقليدية المبرمة في العالم المادي (Offline)، فان هذا لا يعني التقليل من اهمية هذه النظرية في البيئة الالكترونية (Online)، بل ان هذه النظرية تحتفظ بأهميتها في ذلك شأن بقية القواعد العامة الراسخة في النظام القانوني للعقد، وان اختلاف الوسيلة المستخدمة في ابرام العقد لا يغير من الطبيعة الجوهرية للعقد والقواعد التي يقوم عليها في العالمين المادي والافتراضي، ولكن ما هو جدير بالاهتمام هنا، ان في البيئة الالكترونية تكون الوقاية من الوقوع في عيوب الارادة مفضلة على العلاج وذلك نتيجة للطبيعة العالمية لشبكة الانترنيت وما استحدثته من مشاكل وتحديات قانونية وخصوصا ما يتعلق باثبات التعاقد عبر الانترنيت والتنازع التشريعي والقضائي عندما يكون احد طرفي العقد الالكتروني اجنبيا، لذلك من المفضل لمستخدم الشبكة الانتباه الى خطورة ابرام التصرفات القانونية عبر الانترنيت وما يترتب عليها من مشاكل قانونية خصوصا عند وقوعه في حالات الغلط وغيرها، ويجب عليه عدم الاقدام على التعامل مع الشبكة اذا لم يكن لديه ثقافة خاصة باستخدام الشبكة تجعله مستهلكا واعيا[1] ولا نقصد بالثقافة الخاصة هنا المعلومات حول جزئيات وتفاصيل الطرق التكنولوجية المعقدة لان التعامل عبر الشبكة بسيط ولا يحتاج الى مثل هذا التعقيد ولكن يحتاج الى بعض الاسس التي يقوم عليها مثل هذا التعامل، لذلك يحذر

---

(١) جيل ت. فريز، المصدر السابق، ص٨٧.

الاشخاص وعلى الاخص عديمو الخبرة في التعامل عبر الشبكة من ابرام العقد والصفقات وخاصة العقود الفورية التي لا تسبقها عادة المفاوضات وتتم من خلال الضغط على احدى مفاتيح الحاسوب، او من خلال النقر (Click) فوق زر (I Agree) سواء كان لارسال الايجاب او القبول[١]، وانما يجب التأكد من شروط العقد جيدا وكذلك من المعلومات التي يقدمها التاجر عبر موقعه الالكتروني وخصوصا ما يتعلق بمواصفات محل العقد وشروط الدفع ومصاريف النقل وغيرها فضلا عن التحقق من الاسعار[٢] وعدم الاعتماد على دليل الاسعار المعروضة في موقع الكتروني واحد بل من الافضل تصفح عدة مواقع تبيع نفس السلع او سلع مماثلة لها او تقدم نفس الخدمات للوقوف على السعر التقريبي المعقول[٣] دون الوقوع تحت طائلة الغبن الفاحش.

ويفضل البحث عن البضائع والخدمات على الشبكة في المتاجر الالكترونية ذات المرتبات الاولى او المزدحمة بالزوار[٤]، وذلك من خلال محركات البحث التي يمكن استخدامها للبحث في صفحات الوب ويمكن مشاهدة النتائج التي يتم الاعلان عنها بتنسيقات مختلفة وفقا للاحتياجات الخاصة، كما تفضل المتاجر الافتراضية (Virtual Malls) التي تقدم عروضا توضيحية او مراجعات للبرامج، وقبل طلب السلعة او الخدمة من أي موقع الكتروني يفضل القاء النظرة على الموقع للتأكد من انه يوحي بانه موقع احترافي وان تحديثه تم مؤخرا ويقبل اساليب الدفع الالكتروني المختلفة، كما يمكن لغرض التأكد من موقع التاجر ومركزه المالي البحث في الوب لمعرفة ما اذا كان اسم البائع موجودا في مواقع التجار الجديرين بالثقة او يدخل ضمن مواقع

---

(١) د. حسن عبدالباسط جميعي، المصدر السابق، ص٣٩.

(٢) تنظر بهذا الخصوص الفقرة الخامسة من الشروط العامة في العقد النموذجي الفرنسي للتجارة الالكترونية بين التجار والمستهلكين - المشار اليه سابقا - والتي جاءت بانه (يجب ان يحدد المتجر المشارك الاسعار بطريقة واضحة، مصحوبة بوصف المنتج، ويجب ان يذكر السعر بدون الضريبة وكذلك السعر شاملا جميع الضرائب، ويجب ان يكون هذا السعر شاملا لنفقات التسليم واية نفقات اخرى اضافية لازمة لتنفيذ امر الشراء باستثناء الضرائب التي يحتمل ان تقع على عاتق العميل عند استيراده للمنتجات)، مشار اليها عند صابر محمد عمار، المصدر السابق، ص٦.

(٣) جيل ت. فريز، المصدر السابق، ص ص١٧٥-١٧٦.

(٤) نفس المصدر، ص ص٨٥-٨٦.

(تجنب التعامل معها) [١]. وعند التأكد من هذه المسائل والحصول على الموقع الالكتروني المناسب يجب ان يتم النقر (Click) فوق الزر (Refresh) اذا كان الموقع الالكتروني من المتاجر الافتراضية التي تمت زيارتها مؤخرا، حيث يمكن بواسطة هذه الطريقة مشاهدة احدث المبيعات واللوائح الخاصة بالمنتجات المتوفرة [٢]، وان لا يأخذ بنظر الاعتبار مربعات الحوار التي تظهر بين حين وآخر على الموقع وتنبه الزائر للموقع حول الدخول الى موقع آمن او الخروج عنه، اضافة الى ذلك فان التسوق الالكتروني عبر الانترنيت يتم في اغلب الاحوال بواسطة اموال نقدية لا يمكن مشاهدتها (لا شيكات لكتابتها ولا مبالغ نقدية لتسليمها) لذلك يفضل اعداد ميزانية للتسوق عبر الانترنيت لكي لا يتعرض المستهلك على الشبكة لمفاجآت غير سارة [٣].

هذا فضلا عن ادراك مشكلة اخرى عند التسوق عبر الانترنيت وهي مشكلة الدفع الالكتروني (Electronic Payment) الذي يتم من خلال اساليب الوفاء الالكتروني التي اوجدتها التجارة الالكترونية ولها ارتباط وثيق بالعمليات المصرفية ذات الطبيعة الالكترونية والتي يعبر عنها بالعمل المصرفي عبر الانترنيت (Internet Banking) [٤] ومن وسائل الاداء المالي في العقود الالكترونية، الاداء عن طريق بطاقات الائتمان (Credit Card) [٥] وهي بطاقات تصدر عن المصارف والمؤسسات المالية وتستخدم

---

(١) نفس المصدر، ص١٦١، من المتاجر الافتراضية المحترفة والمشهورة على شبكة الانترنيت :
متجر الكتروني : The All-Internet Shopping Directory على العنوان الالكتروني :
<http://www.all-internet.com>

وكذلك متجر : Buy it on line على العنوان الالكتروني :
<http://www.buyitonline.com/home.asp>

وكذلك متجر : Cyber mall على العنوان الالكتروني :
<http://www.cyber mall.com>

(٢) جيل ت. فريز، المصدر السابق، ص٥٦.
(٣) نفس المصدر، ص٧٢.
(٤) نادر الفرد قاحوش، المصدر السابق، ص ص٣١-٣٢.
(٥) يسميها البعض ببطاقات الاعتماد ايضا، وهي بطاقات ذات قيمة نقدية مكتوبة على شريحة موجودة على بطاقة بلاستيكية او مادة اخرى يصعب العبث في بياناتها وتزويرها، وتصدر كأداة للوفاء من قبل المصرف او الشركات التي تقدم مثل هذه الخدمات، وعندما يحصل صاحب البطاقة على سلعة او خدمة،

لأغراض اداء المقابل في العقود عموما ومنها العقود الالكترونية وتعد بطاقة الائتمان من اكثر البطاقات الالكترونية شيوعا في الاستخدام لأغراض اداء المقابل في العقود الالكترونية[1]، والذي يعنينا هنا في مجال كلامنا عن عيوب الارادة في العقود الالكترونية هو المخاطر التي تحيط بهذه البطاقات على الرغم من تطور التقنيات المستخدمة من اجل التقليل منها، وتتمثل هذه المخاطر في احتمالات التدخل غير المشروع للغير والتعرض الى البيانات والمعلومات الخاصة بالاطراف من ارقام ورموز الحسابات المصرفية او بطاقات الائتمان، وان عمليات التشفير المستخدمة لأغراض التأمين لا تشكل ضمانة اكيدة لان هذه العمليات في الواقع عبارة عن برامج حاسوبية يمكن اختراقها من قبل الغير دون شعور الاطراف بذلك[2]، لذلك عند استخدام بطاقة ائتمان الكترونية (Electronic Credit Card) لغرض اداء المقابل في العقود الالكترونية المبرمة عبر شبكة الانترنيت، يفضل عدم ترك رقم البطاقة والبيانات والمعلومات الخاصة بالارقام ورموز الحسابات المصرفية في المواقع الالكترونية والمتاجر الافتراضية (Virtual Malls) التي يتم زيارتها لغرض التسوق من خلالها، وان يتم التأكد قبل ادخال رقم بطاقة الائتمان من استخدام التاجر المتعامل معه عبر موقعه الالكتروني للقم آمن من اجل نقل البيانات[3]، ويجب التأكد من مطابقة معلومات بطاقة الائتمان التي تريد توفيرها مع المعلومات الموجودة في الملف لدى شركة هذه البطاقة، لانه اذا لم تكن مطابقة فلا يتم انجاز الطلب بسبب شكوك تتعلق باحتمال ان تكون بطاقة

يقدم البطاقة الى البائع ثم يرسل البائع البيانات الواردة في البطاقة الى الجهة المصدرة للبطاقة، ويمكن زيادة قيمة البطاقة عن طريق الاتصال بالمصرف او عن طريق الحاسوب، او عن طريق ماكنة الصراف الآلي، ينظر في هذا المعنى مالكوم والكر، تأمين الاتصال عبر الانترنيت، بحث منشور في كتاب (الامن والانترنيت)، صادر عن مركز البحوث والدراسات بشرطة دبي، ٢٠٠١، ص ص١١٨-١١٩.

(١) من المصارف الافتراضية التي تقدم خدمات (بطاقة الائتمان) على الشبكة، مصرف (E*Trade Bank) على العنوان الالكتروني : <http://www.etradebank.com> وكذلك مصرف (Virtual Bank) على العنوان الالكتروني : <http://www.virtualbank.com>.

(٢) د. محمد مراد عبدالله، المصدر السابق، ص٢١.

(٣) جيل ت. فريز، المصدر السابق، ص٧٢.

الائتمان مسروقة، ويفضل الحصول على احدى البطاقات المدنية (Debit Card) التي تحمل شعار (VISA) او (Master Card) من المصرف الذي تتعامل معه[1].

ومن الضروري للشخص المستخدم لبطاقة الائتمان ان يطلب بين حين وآخر من المصرف او المؤسسة المالية التي تقدم له خدمة البطاقة الائتمانية، اشعاره بارسال الكشف الخاص بالبطاقة بشكل دوري للتأكد من المسحوبات الشخصية تجنبا للسطو الالكتروني[2] الذي اصبح شيئا معتادا مع تعقيدات تكنولوجية الدفع الالكتروني وكثرة المتخصصين على الشبكة في مجال فتح شفرات ورموز الحسابات والسطو عليها الكترونيا.

هذه هي التكنولوجيا، بقدر ما تأتي بالايجابيات الا انها لا تخلو من بعض السلبيات، ولكن هذا لا يعني الاستغناء عنها بقدر ما يتعلق الامر بايجاد طرق واساليب تكنولوجية وقانونية لأغراض التعامل معها، وعلى الاخص مسألة التنظيم القانوني لها من اجل الاستفادة القصوى منها لأن الاصل ان هذه التكنولوجيات جاءت لخدمة الانسان وليس للاضرار به.

---

(١) جيل ت. فريز، المصدر السابق، ص٧٢.

(٢) نادر الفرد قاحوش، المصدر السابق، ص٤٠.

الخاتمة

في ضوء ما تقدم، توصلنا إلى مجموعة من الاستنتاجات والتوصيات يمكن تلخيص أهمها فيما يلي:

الاستنتاجات:

١- إن العقود الإلكترونية المبرمة عبر شبكة الانترنيت تدخل ضمن طائفة العقود المبرمة عن بعد، ولاتخرج كلياً عن القواعد العامة المنظمة لأحكام التراضي في العقود التقليدية وان كانت الطبيعة الخاصة للانترنيت وخدماتها المتعددة المستخدمة في إبرامها، جعلت من العقود الإلكترونية متميزة عن غيرها من جوانب عديدة تستوجب معالجات قانونية تتماشى مع خصوصيات البيئة الإلكترونية ومتطلباتها.

٢- لم يصدر لحد الآن تشريع خاص بتنظيم الجوانب القانونية للعقود الإلكترونية في العراق ولاسيما اقليم كوردستان ،الأمر الذي يستوجب علينا الرجوع إلى الأحكام العامة الواردة في القوانين ذات العلاقة والتي قد تتضمن حلولاً قانونياً بهذا الصدد على المدى القصير خصوصاً فيما يتعلق بطرق التعبير عن الإرادة، حيث لاتحدد القواعد العامة مبدئياً طريقة معينة أو شكلية معينة للتعبير عن الإرادة ، أما في المدى المتوسط و الطويل فالحل الأمثل هو تعديل بعض القواعد أو استحداث قواعد خاصة بشكل متدرج وفي الحدود اللازمة التي يقتضيها التنظيم القانوني للعقود الإلكترونية.

٣- ليس من الضرورة اعتبار جميع العقود الإلكترونية المبرمة عبر شبكة الانترنيت من عقود الإذعان .

٤- يعد كلاً من رسالة البيانات والوسيط الإلكتروني (الجهاز المؤتمت) الصورتين الشائعتين للتعبير عن الإرادة في البيئة الإلكترونية كما يدخلان ضمن وسائل التعبير عن الإرادة المقبولة قانوناً لإبداء الإيجاب و القبول ، وان العقد الإلكتروني المبرم من خلالهما يعد عقداً صحيحاً ومنتجاً لآثاره القانونية ولا يفقد صحته أو قابليته للتنفيذ لمجرد استخدام رسالة البيانات أو الوسيط الإلكتروني في إنشائه وهذا ما تؤكد عليه

معظم التشريعات المنظمة للمعاملات الإلكترونية ، وقد استثنيت من نطاق تطبيق هـذه التشريعات بعض التصرفات القانونيـة ومعظمها تـدخل ضـمن التصرفات الشكليـة التي تستوجب صحتها استيفاء الإجراءات المحددة قانوناً .

٥- إن الجهاز المستخدم في التعاقد عبر الوسيط الإلكتروني هـو مجرد وسيلة للاتصال وليست لديه الشخصية القانونية ، ونتيجة لذلك لا يقصد مـن النصوص القانونيـة التي تجيز التعبيـر عـن الإرادة عـبر الوسيط الإلكتروني ، بان يحل الوسيط محل الوكيل في العالم المادي ولايمكن بالتالي تطبيق القواعـد المنظمـة لاحكام الوكالة عليه.

٦- يعد الغلط الذي يقع في التعاقد مع الوسيط الإلكتروني غلطاً مادياً ويطبق عليه الحكـم المنصوص عليه في المادة (١٢٠) من القانون المدني العراقي الذي يقضي بأنه لا يؤثر مجـرد الغلط المـادي عـلى صحة العقد بل يجب تصحيحه ، وذلك إذا كان بإمكان الشخص الذي يقع فيه أن يصححه باستخدام الوسائـل التقنية المتاحة لهذا الغرض ،وإلا يخرج من نطاق الغلط المادي.

٧- يتميز الإيجاب الإلكتروني عن غيره من جوانب عديدة منها إلزام الموجب بـأن يتضمن أيجابه الإلكتروني الموجه إلى المستهلك مجموعـة مـن المعلومـات و البيانات الضروريـة حمايـة للمستهلك عندما يكون طرفاً في العقود الإلكترونية. كما يتميز الإيجاب الإلكتروني بطابعه العالمي ونتيجة لذلك قد يتم قبوله من قبل عدد غير محدود من الأشخاص ، الأمر الذي يستلزم تحديد نطاق نفاذه مـن الناحية المكانية (الجغرافية) وبحدود الكمية المتوفرة سن البضاعة المعروضة.

٨- نظراً لخصوصية التعاقد عبر الانترنيت قد يدق الأمر أحيانا في التفرقة بـين الإيجاب والمراحـل التـي تسبقه كالمفاوضات وخصوصاً في العروض الإلكترونية الموجهة إلى الجمهور عبر المتاجر الافتراضية والمواقع الإلكترونية ،وان الأصل في هذا المجال هو إن هذه العروض الإلكترونية تعد مجرد دعوة إلى التعاقد وليس إيجابا باتاً ،ما لم يبين مقدم العرض اتجاه إرادته إلى اعتبار عرضه إيجابا باتاً.

٩- هناك طرق حديثة للقبول في العقود الإلكترونية ابتكرتها تقنيات التجارة الإلكترونية وفي مقدمتها التعبير عن القبول من خلال النقر أو اللمسة الواحدة على جهاز الحاسوب. والذي يكفي للتعبير عن القبول الإلكتروني حتى في ظل التشريعات التي لم تنص صراحة على ذلك. ولا يعد في اغلب الأحوال السكوت تعبيراً عن القبول مادام الانترنيت وفرت وسائل متنوعة وسهلة للتعبير عنه.

١٠- يوصف التعاقد عبر الانترنيت أحيانا بأنه تعاقد بين حاضرين من حيث الزمان،وذلك بفضل الخدمات المتعددة للانترنيت والتي قد توفر للطرفين المتعاقدين إبرام العقود بشكل تحاوري وآني دون أن تفصل فترة زمنية بين لحظة صدور القبول وعلم الموجب به ،وفي هذه الفرضية يمكن إدراج التعبير عن الإرادة عبر شبكة الانترنيت ضمن طريقة التعبير بالتليفون أو أية طريقة مماثلة والمنصوص على حكمها في المادة(٨٨) من القانون المدني العراقي.

١١- يثير التعاقد الإلكتروني عبر الانترنيت مشكلة تحديد زمان ومكان انعقاد العقد،وان لمعالجة هذه المشكلة أهمية بالغة تفوق أهميتها في العقود التقليدية المبرمة في البيئة الورقية، لان الانترنيت أسقطت الحواجز الزمانية والمكانية وسهلت كثيراً إمكانية التعاقد بين أطراف قد ينتمون إلى دول مختلفة .

١٢- لا يتضمن القانون المدني العراقي نصاً عاماً أو خاصا يمنع من تحقق التراضي في العقود من خلال خدمات شبكة الانترنيت كما نظم هذا القانون في المادة(٨٨)منه مسالة التعاقد بالتليفون أو بأية طريقة مماثلة والتي يمكن تطبيق الحكم الوارد فيها على التعاقد عبر الانترنيت كلما كان ذلك ملائماً مع امكانية الاستفادة في هذا المجال من احكام الفقرة الأولى من المادة (٨٧)الخاصة بتنظيم التعاقد بين الغائبين عموماً.

١٣- إذا كانت احكام عيوب الإرادة لها تطبيقات على درجات متفاوتة في العقود الإلكترونية المبرمة عبر شبكة الانترنيت مقارنة بتطبيقاتها في العقود التقليدية المبرمة في البيئة الورقية لكن هذا لا يعني التقليل من أهمية هذه الأحكام في البيئة الإلكترونية بل إن عدم وجود الحضور المادي والمواجهة الحقيقية بين الطرفين

المتعاقدين عبر الانترنيت وكذلك خصوصية الخدمات المتعددة التي وفرتها الانترنيت سهلت كثيراً تحقق عيوب الإرادة ومنها الاستغلال والتغرير مع الغبن.

التوصيات :

أ- التوصيات في المدى القصير :

قد لا يكون ضروريا على المدى القريب وضع قواعد قانونية خاصة لاحكام التراضي في العقود الإلكترونية من خلال إصدار قانون خاص بتنظيم المعاملات والتجارة الإلكترونية في إقليم كوردستان والعراق عموماً وذلك لمحدودية انتشار الانترنيت واستخدامها لغرض التفاوض على العقود وإبرامها، فضلا عن امكانية ايجاد الحلول القانونية بهذا الصدد في الأجل القصير من خلال التشريعات القائمة وفي مقدمتها القانون المدني العراقي النافذ، وخاصة في إطار العقود الإلكترونية المبرمة بين قطاع التجار أنفسهم التي يكون من السهل تنظيمها على أساس قاعدة العقد شريعة المتعاقدين وفي إطار اتفاقات التبادل الإلكتروني للبيانات، ومع ذلك يمكن القول بما يلي :

١- لم يحدد القانون المدني العراقي مبدئياً شكلية أو طريقة معينة على سبيل الحصر- للتعبير عن الإرادة، بل يجيز للمتعاقد إن يعبر عن إرادته بأي طريقة تروق له ولا تدع ظروف الحال شكاً في دلالتها على التراضي باستثناء ما تنص عليه الفقرة الأولى من المادة (٧٧)من هذا القانون والتي تحصر طرق التعبير عن الإيجاب و القبول في (اللفظ) ونقترح هنا أن يترك هذا الأمر إلى القاعدة العامة الواردة في المادة(٧٩)من نفس القانون التي لا تشترط مبدئياً طريقة معينة للتعبير عن الإرادة وهذا ما أكدته غالبية التشريعات والاتفاقيات الدولية ذات العلاقة.

٢- نقترح أن تضاف (رسالة البيانات) بعد تحديد المقصود منها إلى الأمثلة التي أوردها القانون المدني العراقي في المادة(٧٩) كطرق مقبولة قانوناً للتعبير عن الإرادة،وان هذه الإضافة ستجعل من أحكام هذه المادة شاملة لكل ما يمكن أن يظهر مستقبلا من وسائل جديدة بفضل التقدم التكنلوجي في مجال الاتصالات.

ب- التوصيات في المدى المتوسط و الطويل:

لاشك أن الوضع في إقليم كوردستان والعراق عموماً لا يبقى على ما هو عليه الآن في هذا المجال ،بل مع انتشار تطبيقات التجارة الإلكترونية والتوسع في مجالاتها المختلفة في المستقبل القريب، وعندما يكون الوصول إلى استخدام خدمات الانترنيت سهل المنال وتستكمل جميع المتطلبات التكنولوجية والتقنية لتهيئة بيئة آمنة مشجعة على إجراء المعاملات الإلكترونية عبر الانترنيت، حينئذ تصبح التجارة الإلكترونية والعقود المبرمة في إطارها واقعاً ملموساً في الإقليم والعراق عموماً، وبالتالي تظهر الحاجة إلى إيجاد قواعد تنظم الجوانب القانونية للتجارة الإلكترونية ومعاملاتها بما فيها أحكام التراضي عبر شبكة الانترنيت ،وذلك بهدف توفير المزيد من الاطمئنان القانوني والثقة لدى المتعاقدين عبر الشبكة ، ويمكن في هذا المجال الاسترشاد بالقوانين الدولية والوطنية ذات الصلة وفي مقدمتها قانون الاونسترال النموذجي بشان التجارة الإلكترونية والتشريعات العربية الحديثة المنظمة للمعاملات الإلكترونية،على أن تأخذ بنظر الاعتبار التوصيات التالية عند ظهور جهود ومحاولات لتنظيم أحكام التراضي في العقود الإلكترونية المبرمة عبر شبكة الانترنيت في إطار قانون للتجارة الإلكترونية في إقليم كوردستان أو العراق مستقبلاً:

1- ضرورة استحداث قواعد قانونية آمرة بصدد حماية المستهلك عندما يكون طرفاً في العقود الإلكترونية المبرمة عبر الانترنيت ،لان المستهلك في البيئة الإلكترونية يحتاج إلى حماية قانونية اكثر من التي تقررها القواعد العامة ، وهذا ما تؤكد عليه معظم التشريعات المنظمة للتجارة الإلكترونية ،خصوصاً إذا عرفنا بأنه لا يوجد في إقليم كوردستان والعراق لحد الآن تشريع خاص بحماية المستهلك حتى في العالم المادي (Offline) باستثناء بعض الحلول الجزئية الواردة ضمن القواعد العامة الواردة في القانون المدني العراقي وبعض القوانين الأخرى.

2- المحافظة على اكبر قدر ممكن من القواعد الأساسية الراسخة للنظام القانوني التقليدي في مجال التراضي في العقود عموماً،ويفضل قدر الإمكان عدم الازدواجية في الحلول القانونية للمشاكل الناجمة عن التعاقد وذلك بان لا يكون حل

مسألة واحدة في العالم الافتراضي مختلفاً عن الحل الوارد في العالم المادي،فضلاً عـن عـدم وضـع قواعـد وإجراءات معقدة من شانها إعاقة إبرام العقود الإلكترونية عـبر الانترنيت بـدلاً مـن تسـهيله بـان يـؤدي التـدخل التشـريعي إلى أن يتجنب المتعاقدان عـبر الانترنيت نصوص ذلك القانون مـن خـلال إخضاع تعاملاتهم لقوانين دول أخرى اكثر ملاءمة ،كـما نقـترح بـان يكون المشرع محايداً مـن حيث تحديـد التكنولوجيات المستخدمة في مجال التعاقد الإلكتروني وان لا يحابي تكنولوجيا معينة يـؤدي إلى استبعاد تكنولوجيات أخرى مماثلة في ذات المجال.

٣- نوصي عند تنظيم مسألة تحديد زمان ومكان انعقاد العقود الإلكترونية المبرمة عبر شبكة الانترنيت أن تتم التفرقة بين مسألتي زمان انعقاد العقد الإلكتروني ومكانه ، ونرجح في مجال تحديد زمان انعقاد العقد الإلكتروني الحل الوارد في المادة الثانية من مشروع قانون التجارة الإلكترونية المصري الذي يقوم على أساس (نهج تأكيد الموجب بوصول القبول إليه) ،في حين نـرجح أن يأخذ بمعيار (مكان عمل الموجب) لتحديد مكان انعقاد العقود الإلكترونية عبر الانترنيت.

٤- تنظيم تقنيات التجارة الإلكترونية المستخدمة في مجال إبرام العقود الإلكترونية عبر شبكة الانترنيت وفي مقـدمتها التوقيـع الإلكتروني والتشـفير والمفاتيح والترميـز، إضافة إلى تحديـد الالتزامـات ومسؤوليات الوسطاء الذين يقدمون خدمات مختلفة عـلى الشـبكة، ويستلزم ذلك بالضرورة تعديل قانون الإثبات العراقي رقم (١٠٧)لسنة ١٩٧٩ ليعتمد التوقيع الإلكتروني ورسالة البيانات لارتباطهما الوثيـق بالتعاقـد عـبر الانترنيت وتحديد قيمتهما القانونية و حجيتهما في الإثبات.

٥- ضرورة مراعاة الأعراف والعادات التجارية عند تنظيم التعاقد الإلكتروني عـبر الانترنيت،إضافة إلى الصبغة العالمية لشبكة الانترنيت ذات الطابع العابر للحدود والتي تتطلب تبني حلـول ومفاهيم قانونيـة دولية تأخذ بها معظم دول العالم على غرار القواعـد الدوليـة الـواردة في (القانون النمـوذجي) و(مشروع اتفاقية الاونسترال للتعاقد الإلكتروني)نظراً لاختلاف الحلـول القانونيـة الـواردة في التشريعات الوطنيـة المنظمة للمعاملات والتجارة الإلكترونية.

٦- العمل بشكل جاد وفعال لبذل جهود على مستوى المؤسسات الرسمية وغير الرسمية والجهات الأخرى ذات العلاقة بإيجاد بنية تحتية تكنولوجية آمنة وفعالة تستوعب تطبيقات التجارة الإلكترونية ومعاملاتها وتبعث بالثقة والاطمئنان لدى المتعاملين معها وتسهل في نفس الوقت إمكانية الدخول إلى الشبكة والاستفادة من تقنيات التجارة الإلكترونية في مختلف المجالات وخصوصاً في مجال التفاوض على العقود وإبرامها سواء بين قطاع الأعمال أنفسهم أو مع المستهلكين.

ونلخص من الوجهة التكنولوجية أهم مقترحاتنا فيما يلي:

أ- العمل على زيادة وسائل الاتصال ورفع الحواجز الضريبية والجمركية على تملك واستخدام الأجهزة مع محاولة تصنيع البرمجيات بأقل التكاليف، وتطوير البنية الرقمية وقيام حكومة إقليم كوردستان بمساندة قطاع الأعمال في مجال المعلوماتية والاتصالات وإزالة العوائق البيروقراطية.

ب- نشر- التوعية والثقافة اللازمة للاستخدام الأمثل للخدمات المتوفرة على الانترنيت في إجراء المعاملات الإلكترونية والتسوق عبر الانترنيت وذلك من خلال التعليم والتدريب في مجال المعلوماتية والاتصالات،بهدف تفادي وقوع مستخدمي الشبكة ضحية الغش أو الاحتيال أو الغبن والاستغلال أو غيرها... .

الخلاصة

برزت أهمية العقود الإلكترونية مع انتشار الانترنيت وزيادة استخدامها بشكل عام وعلى الأخص في مجال إجراء المعاملات المدنية والتجارية في إطار ما يسمى بـ(التجارة الإلكترونية)،وعلى الرغم من إن العقود المبرمة عبر شبكة الانترنيت تدخل ضمن طائفة العقود المبرمة عن بعد ولا تخرج كليا عن نطاق القواعد المنظمة لأحكام العقد عموماً في العالم المادي، لكن الطبيعة الخاصة لشبكة الانترنيت وخدماتها المتعددة ذات الطابع العابر للحدود ميزت هذه العقود من جوانب عديدة قد تتطلب إعادة النظر في الكثير من القواعد والمفاهيم الراسخة في القوانين القائمة.

وقد تناولت هذه الدراسة الأحكام القانونية الواردة في القوانين الوطنية والدولية المنظمة للتجارة الإلكترونية ومعاملاتها والتي تنظم أهم الجوانب الخاصة التي ينفرد بها التراضي في العقود الإلكترونية عبر الانترنيت ،حيث تناولت الدراسة صورتين شائعتين للتعبير الإلكتروني عن الإرادة وهما (رسالة البيانات) والوسيط الإلكتروني(النظام المؤتمت)،ثم بينا ما يتميز به كل من الإيجاب والقبول الإلكترونيين وكذلك مسالة تحديد زمان ومكان انعقاد العقود الإلكترونية باعتبارها من أهم المشاكل القانونية الناجمة عن التعاقد عبر الانترنيت بسبب عدم وجود الحضور المادي والمواجهة الحقيقية بين الطرفين المتعاقدين،وأخيرا تطرقنا إلى صحة التراضي في العقود الإلكترونية وصعوبة التأكد من تمام أهلية الطرف المتعاقد معه عبر الانترنيت،وتطبيقات عيوب الإرادة في العقود الإلكترونية التي سهلت خدمات الانترنيت وقوعها في البيئة الإلكترونية.

وقد توصلنا في هذه الدراسة إلى انه على الرغم من وجود حلول قانونية بصدد مشاكل التراضي عبر الانترنيت ضمن القواعد العامة الواردة في التشريعات القائمة باعتبار إن الوسيلة المستخدمة في إبرام العقد لا تغير من طبيعته والقواعد التي تنظمه ،ولكن مع ذلك تبقى جوانب كثيرة في العقود الإلكترونية عبر الانترنيت تستوجب

حلولاً قانونية خاصة تتماشى مع الطبيعة الخاصة للبيئة الإلكترونية آخذة بنظر الاعتبار الصبغة العالمية للتجارة الإلكترونية وعقودها التي تتطلب حلول قانونية دولية تأخذ بها معظم دول العالم،ومن بين توصيات هذه الدراسة تنظيم تقنيات التجارة الإلكترونية المستخدمة في مجال التفاوض على العقود وإبرامها وإعادة النظر في القواعد القائمة وضرورة استحداث قواعد قانونية خاصة بحماية المستهلك عندما يكون طرفاً في العقود الإلكترونية المبرمة عبر الانترنيت.

Abstract

Significance of the (Electronic Contracts) has emerged with the spread of the Internet and the increase of using it, particularly in terms of civil and commercial dealings under, which is called (Electronic Commerce).

Although the electronic contracts go under distance contracts and do not disclose the general rules that regulate the contract in (Offline), but the special nature of the Internet and its various unlimited services have specifies these contracts from different aspects that require revision in many rules and legal concepts which are currently exist.

This research focuses on legal rules regulating the most important aspects that could be distinguished with the mutual consent to the electronic contracts which are concluded via Internet, It is also made in the light of national and international laws which regulate electronic commerce and its dealings, The research also discussed two methods to express the will of an electronic environment. They are (Data Message) and (Automated Electronic System), then the most important thing that distinguishes each of electronic offer and acceptance as well as setting the time and place of concluding electronic contracts which are regarded as the most important legal problems resulted from contracting via the Internet because of material non-existence and the real facing between the contractors. Finally, the research studied the truth of mutual consent to the contracts and the difficulties to confirm the total privacy of the contacting party via the Internet. We have also discussed theoretical practice of the will defects to create mutual consent to electronic contracts, which facilitates the technics of the electronic commerce. These defects take place in the electronic environment in this research.

We have come to the fact that in spit of legal solution for the problems of mutual consent via the Internet and within the general rules prevail in the legislation, because the means for making contracts does not change the nature and rules on which the contract is based.

Additionally, many aspects remain in the electronic contracts via the Internet that required special legal solutions that match with the special nature for electronic environment and the requirements of its contracts the solution should be taken in to consideration of a global form of the electronic commerce and its contracts, which require international legal solutions.

One of the recommendations of this research, is arrangement of electronic commerce technics which are used for negotiation and concluding contracts revision in the rules and the need for creation of special legal bases to protect a consumer when becomes a party of the electronic contract via Internet.

قائمـــة المصـادر

المصادر باللغة العربية

أ.   الكتب:

١- د.أحمد سعيد شرف الدين،أصول الإثبـات في المـواد المدنيـة والتجاريـة، الجزء الأول، كليـة الحقـوق بجامعة عين شمس،دار الثقافة الجامعية ،٢٠٠٠,.

٢- د.أحمـد سعيد شرف الدين،دراسـات في عقـود التجـارة الإلكترونية،حجيـة الكتابـة الإلكترونيـة في الإثبات،الطبعة الأولى،مركز البحوث والدراسات بشرطة دبي،دبي،٢٠٠١.

٣- د.احمد عبد الكريم سلامة،قانون العقد الدولي،الطبعة الأولى،دار النهضة العربية،القاهرة،٢٠٠٠-٢٠٠١.

٤- د. آدم وهيب النداوي، الموجز في قانون الإثبات، جامعة بغداد،بيت الحكمة ،بغداد، ١٩٩٠.

٥- أرنود دوفور،انترنت،ترجمة:المهنـدس منى ملمـيس والـدكتورة نبـال أدبي، الطبعة الأولى،دار العربيـة للعلوم،لبنان ، ١٩٩٨, .

٦- د. أسامة احمد شوقي المليجي ،استخدام مستخرجات التقنيـات العلميـة الحديثة وأثـره عـلى قواعد الإثبات المدني،دراسة مقارنة،دار النهضة العربية،المؤسسة الفنية للطباعة والنش,،٢٠٠٠.

٧- د.افرايم توربان ، د. افراين مكلين ود.جيمس ويثرب، تقنية المعلومات في دعم إدارة الشركات، القسـم الأول، تقنيـة المعلومـات في المؤسسـات ، بـإشراف م.قاسم شعبان،الطبعة الأولى،سلسـلة الرضا للمعلومات،دار الرضا للنشر،دمشق،تموز ٢٠٠٠.

٨- د.امجد محمد منصور ، النظرية العامة للالتزامات ،مصادر الالتزام، الطبعة الأولى، الـدار العلميـة الدولية للنشر والتوزيع ودار الثقافة للنشر و التوزيع ،عمان /الأردن، ٢٠٠١ .

٩- د.توفيـق حسـن فـرج ، النظريـة العامـة للالتـزام / في مصادر الالتـزام ،الـدار الجامعيـة للطباعـة والنشر،المكتبة القانونية، ١٩٩٢،.

١٠- د.توفيق فرج ،النظرية العامة للالتزام،نظرية العقد،القسم الثاني،الدار الجامعية، ١٩٩٣،.

١١- د.جميـل عبدالباقي الصـغير،الانترنيت والقـانون الجنـائي- الأحكـام الموضوعية للجرائم المتعلقـة بالانترنيت،الطبعة الأولى،دار النهضة العربية ، القاهرة، ٢٠٠١،.

١٢- جير مي هوني كوت ،مبادى الانترنيت ،ترجمة /عمر الأيوبي،الطبعة الأولى،دار الكتـاب العربي،لبنان ١٩٩٧،.

١٣-جيل ت .فريز ، التسوق بذكاء عبر الانترنيت ،الطبعة الأولى، الدار العربية للعلوم،لبنان،٢٠٠١.

١٤- د. حسام الدين كامل الاهواني،النظرية العامة للالتزام ،الجزء الاول/المجلد الأول/المصادر الإرادية للالتزام،الطبعة الثالثة ، ٢٠٠٠، .

١٥- د.حسـن عبـد الباسـط جميعـي ، إثبـات التصـرفـات القانونيـة التـي يـتم إبرامهـا عـن طريـق الانترنيت،الطبعة الأولى،دار النهضة العربية ، ٢٠٠٠، .

١٦- د. حسن علي الذنون،النظرية العامة للالتزامات،جامعة المستنصرية ، بغداد ،١٩٧٦.

١٧- د.حسين توفيق فيض الله ، اتفاقيات الـ(GATT/WTO) وعولمة الملكية الفكرية،الطبعة الأولى،مطبعة جامعة صلاح الدين/اربيل ، اربيل ، ١٩٩٩، .

١٨- د.صلاح الدين عبد اللطيف الناهي،الوجيز الوافي في القوانين المرعية في الجمهوريـة العراقيـة والمملكـة الأردنية الهاشمية والكويت،مصادر الحقوق الشخصية،مطبعة البيت العربي،عمان،١٩٨٤.

١٩- د.طوني ميشال عيسى،التنظيم القانوني لشبكة الانترنيت،دار صادر لبنان، ٢٠٠١,

٢٠- د.عاطف النقيب، نظرية العقد، الطبعة الأولى،منشورات عويدات ، بيروت – باريس ,،١٩٨٨

٢١- د.عبد الحميد محمود البعلي، ضوابط العقود،الطبعة الأولى،مكتبة الوهبة،دار التوفيق النموذجية للطباعة ، عابدين ، ١٩٨٩,,

٢٢- د.عبد الحي حجازي،النظرية العامة للالتزام،الجزء الأول، مصادر الالتزام،مطبعة دار النهضة،مصر ، ١٩٥٤,

٢٣- د.عبد الرزاق السنهوري، الوسيط في شرح القانون المدني/الجزء الأول/مصادر الالتزام ،دار النهضة العربية ، القاهرة ، ١٩٦٤,،

٢٤- د.عبد القادر بن عبد الله الفنتوخ ، الانترنيت (مهارات وحلول) ،الطبعة الأولى ، مكتبة الشقري، الرياض،٢٠٠١,

٢٥- عبد الله رضا ، الانترنيت وانترانيت وتصميم المواقع ، الطبعة الأولى ، دار الرضا للنشر،دمشق،١٩٩٨ .

٢٦- د.علي محي الدين علي القره داغي،مبدا الرضا في العقود،دراسة مقارنة في الفقه الإسلامي،الجزء الأول،الطبعة الأولى،دار البشائر الإسلامية للطباعة والنشر والتوزيع،بيروت/لبنان،١٩٨٥ .

٢٧- د.عبد المجيد الحكيم،عبد الباقي البكري،محمد طه البشير ، الوجيز في نظرية الالتزام في القانون المدني العراقي ،الجزء الأول، الطبعة الخامسة ، بغداد ،١٩٨٦,

٢٨- د.عبد المجيد الحكيم،الموجز في شرح القانون المدني ،الجزء الأول/مصادر الالتزام،الطبعة الخامسة، بغداد، ١٩٧٧,

٢٩- د.عبد المنعم فرج الصدة،نظرية العقد في قوانين البلاد العربية،دار النهضة العربية،بيروت،١٩٧٤.

۳۰- د.غياث الترجمان،التسويق الدولي / كيف تستطيع زيادة قدرتك التنافسية في الأسواق الدولية،سلسلة الرضا للمعلومات،الطبعة الأولى،دار الرضا للنشر،دمشق،آذار ٢٠٠١,

۳۱- د.فـاروق سـعد،مدخل إلى أصـول المحـاكمات والتحكـيم عـن بعد،الطبعـة الأولى(إصـدار ثان)،بيروت،،٢٠٠٠,

۳۲- فريد فتيان، التعبير عن الارادة في الفقه الاسلامي والفقه المـدني، المنظمة العربية للتربيـة والثقافـة والعلوم، معهد البحوث والدراسات العربية، بغداد، ١٩٨٥,

۳۳- كامل أبو صقر،العولمة التجارية والإدارية والقانونية،الجزء الثاني /الأسـاليب والآليات والنظم،سلسلة العولمة والاستثمار (٢)،الطبعة الأولى،دار ومكتبة الهلال للطباعة والنشر ودار الوسام ، بيروت ،،٢٠٠١,

۳٤- د.مالك دوهان الحسن ، شرح القانون المـدني،الجزء الأول / مصـادر الالتزام،مطبعة الجامعة،بغداد ، ١٩٧٣,

۳٥- د.محسن عبد الحميد إبراهيم ألبيه،النظرية العامـة للالتزامات/مصـادر الالتزام،الجزء الأول،مكتبـة الجلاء الجديدة،كلية الحقوق بجامعة المنصورة،المنصورة،بلا سنة طبع.

۳٦- د.محمد حسام محمود لطفي،استخدام وسائل الاتصالات الحديثة في التفاوض على العقـود وإبرامهـا، القاهرة ، ، ١٩٩٣,

۳۷- محمد جمال احمد قبيعة ، متصفح مايكروسوفت لإدارة الانترنيت ، دار الراتب الجامعية،،١٩٩٨,

۳۸- د.محمد علي حوات ، العرب والعولمة شجون الحاضر وغضـون المستقبل ، الطبعـة الأولى،مكتبـة مـد بولي،عربية للطباعة والنشر ، القاهرة ، ٢٠٠٢,

۳۹- د.محمود السيد عبد المعطي خيال ، التعاقد عن طريق التلفزيون ، الطبعـة الأولى،جامعة حلـوان / كلية الحقوق ، ، ٢٠٠٠,

٤٠- د.مجيد حميد العنبكي،مبادئ العقد في القانون الإنكليزي،جامعة النهرين/كلية الحقوق,٢٠٠١.

٤١- د.منذر الشاوي ، المدخل لدراسة القانون الوضعي ، الطبعة الأولى ، دار الشوؤن الثقافية العامة ، بغداد،١٩٩٦.

٤٢- د.منذر الفضل،النظرية العامة للالتزامات في القانون المدني،دراسة مقارنة،الجزء الأول / مصادر الالتزام ، الطبعة الأولى،مكتبة الرواد للطباعة، ١٩٩١.

٤٣- نادر الفرد قاحوش،العمل المصرفي عبر الانترنيت،الطبعة الأولى،الدار العربية للعلوم،مكتبة الرائد العلمية ، عمان/الأردن ، ، ٢٠٠٠.

٤٤- د.نوري حمد خاطر،عقود المعلوماتية ،دراسة في المبادى العامة في القانون المدني،دراسة موازنة،الطبعة الأولى،الدار العلمية الدولية ودار الثقافة للنشر والتوزيع، عمان،٢٠٠١.

٤٥- يونس عرب ، قانون الكومبيوتر ، إصدار اتحاد المصارف العربية،٢٠٠١.

ب-البحوث و المقالات و أوراق عمل المؤتمرات:

١- د.أحمد السعيد الزقرد،حق المشتري في إعادة النظر في عقود البيع بواسطة التلفزيون،بحث منشور في مجلة الحقوق التي تصدرها جامعة الكويت،السنة التاسعة عشر،العدد الثالث،أيلول،١٩٩٥

٢- د.أسامة أبو الحسن مجاهد ، خصوصية التعاقد عبر الانترنيت ، بحث مقدم إلى مؤتمر (القانون والكمبيوتر والانترنيت) الذي نظمته كلية الشريعة والقانون بجامعة الإمارات العربية المتحدة بالتعاون مع مركز الإمارات للدراسات والبحوث الاستراتيجية ومركز تقنية المعلومات بالجامعة في الفترة من ١ إلى ٣ مايو سنة ٢٠٠٠.

٣- انطوان بطرس ، الانترنيت شبكة تحتوي العالم ، بحث منشور في كتاب (حضارة الحاسوب والانترنيت)،الكتاب الأربعون ،الطبعة الأولى،مجموعة من كتاب العربي،الكويت،٢٠٠٠.

٤- المحامي باسيل يوسف ، الجوانب القانونية للعقود التجارية عبر الحواسيب وشبكة الانترنيت والبريد الإلكتروني، بحث منشور في مجلة الدراسات القانونية التي يصدرها قسم الدراسات القانونية في بيت الحكمة ، العدد الرابع ، السنة الثانية ، بغداد ، ٢٠٠٠, ,

٥- د.حسام الدين كامل الاهواني ، الحماية القانونية للحياة الخاصة في مواجهة الحاسب الآلي،بحث مقدم إلى مؤتمر الكويت الأول للقانون والحاسب الآلي المنعقد بتاريخ ٤ إلى ٧ نوفمبر ١٩٨٩ بالكويت.

٦- د.حمزة حداد ، الكتابة في الرسائل الإلكترونية وحجيتها في الإثبات المدني ، ورقة عمل مقدمة لمركز التحكيم التجاري لدول مجلس التعاون لدول الخليج العربية حول ندوة (تسوية المنازعات التجارية المتعلقة بتكنولوجيا الاتصالات والمعلومات والأعمال الإلكترونية) المنعقدة في مملكة البحرين من ٩ إلى ١٠ أيار ٢٠٠١,

٧- د.رأفت عبد العزيز غنيم ، دور جامعة الدول العربية في تنمية وتسيير التجارة الإلكترونية بين الدول العربية ، من إصدارات الأمانة العامة للقطاع الاقتصادي / إدارة قطاعات الخدمات الأساسية ، نوفمبر ٢٠٠٢,

٨- د.فائق محمود الشماع ، التجارة الإلكترونية ، بحث منشور في مجلة الدراسات القانونية التي يصدرها قسم الدراسات القانونية في بيت الحكمة ، السنة الثانية ، العدد الرابع ، كانون الأول سنة ٢٠٠٠,

٩- مالكوم والكر ، تامين الاتصال عبر الانترنيت ، بحث منشور في كتاب (الأمن و الانترنيت) صادر عن مركز البحوث والدراسات بشرطة دبي، دبي ، ٢٠٠١,

١٠- د. مجيد حميد العنبكي ، عقد ايجار السفينة واستغلاله في الاحتيال البحري ، بحث منشور في (مجلة القانون المقارن) التي تصدرها جمعية القانون المقارن في العراق، العدد الثانية والعشرون ، بغداد ، ١٩٩٠.

١١- د.محمد مراد عبد الله ، الانترنيت وجنوح الأحداث ، بحث منشور في كتاب (الأمن والانترنيت) ، الطبعة الأولى ، مركز البحوث والدراسات في القيادة العامة لشرطة دبي، دبي, ٢٠٠١,

١٢- د.مصطفى محمد عرجاوي، الحماية المدنية لبرامج الكومبيوتر في القوانين الوضعية ،بحث مقدم إلى مؤتمر (القانون والكمبيوتر والانترنيت) الذي نظمته كلية الشريعة والقانون بجامعة الإمارات العربية المتحدة بالتعاون مع مركز الإمارات للدراسات والبحوث الاستراتيجية ومركز تقنية المعلومات بالجامعة في الفترة من ١ إلى ٣ مايو سنة ٢٠٠٠,

١٣- د.هلال عبود البياتي ، استخدامات الحاسبات الفنية وحمايتها ، بحث منشور في كتاب (ندوة القانون و الحاسوب) ، سلسلة المائدة الحرة (٣٧)، بيت الحكمة، بغداد, ١٩٩٩,

١٤- يونس عرب ، الدراسة الشاملة للتجارة الإلكترونية، دراسة منشورة في (مجلة البنوك) التي تصدر عـن جمعية البنوك الأردنية ، العددين (الثامن و التاسع لسنة ١٩٩٩) و العدد الأول لسنة ٢٠٠٠,

١٥- تسوية منازعات التجارة الإلكترونية،مقال منشور في نشرة(ضمان الاستثمار)،نشرة شهرية تصدر عـن المؤسسة العربية لضمان الاستثمار،العدد١٧١ تشرين الثاني ٢٠٠٢،السنة العشرون.

ت-الرسائل و الاطروحات :

١- سعيد شيخو مراد المجولي ، المسؤولية المدنية الناتجة عن استخدام الكومبيوتر، دراسة مقارنة ، رسالة ماجستير قدمت إلى كلية القانون بجامعة بغداد ، ١٩٩٠,

٢- عباس زبون عبيد العبودي ، التعاقد عن طريق وسائل الاتصال الفوري وحجيتها في الإثبات المدني ، دراسة مقارنة ، أطروحة دكتوراه مقدمة إلى كلية القانون بجامعة بغداد ، ١٩٩٤.

٣- هادي مسلم يونس قاسم ، التنظيم القانوني للتجارة الالكترونية ، اطروحة دكتوراه قدمت الى كلية القانون بجامعة الموصل ، ٢٠٠٢.

ث-الدوريات (المجلات):

١- مجلة (دراسات قانونية)، تصدر عن قسم الدراسات القانونية في بيت الحكمة،العدد الرابع،السنة الثانية، كانون الأول ,٢٠٠٠

٢- مجلة (الحقوق) تصدر عن جامعة الكويت ، العدد الثالث ، السنة التاسعة عشر، أيلول ,١٩٩٥

٣- مجلة (القانون المقارن)،تصدر عن جمعية القانون المقارن العراقية،العدد الثانية والعشرون،بغداد ، ١٩٩٠,

٤- مجلة (البنوك) ، تصدر عن جمعية البنوك الأردنية ، العدد الثامن ، مجلد (١٨)، سنة ١٩٩٩,

٥- مجلة (البنوك) ، تصدر عن جمعية البنوك الأردنية ، العدد التاسع ، مجلد(١٨)، سنة ١٩٩٩,

٦- مجلة(البنوك) ، تصدر عن جمعية البنوك الأردنية ، العدد الأول ، مجلد(١٩)، سنة ٢٠٠٠,

٧- نشرة (ضمان الاستثمار)،نشرة شهرية تصدر عن المؤسسة العربية لضمان الاستثمار،العدد١٧٢، تشرين الثاني ٢٠٠٢ ، السنة العشرون .

ج-القوانين :

أولا:القوانين العراقية:

١- القانون المدني العراقي رقم ٤٠ لسنة ١٩٥١ .

٢- قانون التجارة العراقي رقم ٣٠ لسنة ١٩٨٤,

٣- قانون العقوبات العراقي رقم ١١١ لسنة ١٩٦٩,

٤- قانون الإثبات العراقي رقم ١٠٧ لسنة ١٩٧٩.

٥- قانون البريد العراقي رقم ٩٧ لسنة ١٩٧٣,

٦- مشروع قانون المدني العراقي الجديد ١٩٨٤ (الملغي).

ثانياً: قوانين الدول العربية :

١- القانون المدني المصري رقم ١٣١ لسنة ١٩٤٨,

٢- القانون المدني الأردني رقم ٤٣ لسنة ١٩٧٦,

٣- قانون المبادلات والتجارة الإلكترونية التونسي رقم ٨٣ لسنة ٢٠٠٠,

٤- قانون المعاملات الإلكترونية الأردني رقم ٨٥ لسنة ٢٠٠١,

٥- قانون إمارة دبي للمعاملات والتجارة الإلكترونية رقم ٢ لسنة ٢٠٠٢.

٦- قانون مملكة البحرين للمعاملات الإلكترونية رقم ٢٨ لسنة ٢٠٠٢,

٧- مشروع قانون التجارة الإلكترونية المصري.

٨-مشروع قانون التجارة الإلكترونية الكويتي.

ثالثاً:القوانين النموذجية للجنة القانون التجاري الدولي (الاونسترال) و الاتفاقيات الدولية: (النسخة العربية)

١- قانون الاونسترال النموذجي بشان التجارة الإلكترونية سنة ١٩٩٦ المضاف إليه المادة الخامسة (المكررة) سنة ١٩٩٨.

٢- قانون الاونسترال لنموذجي بشان التوقيعات الإلكترونية سنة ٢٠٠١.

٣- قانون الاونسترال النموذجي لقواعد التحكيم التجاري الدولي سنة ١٩٨٥,

٤- اتفاقية الأمم المتحدة بشان البيع الدولي للبضائع (اتفاقية فيينا سنة ١٩٨٠).

٥- المشروع الأولي لاتفاقية الاونسترال بشان التعاقد الإلكتروني ٢٠٠١.

ح-الوثائق الرسمية للجمعية العامة للأمم المتحدة ومذكرات وتقارير لجنة (الاونسترال) وتعليقات الغرفة التجارية الدولية: (النسخة العربية)

١- الوثيقة الرسمية للجمعية العامة للأمم المتحدة المرقمة (A/٤٠/١٧)الصادرة في دورتها الأربعون سنة ١٩٩٦،والمتضمنة قانون الاونسترال النموذجي ودليل اشتراعه.

٢- الوثيقة الرسمية للجمعية العامة للأمم المتحدة المرقمة(A/CN.9/٢٥٤) الصادرة سنة ١٩٩٦، و المتضمنة لـ"خلفية قانون الاونسترال النموذجي بشان التجارة الإلكترونية".

٣- الوثيقة الرسمية للجمعية العامة للأمم المتحدة المرقمة(A/CN.9/٥٢٧)الصادرة في ٧تشرين الاول٢٠٠٢ والمتضمنة تقرير الفريق العامل الرابع (المعني بالتجارة الإلكترونية) عن أعمال دورته الأربعين (فيينا ١٤،-١٨ تشرين الأول/اكتوبر٢٠٠٢).

٤- الوثيقة الرسمية للجمعية العامة للأمم المتحدة المرقمة (A/CN.9/٥٢٨) الصادرة سنة ٢٠٠٣ والمتضمنة تقرير الفريق العامل الرابع (المعني بالتجارة الإلكترونية) عن أعمال دورته الحادية و الأربعين (نيويورك، ٥-٩ايار/مايو٢٠٠٣).

٥- الوثيقة الرسمية للجمعية العامة للأمم المتحدة المرقمة(A/CN.9/٥٠٩) الصادرة في ٢١اذار٢٠٠٢ والمتضمنة تقرير الفريق العامل المعني بالتجارة الإلكترونية عن أعمال دورته التاسعة و الثلاثين (نيويورك،١١-١٥اذار/مارس٢٠٠٢).

٦- الوثيقة الرسمية للجمعية العامة للأمم المتحدة المرقمة (A/CN.9/WG.IV/WP.٨٨) الصادرة في ٣٠ كانون الثاني٢٠٠١ و المتضمنة (قانون الاونسترال النموذجي بشان التوقيعات الإلكترونية مع دليل الاشتراع سنة ٢٠٠١).

٧- الوثيقة الرسمية للجمعية العامة للأمم المتحدة المرقمة (A/CN.9/WG.IV/WP.٨٩) الصادرة في ٢٠ أيلول ٢٠٠٠ والمتضمنة مذكرة أمانة الاونسترال بخصوص (الجوانب القانونية للتجارة الإلكترونية، العقبات القانونية أمام تطوير التجارة الإلكترونية في النصوص الدولية ذات الصلة بالتجارة الدولية: وسائل العلاج) ومرفقها المتضمن دراسة بخصوص (تكييف أحكام النصوص القانونية الدولية ذات الصلة بالتجارة الدولية بشان الإثبات بحسب خصائص التجارة الدولية).

٨- الوثيقة الرسمية للجمعية العامة للأمم المتحدة المرقمة (A/CN.٩/WG.IV/WP.٩٠) الصادرة في ٢٠ كانون الثاني ٢٠٠٠ والمتضمنة لمذكرة أمانة الاونسترال بشان (الأعمال المقبلة الممكنة بشان التجارة الإلكترونية، تحويل الحقوق في السلع الملموسة وسائر الحقوق).

٩- الوثيقة الرسمية للجمعية العامة للأمم المتحدة المرقمة (A/CN.٩/WG.IV/WP.٩١) الصادرة في ٩ شباط ٢٠٠١ والمتضمنة مذكرة أمانة الاونسترال بخصوص (الجوانب القانونية للتجارة الإلكترونية، الأعمال الممكن الاضطلاع بها مستقبلاً في مجال التعاقد الإلكتروني :تحليل لاتفاقية الأمم المتحدة بشان عقود البيع الدولي للبضائع).

١٠- الوثيقة الرسمية للجمعية العامة للأمم المتحدة المرقمة (A/CN.٩/WG.IV/WP.٩٣) الصادرة في ١ آذار ٢٠٠١ و المتضمنة مذكرة أمانة الاونسترال بخصوص "اقتراح مقدم من فرنسا يتعلق بالوثيقة المرقمة (A/CN.٩/WG.IV/WP.٨٩) ".

١١- الوثيقة الرسمية للجمعية العامة للأمم المتحدة المرقمة (A/CN.٩/WG.IV/WP.٩٤) الصادرة في ١٤شباط ٢٠٠٢ و المتضمنة مذكرة أمانة الاونسترال بشان (الجوانب القانونية من التجارة الإلكترونية، العقبات القانونية أمام تطوير التجارة الإلكترونية في النصوص الدولية ذات الصلة بالتجارة الدولية).

١٢- الوثيقة الرسمية للجمعية العامة للأمم المتحدة المرقمة (A/CN.٩/WG.IV/WP.٩٥) الصادرة في ٢٠الول ٢٠٠١ و المتضمنة مذكرة أمانة الاونسترال بخصوص (الجوانب القانونية للتجارة الإلكترونية، التعاقد الإلكتروني: أحكام لمشروع اتفاقية بشان التعاقد الإلكتروني) والملحق به مرفقين : أولهما مشروع أولي لاتفاقية بشان العقود "الدولية" المبرمة أو مثبتة برسائل البيانات و ثانيهما الاستبعادات الشائعة من نطاق تطبيق القوانين الداخلية أو الإقليمية التي تعترف بالأثر القانوني للرسائل والتوقيعات الإلكترونية.

١٣- الوثيقة الرسمية للجمعية العامة للأمم المتحدة المرقمة (A/CN.9/WG.IV/WP.96) الصادرة في ١١ كانون الأول ٢٠٠١ و المتضمنة لمذكرة الاونسترال بخصوص "الجوانب القانونية للتجارة الإلكترونية ، التعاقد الإلكتروني:أحكام لمشروع اتفاقية، تعليقات الغرفة التجارية الدولية".

١٤- الوثيقة الرسمية للجمعية العامة للأمم المتحدة المرقمة (A/CN.9/WG.IV/WP.98) الصادرة في ١٧ حزيران ٢٠٠٢ والمتضمنة "تجميع لتعليقات الحكومات والمنظمات الدولية بخصوص العقبات القانونية أمام تطوير التجارة الإلكترونية في الصكوك الدولية ذات الصلة بالتجارة الدولية".

١٥- الوثيقة الرسمية للجمعية العامة للأمم المتحدة المرقمة (A/CN.9/WG.IV/WP.98/Add5) الصادرة في ٢٤ شباط ٢٠٠٣ والمتضمنة إضافة بخصوص " تجميع لتعليقات الحكومات و المنظمات الدولية بشان العقبات القانونية أمام تطوير التجارة الإلكترونية في الصكوك الدولية ذات الصلة بالتجارة الدولية/ تعليقات المكتب الدائم لمؤتمر لاهاي للقانون الدولي الخاص ".

١٦- الوثيقة الرسمية للجمعية العامة للأمم المتحدة المرقمة (A/CN.9/WG.IV/WP.98/Add6) الصادرة في ٢٤ شباط٢٠٠٣ والمتضمنة إضافة بخصوص " تجميع لتعليقات الحكومات والمنظمات الدولية بشان العقبات القانونية أمام تطوير التجارة الإلكترونية في الصكوك الدولية ذات الصلة بالتجارة الدولية/ تعليقات الاتحاد الدولي للنقل الطرقي".

١٧- الوثيقة الرسمية للجمعية العامة للأمم المتحدة المرقمة (A/CN.9/WG.IV/WP.99) الصادرة في ١٠ شباط ٢٠٠٣ والمتضمنة لجدول الأعمال المؤقت للدورة الحادية والأربعين للفريق العامل المعني بالتجارة الإلكترونية التابع للاونسترال وشروحه والجدول الزمني لجلسات الدورة.

١٨- الوثيقة الرسمية للجمعية العامة للأمم المتحدة المرقمة (A/CN.9/WG.IV/WP.101) الصادرة في ٢٥ شباط ٢٠٠٣ المتضمنة (الجوانب

القانونية للتجارة الإلكترونية ، التعاقد الإلكتروني: أحكام لمشروع اتفاقية / تعليقات غرفة التجارة الدولية
).

١٩- الوثيقة الرسمية لغرفة التجارة الدولية المرقمة (٣٧٣-٣٥/٢٧٢) الصادرة في ٢١ شباط ٢٠٠٣ والمتضمنة
" موقف فرقة العمل التابعة لغرفة التجارة الدولية المعنية بجهود التنسيق الدولية إزاء الاونسترال
والمسائل المتعلقة بالتعاقد الإلكتروني".

٢٠- تقرير فريق الخبراء المخصص التابع للغرفة التجارية الدولية بخصوص " مشروع اتفاقية الاونسترال
بشان التعاقد الإلكتروني " الصادر في ٥ كانون الأول ٢٠٠١ ومرفق التقرير الخاص بالردود على
الاستبيان الموزع من قبل الغرفة على شركات في مختلف أنحاء العالم والمتعلق بممارسات التعاقد
الإلكتروني.

خ-المعاجم و القواميس :

١- حارث سليمان الفاروقي، المعجم القانوني ، إنكليزي-عربي، الطبعة الثالثة ،مكتبة لبنان،بيروت،١٩٩٧.
٢- قاموس اكسفورد الحديث ، إنكليزي-عربي.   (Oxford, University Press,٢٠٠٠)
٣- منير البعلبكي،المورد،الطبعة الخامسة والثلاثون،دار العلم للملايين، بيروت،٢٠٠١.

د-المحاضرات :

١- د.جميل الشرقاوي ،محاضرات في العقود الدولية ألقيت على طلبة كلية الحقوق بجامعة القاهرة السنة
الدراسية ١٩٩٣-١٩٩٤ (مطبوعة).

٢- د.حسين توفيق فيض الله ، الجرائم المتصلة بالكومبيوتر والانترنيت ، مجموعة من المحاضرات ألقيت
على طلبة الدراسات العليا "الماجستير" في كلية القانون بجامعة السليمانية في السنة الدراسية ٢٠٠٠-
٢٠٠١ . (غير منشورة – أذن بالإشارة إليها).

ذ-المصادر الإلكترونية:

١- د.احمد نجيب رشدي، تعقيدات التجارة الإلكترونية هل تحتاج إلى تعديلات جذرية للنظام والتشريع المصري؟

<http://www.gn٤me.com> (*Last visited* ١٥ April.٢٠٠٢)

٢- صابر محمد عمار، المفاوضة في عقود التجارة الإلكترونية.

<http://www.mohammon.com> (*Last visited* ٢٢ Aug.٢٠٠٢)

٣- د.سمير برهان ، إبرام العقد في التجارة الإلكترونية ،كلية الحقوق /جامعة القاهرة.

<http://www.gn٤me.com> (*Last visited* ٢٦ Feb.٢٠٠٢)

٤-المحامي عمرو زكي عبدالمتعال،التجارة الإلكترونية والقانون في مصر،القسم الأول/السياسة التشريعية في مجال التجارة الإلكترونية (المحاذير ، الأولويات والضرورات).

<http://www.gn٤me.com> (*Last visited* ٢٢ Feb٢٠٠٢)

٥- د.يوسف أبو فارة،تسويق الخدمات المصرفية عبر الانترنيت.

<http://www.yusuf-abufara.net> (*Last visited* ٢٤ Nov.٢٠٠٢)

٦- يونس عرب ، التدابير التشريعية العربية لحماية المعلومات و المصنفات الرقمية.

<http://www.arabcin.net> (*Last visited* ٢٥ Nov.٢٠٠٢)

٧-التجارة الإلكترونية في المملكة ، انطلاقة نحو المستقبل ، كتيب صادر عن وزارة التجارة لمملكة العربية السعودية ، ٢٠٠١.

<http://webder.anet.net.sa/moc/ebooking>(*Last visited* ١٠ Sep.٢٠٠١)

٨-التجارة الإلكترونية ومنظمة التجارة العالمية ، دراسة صادرة عن منظمة التجارة العالمية.

<http://www.gn٤me.com> (*Last visited* ٣ June.٢٠٠٢)

المصادر باللغة الانكليزية :

Foreign References:

أ.   الكتب والبحوث وأوراق العمل:

A: Books, Articles & Papers:

١- Beboit De Neyer, The Consumer in Electronic Commerce: Beyond Confidence, published on book of (Consumer Law in Information Society), Kluwer Law International, Printed in Netherlands, ٢٠٠١.

٢- EMILY M.WEITZENBOEK, Electronic Agents and the Formation of Contracts, published in the International Journal of Law and Information Technology, Vol.٩, No.٣, (Oxford University Press, ٢٠٠١).

٣- FORMATION AND VALIDITY OF ON-LINE CONTRACTS, issued by institute for information law, AMESTERDAM, June ١٩٨٨.

٤- Graham Pearce, REGULATING ELECTRONIC COMMERCE IN THE EUROPEAN UNION, Aston Business School, Aston University, this paper published in the European Law Journal, Vol.٦,٤ (٢٠٠٠).

٥- Marketing and protection, product development and technology operating infrastructure development.

٦- Janine S. Hiller, J.D &Ronnie Cohen, J.D, LL.M., Internet Law & Policy, Upper Saddle River, New Jersey ٠٧٤٥٨, Prentice Hall, ٢٠٠٢.

٧- Jens Werner, E-COMMERCE.CO.UK-LOCAL RULES IN A GLOBAL NET, ONLINE BUSINESS TRANSACTIONS AND THE APPLICABILITY OF TRADITIONAL ENGLISH CONTRACT LAW RULES, published by International Journal of Communications Law and Policy. Issue ٦, winter ٢٠٠٠/٢٠٠١.

٨- Roy J. Girasa, CYBERLAW-National and International Perspectives, Upper Saddle River, New Jersey ٠٧٤٥٨, Prentice Hall, ٢٠٠٢.

٩- Thomas Wilhelm son, Salla Tuominen and Heli Tuomola, Consumer Law in the Information Society, Kluwer Law International, Printed in Netherlands, ٢٠٠١.

١٠- Wooldridge & Jennings, Intelligent Agents: Theory and Practice , Knowledge Engineering Review. Vol.١٠, No.٢, June١٩٩٥ (Cambridge University Press.١٩٩٥).

١١- WTO, Committee on Trade and Development, Seminar on Electronic Commerce and Development, ١٩ February ١٩٩٩.

ب-المجلات

B- Journals

١- International Journal of Law and Information Technology, Vol.٩, No.٣, (Oxford University Press, ٢٠٠١).

٢- International Journal of Communications Law and Policy. Issue ٦,winter ٢٠٠٠/٢٠٠١.

٣- European Law Journal, Vol.٦,٤ (٢٠٠٠).

٤- Knowledge Engineering Review. Vol.١٠, No.٢, June١٩٩٥ (Cambridge University Press. ١٩٩٥).

جـ- القوانين الاجنبية

C. Foreign Statutes :

١. U.S Uniform Electronic Transactions Act ١٩٩٩.

٢. Canadian Uniform Electronic Commerce Act –UECA- ١٩٩٩.

د. قوانين الاونسترال النموذجية :

D. UNICITRAL Model Laws:

١. UNCIRAL Model Law on Electronic Commerce ١٩٩٦ with additional article ٥ bis as adopted in ١٩٩٨. – Original: English -.

٢. Preliminary draft convention on (international) contracts concluded or evidenced by data messages, ٢٠٠١. – Original: English -.

هـ- توجيهات المجلس الاوروبي

E. Directives of European Parliament:

١. Directive ٢٠٠٠/٣١/EC of ٨ June ٢٠٠٠ on certain legal aspects of information society services, in particular electronic commerce, in the Internet Market (Directive on electronic commerce).

٢. Directive ٩٧/٧/EC of ٢٠ May ١٩٩٧ on the protection of consumers in respect of distance

   contracts.

و- الوثائق والتقارير :

F. Documents & Reports:

١. Document No. (A/٤٠/١٧) issued by General Assembly of ١٩٩٦, relating to (UNCITRAL

   Model Law on Electronic Commerce with Guide to Enactment (١٩٩٦)) –Original:

   English -.

٢. Document No. (A/CN.٩/٥٠٩) issued by General Assembly of ٢١ March ٢٠٠٢, relating to

   (Report of the Working Group on Electronic Commerce on its thirty-ninth session-

   New York, ١١-١٥ March ٢٠٠٢).   –Original: English -.

٣. Document No. (A/CN. ٩/WG. IV/WP. ٩٥) Issued by General Assembly of ٢٠ September

   ٢٠٠١, relating to (Legal aspects of electronic commerce, Electronic contracting:

   provisions for a draft convention, Note by the Secretariat). – Original: English -.

ي- المصادر الالكترونية

G. Electronic References:

١. Anwar Al Fuzaie, Contractual Problems in E-commerce.

<http://www.asfolaw.com/article٢c.htm> (*Last visited* ٠١ Apr. ٢٠٠٢)

٢. BRADLEY J. FREEDMAN, Electronic Contracts under Canadian Law- A practical

   Guide.

<http:// www.econtracting-zone-org/links.htm-٦k> (*Last visited* ٠١ Apr. ٢٠٠٢)

٣- Chau khoon Hui and others, Adoption of Electronic Commerce by the small and

   medium enterprise for Business to Business dealings. Nanyang technological

   University ١٩٩٨/١٩٩٩ Singapore.

<http://www.nbsl.ntu.sg/typ-Kanada//b٢b- march – pdf> (*Last visited* ٠٨ Aug. ١٩٩٩)

٤. Donald M. Cameron, Aird & Berlis, Electronic Contract Formation. ١٩٩٧.

<http://www.jurisdiction.com/ecom٣.htm> (*Last visited* ٠٥ Nov. ٢٠٠٢)

٥. Jeff C. Dodd and James A. Hernandez, Contracting In Cyberspace.

<http://www.smu.edu/csr/Sum٩٨-١-Dodd-pdf> (*Last visited* ٠١ Aug. ٢٠٠٢)

٦. LARS DAVIES, Contract Formation on the Internet, Shattering a few myths.

<http://١٣٨,٣٧,٦٥,٣/itlaw/publications/pdf/contract-formation.pdf>

(*Last visited* ٠١ Feb. ٢٠٠٣)

٧. CROSS-BORDER FORMATION OF ONLINE CONTRACTS.

<http://www.geocities.com/Silicon Valley/Nerwork/٥٠٥٤/marcos/docs/ct-form-an-wwen-htm>

   (*Last visited* ٢٢ Aug. ٢٠٠٢)

٨. The Center for Research in Electronic Commerce, Policy Brief, No.١, ١٩٩٧.

<http://www.oced-org/publications/po/-brief/a٧٠١-html>. ١٩٩٨

٩. The Center for Research Electronic Commerce, University of Texas/Austin ١٩٩٤-١٩٩٩.
<http://www.oecd-org/publications/pol-brief/a٧٠١-html>. ١٩٩٩.

المصادر باللغة السويدية :

١. Christina Hultmarli, Electroniska Handel Och Avtalratt , Svensk Ratts Institute Forlag,
   Uppsala Universitet, Sweden, ١٩٩٨.

٢. John Lundberg, Internet, Domanname Och Svensk Ratt Institute Forlag, AB. Uppsala,
   Sweden ١٩٩٧.

٣. Petter Rind Forth, Ensamratt Pa Internet, Elanders Digital Tryck, AB. Sweden, ١٩٩٨.

٤. Upunet, Attanvanda Internet E-post, Uppsala Universitets Datornet for Studenter
   Uppsala Universitet, ١٩٩٩. Available at:

<http://www.student.un.se/upunet/guide/html> *Last visted* ٢٠ June١٩٩٩

Printed in the United States
By Bookmasters